성공한 학원들의 학원 경영 이야기

1판 1쇄 인쇄 | 2009년 9월 21일
1판 1쇄 발행 | 2009년 9월 28일

펴낸이 | 김영선
기획·편집 | 이교숙
디자인 | (주)다빈치하우스- 이리라
펴낸곳 | (주)다빈치하우스- 미디어숲
주소 | 서울시 마포구 합정동 362-5 조현빌딩 2층 (우121-884)
대표전화 | 02-323-7234
팩스 | 02-323-0253
홈페이지 | www.mfbook.co.kr
출판등록번호 |

값 18,000원
ISBN 978-89-91907-30-0 (03320)

* 이 책은 (주)다빈치하우스와 저작권자와의 계약에 따라 발행한 것이므로
  본사의 허락 없이는 어떠한 형태나 수단으로도 이 책의 내용을 사용하지 못합니다.
* 미디어숲은 (주)다빈치하우스의 출판브랜드입니다.
* 잘못된 책은 바꾸어 드립니다.

이 도서의 국립중앙도서관 출판시도서목록(CIP)은 e-CIP 홈페이지
(http://www.nl.go.kr/cip.php)에서 이용하실 수 있습니다.(CIP제어번호: CIP2009002774)

성공한 학원들의
학원경영이야기

편저 김지현

머리말

"지피지기면 백전백승"이라는 말이 있다. 적을 알고 나를 알면 백 번 싸워서 모두 승리하리라는 뜻이다. 치열한 레드오션 상태인 학원가에서 성공한 타 학원의 사례를 보고, 배워 자신만의 정보를 구축하는 일은 매우 중요한 것이라 할 수 있다.

학원 사업은 이미 과도한 경쟁으로 인해 포화상태에 이르렀다. 진입 장벽이 낮고, 진출이 용이하다 보니 수많은 경쟁자들로 넘쳐나는 것이다. 이런 경쟁에서 승리하려면 남들보다 한 발 앞선 경영 마인드를 갖고, 참신한 조직 혁신을 단행할 필요가 있다. 이때 가장 좋은 것은 다년간의 연구와 관찰 끝에 얻은 아이디어를 실천하는 것이다. 하지만 이것이 어렵다면, 성공한 학원의 사례를 철저하게 분석하여 장점만을 보고, 배우는 벤치마킹(Benchmarking) 기술이 필요하다. 이 과정을 통해 학원 경영자는 성공한 학원이 오랜 기간 여러 가지 리스크를 감내하며 구축한 시스템을 쉽고, 빠르게 자신의 것으로 만들 수 있을 것이다.

이 책은 성공한 학원의 경영 초기부터 오늘에 이르기까지 전반을 다루고 있다. 그리고 선두 학원들의 성공 요인을 찾아, 일선에서 새롭게 도전하고자 하는 학원 경영자들에게 벤치마킹의 사례를 제시하고자 노력했다.

여기서 소개하는 사례를 통해 학원 경영의 정도가 무엇이며, 성공을 부르는 경영이 무엇인가를 함께 고민할 수 있었으면 한다.

또 이 책의 2부에서는 학원 경영 전반에 걸쳐 경영자가 반드시 알아야 하는 요소들을 알기 쉽게 설명한다. 이 내용은 크게 4장으로 나누어 구성되어 있는데, 제1장에서는 학원 경영자의 핵심역량 강화 전략에 대해 소개하며, 제2장에서는 학습 시스템 구축 전략을 소개한다. 그리고 제3장에서는 강사 및 직원관리 전략을 제시하고 있으며, 제4장에서는 학원의 고객인 학부모와 학생을 관리하는 방법을 자세하게 보여준다.

이 내용들을 잘 살펴보면 하나의 결과를 도출할 수 있다. 성공한 학원이나 창업 후 단기간 만에 안정적인 경영 궤도에 오른 학원들의 공통점은 학원 경영자에게 특별한 역량이 있다는 것이다. 그 역량이란, 직원을 존중하고, 만족시키기 위해 노력하며, 외부고객인 학부모와 학생들의 작은 소리에도 귀 기울이는 것에서부터 출발한다. 또 끊임없이 새로운 경쟁력을 키우고자 노력하는 자세에서 비롯된다.

치열한 학원업계에서 성공적인 경영성과를 이루어내고 있는 경영자들의 이야기와 경영 전략의 매뉴얼을 통해 학원 경영 역량이 강화되었으면 한다.

편저 김지현

Contents_

004 머리말

1부_ 성공한 학원들의 학원 경영 노하우

012 뚝심 전략과 네 가지 성공 요소 : 힘수학

- 힘수학의 성공 요인 분석 – Success Piont 콕!콕!콕! 042
  - –강사를 성장시키는 학원 운영
  - –철저한 서비스 마인드
- 성공 학원들의 Core of Management 046
  - –침체되는 학원은 이유가 있다

048 돌을 옥으로 만드는 인재 교육 : (주)타임교육–하이스트

- (주)타임교육–하이스트의 성공 요인 분석 – Success Piont 콕!콕!콕! 077
  - –주인의식을 가지고 일하는 강사
  - –프리미엄 이미지 전략
- 성공 학원들의 Core of Management 080
  - –내 수업진행은 효율적으로 이루어지고 있는가?

082 학원가의 블루오션을 공략하라: (주)오메가포인트–시매쓰

- (주)오메가포인트–시매쓰의 성공 요인 분석 – Success Piont 콕!콕!콕! 110

성공한 학원들의 학원경영이야기

- －교육 사업의 블루오션을 찾다
- －시스템 운영과 매뉴얼을 활용하라
- 성공 학원들의 Core of Management 114
  - －학원의 경쟁력을 진단해 볼 수 있는 요소들

116 실패를 발효시킬 줄 아는 사람이 되라 : 강태우어학원(주)

- 강태우어학원(주)의 성공 요인 분석 - Success Piont 콕!콕!콕! 146
  - －칠전팔기 오뚝이 전략
  - －차별화 전략
- 성공 학원들의 Core of Management 149
  - －학원 경영 아무나 할 수 있다?

152 칭찬은 고래만 춤추게 하지 않는다 : 토스잉글리시

- 토스잉글리시의 성공 요인 분석 - Success Piont 콕!콕!콕! 178
  - －찰떡궁합을 자랑하는 프랜차이즈를 선택하다
  - －칭찬 경영
- Tip_ 독립 학원 창업이냐, 프랜차이즈 창업이냐   181
- 성공 학원들의 Core of Management 184
  - －'강사'가 아니라 '선생님'이다

Contents

186 섬세하고 꼼꼼한 경영으로 내실을 다져가는 유학원
 (주)미라클에듀-예스유학

- (주)미라클에듀-예스유학의 성공 요인 분석 - Success Piont 콕!콕!콕! 211
  - 실패를 실패로 남겨두지 않는다
  - 후천적 리더십을 획득하다
- Tip_ 교육 사업 중의 하나, 유학원 사업 그것이 궁금하다! 213
- 성공 학원들의 Core of Management 217
  - 학원의 확대성장 전략과 축소성장 전략의 선택
  - 교육 사업에서 수요의 가격 탄력성

2부_ 학원 경영의 성공 전략을 찾아라

225 1장 학원 경영자의 핵심역량 강화 전략
- (1)지식 226
- (2)노하우 230
- (3)관리 능력 234
- (4)전략적 리더십 236

247 2장 학습 시스템의 구축 전략

- (1)학원의 존재 이유 247
- (2)학습 시스템의 기본 요소 251
  - ・교육과정
  - ・학습방법
  - ・학습 콘텐츠

269 3장 강사 및 직원관리 전략

- (1)내부고객 만족의 중요성 270
- (2)내부고객 만족은 조직 문화에서 시작 274
- (3)인재 경영 290

295 4장 학부모・학생관리 전략

- (1)고객 만족 경영의 의미 297
- (2)고객 만족 경영의 성공 노하우 301
- (3)고객 만족 경영 성공 포인트 308

1부

성공한 학원들의
학원 경영 노하우

- 뚝심 전략과 네 가지 성공 요소
  힘수학

- 돌을 옥으로 만드는 인재 교육
  (주)타임교육-하이스트

- 학원가의 블루오션을 공략하라
  (주)오메가포인트-시매쓰

- 실패를 발효시킬 줄 아는 사람이 되라
  강태우어학원(주)

- 칭찬은 고래만 춤추게 하지 않는다
  토스잉글리시

- 섬세하고 꼼꼼한 경영으로 내실을 다져가는 유학원
  (주)미라클에듀-예손유학

뚝심 전략과
네 가지 성공 요소

김 민 환 대표

김 민환 대표는 학원 경영에 성공하기 위해서는 'ㄱ'으로 시작하는 네 가지 요소가 필요하다고 한다. 그 네 가지는 '각성, 감성, 극성, 근성'이다. '각성'은 현재의 상황이나 처지를 깨닫고 잘잘못을 생각할 수 있어야 한다는 의미다. '감성'은 주변 모든 사람들에게 자신의 마음가짐이 영향을 주게 되므로 고약한 향기가 아니라 아름다운 향기를 내뿜을 수 있는 사람이 되어야 한다는 것이다. 그 다음은 '극성'이다. 극성은 몸에 비유할 수 있는데 실행의 문제이다. 김 대표는 '어떤 상황에서도 고객은 옳다'라는 대명제 아래서 모든 행동을 극성스럽게 했다. 이를 서비스 사업자의 기본자세라고 생각한다. 마지막으로 '근성'은 소위 말하는 깡다구라고 하는 끈기와 인내다. 교육 사업이라고 하는 특성상 사업의 성과가 단기에 나타나지 않을 수도 있다. 또 중간 중간에 이런저런 부침을 겪기도 한다. 하지만 근성으로 우직하게 원칙을 지키면서 열심히 노력하면 반드시 노력한 만큼의 성과를 볼 수 있다는 것이 김 대표의 생각인 것이다.

체계적인 고객관리 및 학사관리 시스템을 바탕으로 더 큰 도약을 꿈꾸는 힘수학은 2004년도에 대치 본원과 분당 본원을 동시에 개원했다. 또한, 힘수학은 특목고 입시 프로그램을 자체 개발하여 2007학년도에 민사고 41명, 외고·과고 249명의 합격생을 배출한 데 이어 2008년에도 특목고 합격생 333명을 배출했다. 이러한 성과의 요인은 초·중·고 수학교육의 리더로 성장하기 위한 연구 개발에 과감한 투자와 적극적인 인재 유치를 꼽을 수 있을 것이다. 또한 영재를 위한 브랜드인 '힘마스터즈'를 만들어 운영하고 있는 힘수학은 2008년 수학전문 학원 가운데 국내 최초로 ISO 9001(국제품질경영시스템) 인증을 받았으며, 2009년 대한민국 교육경영대상과 한국교육산업대상을 수상하였다.

힘수학

국내 학원 업계는 이미 레드오션 상태이다. 김민환 대표는 이 치열한 경쟁 시장의 선두주자가 아니다. 그러나 후발주자로 학원 경쟁에 뛰어들었음에도 불구하고 그는 단기간에 괄목할 만한 성과를 거두었다. 그런 그의 경력은 뜻밖에도 학원가와는 아무런 관련이 없다.

김민환 대표는 LG 그룹의 샐러리맨 출신이다. 그는 LG화재, LG그룹 연수원, LG텔레콤 등 기업 계열사에서 8년 넘게 근무하다가, 서른일곱 살이 되던 해인 2002년 11월, 사표를 내고 학원강사로 변신했다. 이후, 그는 강사생활 1년 반 만에 학원을 개원했고, 학원 운영 2년 만에 3개의 직영 본원을 가진 학원의 대표가 되었다.

투자유치, 합종연횡, 마케팅 전쟁 등 이미 기업화의 게임에 들어선 학원 업계에 뛰어들면서 그가 투자한 자금은 총 3억 4천만 원 정도였다고 한다. 본인이 직장생활을 하면서 모은 돈과 강사시절 모은 돈, 거기에다 벤처기업에서 근무하던 동생의 자금까지 털어서 대치동과 분당에 조그마한 학원 두 곳을 동시 오픈할 수 있었다. 자금은 임대보증금에 인테리어와 교구 구입비 등으로 대부분이 소진되었다. 그래서 각종 학원 광고가 일간지를 도배할 정도로 학원 업계 마케팅 물량 공세가 만만치 않은 현실에서 광고는 꿈도 꾸지 못하는 상황이었다.

김 대표는 학창시절부터 수학 하나 만큼은 누구보다 자신 있어 하는 이공계(고려대 산업공학과)출신이기는 하지만, 서울대나 포항공대 급의 박사들도 적지 않은 대치동 학원가에서는 미미한 이력일 뿐이었다. 자금력도 없고 막강한 스타강사 파워도 없이 뒤늦게 학원 업계에 뛰어든 김민환 대표. 그의 성공 비결은 무엇이었을까? 사실 그가 지닌 비결은 아주 단순한 진리에서부터 출발한다.

과외 교사의 경험으로 교수 역량을 갖추다

　고려대학교 산업공학과를 졸업한 김 대표는 대학시절부터 고등학교 3학년이던 이과 수험생들을 대상으로 수학 강의를 했다. 그때 그의 명성은 실로 자자했었다고 한다. 김 대표가 인기를 끌 수 있었던 것은 중학교시절 받았던 과외경험 때문이었다. 그때 김 대표는 자신과 맞지 않는 학습법 등으로는 전혀 학습 효과를 보지 못한다는 것을 경험했다. 그로 인해 교수 학습의 눈높이가 얼마나 중요한지를 실감하고 있었던 그는 학생들의 눈높이에 맞는 수업으로 점수를 팍팍 올려주는 족집게 같은 과외 선생이 되었던 것이다.

　"학창시절, 저는 방황을 했었습니다. 그때 그런 저를 걱정하시던 부모님께서 아버님 친구 분 자제를 그냥 한 번만 만나보라고 하시더군요. 그래서 그 형님을 만났는데, 이런저런 제 고민 얘기를 다 들어주면서 고개를 끄덕거리시더니 대뜸 '그럼, 네가 하고 싶은 게 뭐니?' 하고 물어보는 거예요. 막상 답을 못 하고 있으니까, 소모적인 방황은 더 이상 도움이 안 되는 것이니까 이제 제자리로 돌아가는 게 어떻겠냐고 그러더군요. 그러시면서 많은 좋은 얘기들을 들려주셨어요. 그 이야기들은 제 인생의 전환점이 되었죠. 그 경험으로 청소년기에 부모가 아닌 제삼자가 청소년기의 인생에 얼마나 중요한 영향을 미칠 수 있는지를 경험하게 되었습니다."

　이후 김 대표는 과외 아르바이트를 할 때마다 학생들의 마음속에 있는 고민까지 해결하고 지침을 들려주려고 애썼다. 그러니 자신을 믿고 의지하게 된 학생들의 성적이 높아지는 것은 당연한 일이었다.

"과외를 하면서 공부를 잘하는 것과 잘 가르치는 것은 별개의 문제라는 것을 깨달았습니다. 그래서 학생들의 수준과 눈높이에 맞추어, 그 학생이 가장 쉽게 이해할 수 있는 언어로 학습내용을 풀어주려고 애썼습니다. 그것이 학원 사업을 하는 데 큰 도움이 됐지요."

김 대표가 과외를 통해 배운 것은 이른바 '눈높이 교육'의 중요성이었다. 이러한 지침을 깨닫고 있었던 그는, 소위 말하는 잘나가는 과외교사가 되었고, 정성을 다해서 아이들을 가르치는 과정에서 무엇보다 큰 보람을 느꼈다고 한다.

뚝심 전략으로 앞만 보고 달렸던 대기업 샐러리맨

김 대표는 1994년 대학 졸업 후 대기업에 입사를 했다.

"학원 경영의 성공 비결을 꼭 집어낼 순 없지만 샐러리맨으로 근무한 경험이 학원을 단기간에 급성장시키는 데에 큰 도움이 된 것은 확실합니다."

대기업 근무시절 '고객부터 생각하고 서비스를 개발하는 습관'을 기르며 얻은 '고객 중심 사고'는 그의 최대의 경쟁력이었다. 대기업의 신입사원시절부터 이런 그의 자질은 빛을 발했다.

"저는 사가를 부르면 뭔가 솟구치는 게 있을 정도로 소속감을 갖기를 원했지만 신입사원 연수원의 교육은 생각보다 밋밋하더군요. 교육 후 계열사 배치를 받고 나서 연수원 교육 담당자에게 그런 제 생각을 전할 기회가 왔었습니다. '교육받는 입장에서 원하는 것은 이런 것이다. 그걸 충족하려면 이러저러 해야 할 것이다.' 이런 이야기를 자세하게 적어 보냈었지요."

깊은 인상을 받았던 신입사원 교육 담당자는 1년 후에 연수원으로 그를 스카우트했다. 김 대표는 교육받는 고객 즉, 신입사원들의 니즈를 파악하는 것에서 시작해서 교육 프로그램 전반의 혁신을 주도했다. 서울로 출퇴근이 얼마든지 가능한 환경이었지만 연수원 근처에서 먹고 자면서 새벽까지 일을 하고 명절에도 수위 아저씨와 둘만 남아 있을 정도로 '극성'을 부렸다. 한 번 시작하면 뚝심으로 밀어붙이는 김민환 대표의 '근성'이 발휘되던 시기였다.

그렇게 대기업 그룹 신입사원 교육을 3년 6개월간 도맡았던 경험이 학원 경영에 있어서 큰 밑거름이 되었다.

그런 그가 돌연 회사를 그만두고 학원강사의 길을 선택했다. 2002년 11월, 그의 나이 서른일곱 되던 해의 일이었다.

"워커홀릭이라는 말이 무색할 정도로 일에 몰입하며 살았습니다. 그런 와중에 IMF를 맞게 되었지요. 이때 회사에서 대규모 감원이 일어났습니다. 몸과 마음을 바쳐 충성했던 회사에서는 직원에게 큰 보답을 해주지 않았습니다. 살기 급급해 제 살을 잘라내듯이, 그렇게 직원들을 감원하기 바빴지요. 그 모습을 보며 지금까지 옳다고 생각했던 것들을 다시금 생각하게 됐습니다. 조직의 목표가 곧 나의 목표라고만 생각하고 일 중독자로 살았던 내 삶을 뒤돌아보게 되었다고나 할까요. 오랜 시간을 고민한 결과 나는 진정으로 내가 원하는 걸 하고 있지 않다는 결론에 도달했습니다."

스티븐 코비 박사가 저술한 「성공하는 사람들의 일곱 가지 습관」이라는 책에는 이런 구절이 있다.

"컨트롤 할 수 없는 관심의 원에 에너지를 쏟지 말고, 컨트롤 할 수 있는 영향력의 원에 에너지를 집중시켜라…(중략)…"

김 대표는 자신이 컨트롤 할 수 없는 조직에서 에너지를 낭비하며 살기보다는 스스로 컨트롤 할 수 있는 목표를 세우고, 그것을 위해 살기로 결심했다.

"돈을 위해서가 아니라 내 이름 석 자가 걸린 일은 무엇이든지 나 자신에게 부끄럽지 않게 하고 싶었습니다. 그래서 열심히 일했고 결국 일에 대한 성취감뿐만 아니라 '김민환'이라는 이름을 걸고 일하는 태도를 갖추게 되었던 것이지요."

김 대표는 한 방송사에서 방영한 다큐멘터리를 보며 자신의 생각에

확신을 갖게 되었다고 한다. 그 다큐멘터리는 아이비리그를 졸업한 유수의 인재들을 대상으로 실험한 것이었다.

"아이비리그를 졸업한 인재들을 대상으로 재미난 실험을 했습니다. 졸업자들을 상대로 그들이 진로를 선택한 기준은 무엇이며, 얼마나 만족하고 있는지를 묻는 것이었습니다. 그랬더니 대부분의 졸업자는 보수를 좇아 직업을 선택했다고 대답했습니다. 단 17%만이 자기가 좋아하는 일을 선택했다고 대답했지요. 몇 년 뒤에 이들이 얼마나 성공해 있는지를 살펴보았더니 그 결과가 어땠는지 아십니까? 설문에 응한 졸업자들 가운데 백만장자가 101명 나왔는데, 그 가운데 100명이 자신이 좋아하는 일을 선택한 사람이더라는 겁니다. 딱 한 명은 열외였다고 하더군요."

그 다큐멘터리를 보고 김 대표는 자신이 좋아하는 일을 하며 열정적으로 몰입할 때 진짜 성공의 문이 열린다고 확신하게 되었다고 한다.

"자기가 맡은 일에 얼마나 끈기를 가지고, 최선을 다할 수 있느냐. 즉, '몰입'과 '집중'입니다. 이것이 이루어지지 않으면 어떤 일을 하든지 성공할 수 없습니다. 그것은 당연한 진리입니다. 몰입과 집중을 잘하는 사람이 우세한 것이 진리라면, 자기가 좋아하고, 하고 싶어 하는 일을 선택했을 때 그것이 더 순조로울 것은 당연한 일 아니겠습니까?"

김 대표는 인생을 '몰입과 집중력의 싸움'이라고 생각한다. 이 싸움에서 이기기 위해서는 필요한 시기에 적절하게 집중의 정도와 완급을 조절해야만 한다. 즉 학생이면 공부에, 직장인이면 업무에, 사업하는 사람이면 고객 가치 창출에 집중해야 하는 것이다. 그래서 그는 현재 힘수학에서 학생들을 지도하는 데 있어서도 '과제 집착력'을 중시하고 있다. 필요한 일에 필요한 에너지를 집중해서 끝까지 일을 해내는 태도야말로 성공의 열쇠가 된다고 보는 것이다.

자신을 시련에 부딪히게 하다

일에만 매진하던 김 대표가 회사를 그만둔 후, 사실상 다음 대안은 없었다. 자신이 좋아하는 일을 하는 것이라면 어떤 결과를 맞더라도 후회하지 않겠다는 결심이 있었지만, 미래에 대해 막막하고 불안한 마음만은 그도 피해갈 수 없었다고 한다.

"나를 보는 사람마다 '대안도 없이 회사를 그만두다니, 무슨 배짱이냐?', '어쩌려고 그러냐?'라고 물었습니다. 그때마다 나는 자신 있게 '대안이 없는 것도 하나의 대안이다'라고 말했습니다. 속으로는 막막하고 무서웠지만, '기왕 낸 사표이니 끝까지 가 보자!'라며 스스로를 다잡았지요."

그런 어느 날, 그에게 아주 반가운 사람이 다가왔다. 대학시절 함께 과외 아르바이트를 하며 학비를 벌었던 지기였다. 그 친구는 대치동에서 영어학원을 운영하는 중이었는데, 김 대표의 상황을 알기 무섭게 함께 학원 사업을 해보지 않겠느냐는 권유를 했던 것이다.

김 대표는 과외 선생시절 깨달은 교육방법을 떠올리며, 강사 제의를 수락했다. 그러나 그때까지만 해도 스타강사가 되고 싶다든지, 학원을 경영하고 싶다는 식의 목표를 가지고 학원가에 들어온 것은 아니었다. 그저 자기가 대학시절부터 좋아하고, 또 잘했던 일. 아이들을 가르치면서 살면 좋을 것 같다는 생각으로 시작한 것일 뿐이었다.

"저는 지금도 맨 처음 학원에서 아이들을 가르쳤던 날을 생생하게 기억하고 있습니다. 2002년도 10월 14일 저녁 6시였습니다. 전날 밤, 잠을 설칠 정도로 기대에 부풀어 있었는데 저를 맞아준 학생들은 초등학교 6학년 학생 5명이 전부였었죠. 사실 제가 꿈꾸고 있었던 강의실은 중·고등학교시절에 보았던 입시학원 모습이었습니다. 수백 명의 학생들 앞에 당당하게 서서 신나게 강의를 하는 제 모습이었던 거죠. 하지만 제가 회사에 다니는 동안 학원 판이 완전히 달라져 있었던 것입니다. 전문 학원 체제가 대치동에 자리를 잡고 있었던 것입니다."

시작이 미약하리라고는 생각하고 있었지만, 이 정도일 줄은 몰랐던 김 대표는 눈앞이 깜깜해지는 기분이었다고 한다. 더구나 강의내용에 대한 인수인계나 내용소개 같은 것도 전혀 없는 상황이었다.

무엇보다도 오랫동안 수학 문제를 풀지 않았던 김 대표가 수학 문제를 아이들에게 가르치기 위해서는 남들보다 몇 배로 피나는 노력이 필요했다.

"상황이 열악하면 할수록 오히려 오기가 생겼습니다. 그래, 이열치열이다. 저는 더욱 심한 궁지 속으로 나를 밀어 넣어 보자는 생각이 들었지요. 그래서 아예 답지조차 없는 교재로 아이들을 가르치기 시작했습니다."

답지가 없는 교재로 강의를 하려면 강사가 미리 문제를 다 풀어 봐야 한다. 학원 강의가 끝나기 무섭게 문제를 풀기 위해 책상으로 달려가는 생활이 반복되었다. 김 대표는 어떤 날은 문제가 쉽게 풀리지 않아서 까맣게 밤을 지새우기도 했다며 지난날을 회고했다.

"답안지가 없는 교재를 수업 교재로 채택했으니, 강사가 단 한 순간이라도 준비를 소홀히 하면 수업이 어찌 될지 뻔한 일 아니겠습니까? 그런 악조건이 나를 더욱 악착같이 수업에 매달리게 했습니다."

김 대표의 이런 열성에 힘입어 수강생 수는 하루가 다르게 늘어났다. 나중에는 수강생의 수가 포화상태에 이

르러 별도로 학생을 관리해줄 보조강사까지 두게 되었을 정도였다.

그리고 학원의 월급 또한 비율제 계약으로 바꿀 수 있었다.

"저는 학원과 5:5 비율제로 강의를 하는 대신 보조강사를 고용하거나 관리하는 비용은 스스로 책임지기로 했습니다. 이 시스템은 학원 안에서 저만의 팀을 운영할 수 있는 숍인숍(shop in shop)의 방식입니다. 이 운영 방식은 당시 학원 시스템으로는 여간 파격적인 것이 아니었습니다. 하지만 제가 진행하는 강의에 책임감 있는 태도로 임하고, 또 그 성과를 충분히 누릴 수 있다는 점에서 큰 매력을 느꼈지요."

김 대표의 수업은 날이 갈수록 인기를 끌었다. 나중에는 8명까지 보조강사가 늘어나 이미 그때 독립적인 학원의 모태를 갖추게 되었다고 한다. 그렇게 자신이 관리하는 숍의 규모가 커지자 김 대표는 신출내기 강사인 보조강사들을 자기 나름의 방법으로 훈련하기로 마음먹었다고 한다.

"보조강사들을 선발한 다음, 처음 한 달 동안에는 공부만 시켰습니다. 자신들이 가르쳐야 할 학과에 관해 그야말로 전문적이고 기술적인 역량을 어느 정도 갖추었는지 평가하고, 스스로 그 기량을 늘릴 수 있는 시간을 주는 것이지요. 그다음에는 선임강사나 원장의 강의를 청강하도록 했습니다. 그리고 과제를 주고 기한을 정해서 강의 준비를 시킨 다음 시범 강의를 하게 했으며, 제가 직접 강의에 대한 피드백을 주었지요."

이처럼 철저한 훈련 덕분에 학원가에서는, 5년 동안 학원을 전전한 일반 강사보다 김민환 대표가 직접 1년 가르친 강사가 훨씬 낫다는 말이 나돌았을 정도였다고 한다.

"제가 강사를 뽑을 때는 몇 가지 기준이 있습니다."

김 대표는 강사가 가진 강의 스킬만으로 강사의 능력을 평가하지 않는다. 인성부터 행동 습관까지 꼼꼼하게 살펴보고, 고려한 다음 강사의 함량을 평가한다.

"강사의 진실한 실행역량이라 함은, 전문지식으로 무장하고 우직한 승부근성으로 훌륭한 성과를 창출해 자신의 존재 가치를 여지없이 드러낼 수 있는 힘을 말합니다. 흔히, 강사들이 중요하게 여기는 스킬적인 측면은 언제든지 개선하고 발전시킬 수 있지만, 이미 한 인간을 규정하고 있는 사고방식과 행동방식은 쉽게 바꿀 수 없기 때문에 말뿐이 아닌 진정한 사람을 최고의 인재라고 생각합니다."

김 대표는 강사의 진실한 역량은, 전문적인 지식의 얕고 깊음이라든지, 학생을 가르치는 스킬의 풍부함이 동시에 갖춰질 때 발산될 수 있는 것이라고 강조한다. 이러한 신념을 바탕으로 선발한 힘수학의 강사진은 현재 강남 일대 학원 가운데 최고 수준이라는 평가를 받고 있다.

위기와 어려움을 기회로 삼다

"사람에게는 세 번 기회가 찾아온다고 하지요. 저의 경우, 학원강사가 된 것이 첫 번째 기회이고, 두 번째 기회는 부원장이 된 것이라고 생각합니다."

김 대표가 강의하던 학원의 규모가 커지면서 학원에는 자연스럽게 부원장이라는 자리가 필요해졌다. 그러자 당시 학원의 원장은 김 대표에게 부원장 자리를 맡아달라는 제안을 했다고 한다. 대치동 본원을 성장

시키면 영업이익의 30%를 주겠다는 인센티브도 함께 제시했다. 김 대표는 망설이지 않고 그 제안을 수락했고, 먼저 학원의 구조조정부터 단행했다.

"학원 경영의 성공비결을 꼭 집어낼 순 없지만 샐러리맨으로 근무한 경험이 학원을 단기간에 급성장시키는 데에 큰 도움이 된 것은 확실합니다. 대기업 근무시절 '고객부터 생각하고 서비스를 개발하는 습관'을 기르며 얻은 '고객 중심 사고'가 최대의 경쟁력이 된 것입니다."

김 대표는 지난 10년간 서비스업에 종사했던 경험을 살려 기본적으로 서비스 마인드를 갖추지 못한 상담실 직원들이나, 자질이 부족하거나 태도가 잘못된 강사들을 정리하기 시작했다. 그는 학원 상담실에 근무하면서 안일하고 나태한 태도에 취해 있었던 직원들을 개혁하고 싶었지만, 그것이 조직에 미칠 파문을 최소화하고자 먼저 자질이 부족한 일선 강사부터 정리에 들어갔다.

일차적으로 출퇴근 시간을 명확히 하고 강사들의 실력 점검을 위한 테스트를 실시했으며 시범 강의도 일일이 검사하면서, 앞으로는 최소한의 기준을 통과하지 못한 강사들은 살아남을 수 없다고 분명히 경고

했다. 그리고 곧 경고한 절차에 따라 강사 조직을 정비해 나갔다.

다음에는 상담실 혁신을 단행했다. 일단 학부모들의 컴플레인 자료를 근거로 서비스 정신이 부족한 직원들을 정리, 해고했다. 그렇게 과감하게 단행한 조직 일신을 통해 학원은 새로운 면모를 갖추고 제대로 된 교육 서비스 사업을 일구어 나가게 되었다.

그 결과, 350명 규모의 학원이 1년 4개월 만에 800여 명의 규모로 급성장했다. 그런데 이러한 성장을 냈음에도 불구하고 김 대표에게는 충분한 보상이 돌아오지 않았다고 한다. 처음에 제시받은 인센티브가 제대로 지급되지 않았던 것이다.

"단순히 금전의 문제를 떠나서, 신뢰와 의리를 가장 중요하게 생각하는 저로서는 이 사람과 함께 할 것인가, 아니면 이곳을 떠날 것인가를 고민할 수밖에 없게 만들었습니다. 그래서 고민을 했지요."

그는 많은 고심 끝에 지금이 학원 경영의 노하우를 충분히 쌓을 수 있는 기회라고 판단하고 부원장의 역할과 임무를 계속 수행하면서 당분간은 함께 하기로 결정을 내렸다고 한다. 경영 수업의 일환으로 전략적인 의사결정을 선택한 것이었다. 그리고 그는 특유의 뚝심으로 아무것도 생각하지 않고 일에만 몰두하는 집중력을 보였다.

"남보다 더 뛰어난 방법이 무엇이 있겠나? 고민하기보다는 내가 할 수 있는 모든 것을 총동원해서 아이들을 가르치고 학부모와 상담하는데 노력을 기울였습니다. 민사고 입시반의 경우 수업이 저녁 6시에 시작해서 다음날 새벽 3시까지 이어졌습니다. 수업이 끝나면 4시 30분까지 질문을 받고 아이들을 차로 집에 데려다주는 생활이 이어졌습니다. 새벽 2시든, 3시든 상관없이 학생들과 상담하고 같이 고민하는 시간들이었습니다."

그러다 보니 자연스레 입소문이 나기 시작했다. 학원 수강생들은 비약적으로 늘어갔다. 정신적으로나 육체적으로나 과중한 업무로 힘든 시기였지만, 김 대표는 '나의 학원'에 대한 구체적인 청사진을 마련하는 것도 게을리하지 않았다. 그리고 마침내 몸담았던 학원을 떠날 시점이 되었다고 판단했을 때는 과감하게 자신만의 학원 '힘수학' 간판을 내거는 모험 아닌 모험을 시도했다.

학원의 성공을 위한 발판, 인재 경영

김 대표가 기존의 학원에서 독립해 새로운 학원을 시작했을 때 다행스러웠던 것은 부강사로 함께 일하던 선생님들이 모두 김 대표와 같이 하고 싶다는 뜻을 내비쳤다. 기존 학원으로서는 타격이 아닐 수 없었겠지만 이미 숍인숍 개념으로 운영되어 왔던 터라 김 대표가 시작하는 창업에 보조강사들이 합류하는 것은 아주 자연스러운 일이었다. 그러나 모든 준비가 완비되었다고 생각해 자신만만하게 시작한 학원 사업일지라도 일은 순탄치만은 않았다.

같이 학원을 시작했던 선생님들과의 관계 설정에서 어려움이 생긴 것이다. 그는 학원 대표로서 새로운 모습을 보이지 않을 수 없었다. 하지만 그런 상황에 적응하지 못한 강사 4명은 1년도 못 가 학원을 떠나 버렸다. 유능한 강사들의 빈자리는 김 대표가 직접 메워야만 했다.

솔직히 처음에는 인간적으로 서운한 감정도 들었고 힘도 들었지만 시간이 지나면서 그는 좀 더 여유 있게 강사 선생님들을 바라보게 되었다고 한다.

"사람들이 살다 보면 인연일 때가 있고, 인연이 아닐 때가 있는 게 아닌가 하는 생각이 듭니다. 만날 사람은 다시 만나게 된다는 생각으로 한 발 뒤로 물러서서 헤어져야 할 순간에도 큰 그림을 보게 되었지요. 불가피한 헤어짐이라면 감수하는 게 순리라고 생각했습니다."

그는 결국 훌륭한 강사와 함께 일하고자 한다면 그 사람이 같이 일하면서 배울 것이 있는 환경을 제공하고 강사들이 원하는 보다 큰 가치를 제공할 수 있는 환경을 조성하는 것이라는 생각을 하게 됐다. 그리고 그런 일에 심혈을 기울이기 시작했다.

그런데 어렵게 스태프의 공백을 메우고 한고비를 넘겼나 했더니, 이번에는 학원 경영 환경이 뒷받침되어 주지 못했다.

2004년 말, 정부에서는 학원 수강비 동결정책이 시행됐다. 사정이 이렇다 보니, 방학 특강 프로그램에 대한 수강료를 받을 수 없게 되었다. 그는 기왕 제대로 수강료를 받지 못할 거라면 아예 기분 좋은 마음으로 무료 특강을 하자고 제의했지만, 무료 특강의 성과는 영 기대에 미치지 못했다. 학원 문을 연 첫해 가을과 겨울은 상당히 춥고 어두웠다.

이런 어려운 와중에 김 대표가 학원의 경영자로서 중요하게 여긴 것은 시스템의 안정이었다. 대부분의 학원은 몇몇 인재를 중심으로 돌아가는 시스템을 갖고 있는데, 김 대표는 그런 구조라면 학원이 제대로

지탱될 수 없다고 생각했던 것이다. 그래서 새로운 시스템을 구축하여, 그 시스템 하에 안정적인 운영을 하려고 노력을 기울였다. 몇 년 동안의 안정화 기간을 거쳐 결실을 얻게 된 김 대표만의 시스템은 2008년 12월, ISO 9001 인증까지 받게 되었다.

지금은 노하우가 쌓여서 크고 작은 시스템의 변화에도 유동성 있게 대처를 할 수 있게 되었지만, 초창기에는 모든 것이 어려울 수밖에 없었다. 고객은 학원의 원만한 시스템은 물론 안정성 있는 스태프들의 모습까지 원한다. 그런데 경험이 부족한 김 대표로서는 그것을 동시에 만족시키기 역부족이었던 것이다.

기왕 두 마리 토끼를 다 잡을 수 없다면 한 마리라도 제대로 쫓아야 한다고 생각한 김 대표는 시스템 구축이냐, 스태프의 안정이냐를 놓고 고민했다. 그리고 아무리 시스템이 중요하다 할지라도, 그 시스템을 운영하는 주체는 인력이므로 스태프들이 안정을 느낄 수 있도록 경영하는 것이 중요하다고 판단했다.

현재 학원가 고객들의 니즈 역시 우수한 스태프의 보강이다. 학생이나 학부모 모두 훌륭한 시스템이나 양질의 콘텐츠에 앞서 우수한 강사의 양질의 수업이었던 것이다.

"학원은 실력이 향상되고 성과를 낼 수 있는 최강의 서비스를 제공해야 합니다. 기본 없이 실력을 쌓을 수 없고, 전략 없이 해답이 나올 수 없다는 것이 힘수학의 중심 철학입니다."

그래서 현재 힘수학 학원은 학생들이 기본 원리에 대한 철저한 이해 속에서 내신 및 각종 입시에서 탁월한 성과를 낼 수 있도록 전략의 수립과 운용함에 있어서, 최고의 강사 전문가 집단으로서의 역할을 충실히 수행하고 있다.

또한, 학원 운영의 근간이 되는 시스템 역시 그 시스템을 운용하는데 능숙한 스태프들을 양성시키는 것이 그 어느 때보다 중요시된다고 보고 있다. 기업 경영 시스템을 가진 학원 특히, 전문 학원은 스타강사보다는 시스템에 의한 경영을 하고 있다. 특히 경쟁이 치열해지면서 차별화된 시스템에 대한 수요자의 요구가 커지고 있는 것이다.

몇 년 전만 해도 단순히 시스템을 갖추기만 해도 충분히 경쟁력을 가질 수 있었다. 지금은 모든 학원들이 강사 한 사람의 개인기가 아니라 시스템에 의한 교육과 경영이 이뤄지고 있다. 고객들은 이제 얼마나 촘촘하고 정교하게 관리해주고 차별화된 교육 서비스를 제공해줄 수 있는지를 평가하고 있다. 고객들은 학생 실력을 올려주거나 희망하는 대학이나 특목고 등에 진학시켜 줄 수 있는 콘텐츠를 갖추었나를 보고 판단다.

그래서 힘수학에서는 한발 더 나아가 시스템을 잘 운영하는 강사를 찾고 있다고 한다. 힘수학이 갖추고 있는 시스템과 콘텐츠를 가장 효율적으로 운영하는 강사를 찾아내고 양성하는 데 주력하고 있는 것이다.

하지만 이렇게 훌륭한 인재를 확보하는 문제가 녹록지만은 않다. 학원 운영에 있어서 인건비 비중이 크다 보니 우수한 인력을 스카우트하고 싶어도 당장의 금전적 보장을 제안하기가 어려웠던 것이다. 그래서 김 대표는 미래 가치에 관해 봐달라고 설득한다.

"훌륭한 인재는 반드시 돈에 의해서 확보되는 것만은 아닙니다. 학원의 미래를 보고도 얼마든지 투자할 수 있습니다. 학원의 입장에서도 마찬가지입니다. 당장은 좀 부족하더라도 강사로 일하는 사람이 갖추어야 할 핵심 역량인 세 가지 '바른 태도와 지식, 그리고 강의 기술'을 갖출 가능성이 있는 사람에게는 아낌없는 투자를 해야 합니다. 기본기가 충실하지도 못하면서 화려한 말재주나 관심을 끄는 행동으로 어설프게 재주를 부리는 사람들이 있습니다. 그런 사람들은 득이 되기보다는 오히려 주변에 악영향만 미칩니다. 그러므로 그런 사람이 지금 조금 인기가 있는 스타강사라 할지라도 세 가지 역량 중 하나가 미흡하다면 다시 생각해 봐야죠. 사람은 현재가 아니라 미래를 보고 판단하는 것입니다."

김 대표가 말하는 세 가지 '바른 태도와 지식, 그리고 강의 기술'을 다 갖춘 사람을 구하기란 쉽지 않다. 가치가 높아지면 그만큼의 대가가 따르기 때문이다. 게다가 학원과 강사의 관계는 끊임없이 서로의 니즈를 채워줘야 하는 관계이기 때문에 스스로 만족하지 못한 쪽은 관계를 끝낼 수도 있다. 그러므로 양쪽은 서로를 위해 최선을 다해야 하는 어렵고 불편한 관계이다.

김 대표는 이 관계를 원만하게 유지하기 위해 반드시 다음 세 가지를 지켜야 한다고 말한다.

"첫째는 신의입니다. 학원은 강사들에게 약속한 것은 끝까지 지키려는 신의, 강사는 학원에 끝까지 자신의 비전과 가능성을 보여주고자 노력하는 태도, 이것이 지켜져야 합니다.

그리고 둘째는 올바른 대우입니다. 학원은 강사에게 그가 가진 능력만큼 보장하고, 대우해주어야 합니다. 강사도 마찬가지로 대우를 받은 만큼 보답하고자 하는 의지를 갖추어야겠지요. 그리고 마지막은 가장 중요한 믿음입니다. 서로를 동지로 인정하고 함께 믿고 나가자는 마음, 그것이 없다면 앞서 내세운 두 가지는 절대 무효할 것이니까요."

김 대표의 이러한 원칙과 신념은 힘수학의 부원장을 채용할 때 있었던 일화에서도 잘 드러난다. 현재 힘수학의 부원장직을 맡고 있는 사람은 두 자녀를 모두 특목고에 입학시킨 전력을 가진 학부모이다.

부원장은 당시 공석이었던 상담 실장직을 맡고 싶다며 김 대표를 찾아왔다. 그러나 김 대표는 그 자리를 쉽게 내어주지 못한 채 망설였다고 한다. 학부모가 상담 실장직을 맡는 것에 대해 회의적인 생각을 갖고 있었기 때문이다. 전문가적 자질을 갖춘 인력이 아니라 홍보를 위해 자리를 채워두는 식의 기존 학원가의 관례를 못마땅하게 생각했던 탓이었다.

그래서 김 대표는 면접을 위해 20분만 시간을 내겠다고 말했는데, 정작 면접은 2시간을 넘어서도 끝날 줄을 몰랐다고 한다. 학부형으로서 자녀를 키우며 가졌던 경험을 토대로 얻은 문제의식의 깊이와 그 열의에 그는 감복했던 것이다. 결국, 몇 배로 늘어난 면접이 끝나는 시점에서 김 대표는 "언제부터 일하실 수 있으십니까?"라고 제의했다고 한다. 그렇게 채용한 당시의 상담 실장은 3년째 김 대표와 함께 힘수학의 일원으로 맹활약하며 지금은 든든한 부원장의 자리를 지키고 있다.

김 대표는 떠나는 강사는 잡지 않는다고 한다. 다만 남아서 한 배를 타겠다는 강사를 늘리기 위해 최선을 다할 뿐이라고 한다.

"우리 학원에 오는 강사들을 보면 두 가지 그룹으로 나눌 수 있습니다. 먼저 어떤 일이 있어도 끝까지 함께 가겠다는 사람들이 있죠. 또 다른 그룹은 경력을 쌓아서 보다 좋은 조건을 찾아가겠다는 사람들입니다. 힘수학 출신이라는 것만으로도 학원가에서 스카우트 대상이 되는 경우가 많기 때문입니다. 어떤 경우든 저는 환영입니다. 있는 동안 서로가 최선을 다해 도움을 주고받을 수만 있다면 상관이 없다고 보는 것이죠."

김 대표는 직원이나 강사들의 성장을 도모하는 데 노력을 아끼지 않

는다. 조직과 함께 개인의 성장을 이끌어내는 것이다. 이런 이유 때문에 자신의 몸값을 깎아서라도 힘수학에서 일하게 해달라고 지원을 한 강사도 있었다고 한다.

그 강사는 어느 정도 학원강사로서 경력을 쌓았지만 자신이 정체되어 있다는 느낌에 힘수학 학원으로 자리를 옮길 생각으로 시강을 선보였었다. 그때 김 대표가 너무나도 정확하게 강사의 문제점과 시정해야 할 것들을 지적해주었다. 그러자 그 강사는 "이곳에서라면 제 실력이 한 단계 업그레이드될 것 같습니다"라며 급여의 많고 적음에 상관없이 무조건 일할 의사를 보였다고 한다.

"힘수학은 이제 막 어려운 시절을 지나, 새로운 성장을 위해 도약하려고 꿈틀거리고 있습니다. 내 머릿속의 장대한 계획은 10년 안에 영유아에서부터 학생, 직장인은 물론 실버층까지 아우를 수 있는 교육 그룹을 육성하는 것입니다. 샐러리맨으로 살았다면 감히 꿈도 꾸지 못했을 이 계획을 구상하고, 하나씩 실천해 나가는 것이 얼마나 행복한지 아십니까?"

물론 김 대표가 걸어온 길이 항상 아름답고 평화로운 핑크빛만은 아니었다. 장기간의 경기 불황으로 중소 학원들은 경영의 어려움을 맛보고 있는지라 힘수학 역시 경제 한파의 영향을 받지 않을 수 없었다. 하지만 그는 멈추지 않고 도전하는 자에게 미래가 있는 것이라며 웃었다.
　"체계적인 도약을 위한 첫 번째 단계로 구상하고 있는 것이 '킬러 콘텐츠'를 지속적으로 개발해야 한다는 것입니다. '킬러 콘텐츠'란 고객들에게 지속적이고 특별한 관심을 받는 콘텐츠, 시스템 그리고 스태프 등을 의미합니다. 다양한 교육 서비스가 여러 가지 모습으로 포장되어서 쏟아지고 있지만 그중에서도 가장 특별한 관심을 받으며 지속적으로 학원 고객들의 사랑을 받을 수 있는 핵심 요소를 찾아나가고 운영하겠다는 것입니다. 그리고 두 번째 단계는 핵심 인재를 확보하여 발판을 다지는 것입니다."
　그동안 꿈꾸었던 청사진을 위해 김 대표는 힘수학 연구소를 개설했다. 그리고 학생들을 가르치면서 쌓은 수학강의 노하우를 더 나은 콘텐츠로 엮어내는 작업을 시스템화하기 위한 만반의 준비를 하였다. 또 다년간의 시행을 통해 인정받은 내부 시스템을 보다 안정시키고 발전시켜 '힘수학 프랜차이즈' 사업을 진행해 현재 힘수학은 31개의 가맹점이 전국에서 운영되고 있다. 김 대표는 그저 마구잡이로 프랜차이즈를

개설하는 것이 아니라 구체적이고 기본에 충실한 전략을 발판으로 하고 있다는 것을 강조한다.

기본기에 충실한 경영

"현재 학원가는 자본 유입으로 몸집 부풀리기가 한창 진행 중입니다. 거대 해외자본을 유입해 전국적인 규모의 체인망을 갖춘 학원들이 공격적인 마케팅을 벌이고 있지요. 이런 환경에서 올바른 선택이란 과연 무엇일까요? 저는 그들처럼 공격적인 마케팅을 펼치는 것보다 기본에 충실하고자 노력하는 것이 더욱 중요하다고 생각합니다."

김 대표의 말을 통해 알 수 있듯이, 힘수학은 요란한 마케팅을 하지 않는다. 규모를 부풀리기보다는 기존 시장을 유지하는 것이 더 중요하다는 생각 때문이다. 공격적 마케팅은 새로운 시장 개척에는 유리하겠지만 과도한 마케팅 비용으로 인해 학원 경영에 무리를 줄 수 있으며, 몰입과 집중의 한계로 인한 실수나 경영상의 문제점이 발생하기 쉽다.

특히 교육 시장의 특성상 과도한 마케팅은 고객들의 기대치만 높여서 오히려 악순환을 일으킬 수 있다고 보는 것이다. 요란한 마케팅으로 유인된 고객들은 그 학원에 가면 모든 것이 저절로 해결될 것이라는 지나치게 높은 기대치를 갖게 되고 그런 기대치를 충족시키지 못하면 고객은 실망하고 발길을 돌리면서 좋지 않은 평판을 전하게 되기 때문이다.

힘수학에 등록한 16,700명 정도의 학생, 학부모들을 조사한 바에 따르면 54.4%가 입소문을 듣고 찾아오거나, 지인의 소개로 오게 되었다고 밝혔다. 공격적인 마케팅을 펼치지 않고 내실을 기하며 현 상황에 충실한 경영도 넓은 의미로 따져보자면 하나의 마케팅 방법인 셈이다.

"광고비로 천만 원을 지출할 것이 아니라, 기존 재원생의 재수강률을 높이려 노력하는 게 더 필요하다는 게 기본적인 생각입니다. 광고비로 천만 원을 써서 새로운 원생을 받게 된다고 해도 기존의 학원생이 빠져나간다면 손해가 아닐 수 없을 테니까요."

지역마다 마케팅 전략은 다를 수 있겠지만 특히 학원 시장이 세분화되어 있는 강남이나 대치동 같은 곳에서는 요란한 마케팅이 별반 효과가 없다는 것이 김 대표의 지론이다.

김 대표의 이러한 경영 전략은 레드오션 전략과 비슷해 보일 수도 있다. 하지만 레드오션 전략은 초기 전략 수립단계에서부터 경쟁자를 최우선 순위에 두는 것이다. 경쟁자보다 뛰어난 상품을 시장에 내놓기 위해서는 경쟁업체와 경쟁자의 상품을 분석하지 않을 수 없다. 즉, 나와 경쟁자를 비교하거나 경쟁업체를 벤치마킹하는 접근법으로 전략 수립이 시작되는 것이다.

그러므로 김 대표의 경영 전략은 경쟁자가 아닌 구매자를 전략 수립 사고의 한가운데에 두는, 블루오션 전략에 가깝다고 봐야 할 것이다. 블루오션 전략은 경쟁 업체들보다 나은 상품이 아니라 비 고객을 포함한 구매자들에게 지금껏 업계가 제공하지 못하고 있는 비약적인 가치를 제공하는 데 더 중점을 두고 있다. 마치 김 대표가 규모를 부풀리기보다 내실을 기하고 고객의 니즈를 위해 보다 실속 있는 학원 시스템을 다져나가는 것과 마찬가지인 셈이다.

'ㄱ'으로 시작하는 네 가지 성공 요소

김민환 대표가 원장단 회의 때 흔히 하는 이야기가 있다. 학원 경영에 성공하기 위해서는 'ㄱ'으로 시작하는 네 가지 요소가 필요하다는 것이다. 그 네 가지는 '각성, 감성, 극성, 근성'이다.

'각성'이라는 이야기는 현재의 상황이나 처지를 깨닫고 잘잘못을 생각할 수 있어야 한다는 의미이다. 즉, 머리로 각성하라는 것이다. 두 번째 '감성'이라는 부분은 주변 모든 사람에게 자신의 마음가짐이 영향을 주게 되므로 고약한 향기가 아니라 아름다운 향기를 내뿜을 수 있는 사람이 되어야 한다는 것이다.

그 다음은 '극성'이다. 극성은 몸에 비유할 수 있는데 실행의 문제이다. 김 대표는 '어떤 상황에서도 고객은 옳다'라는 대명제 아래서 모든 행동을 극성스럽게 했다. 이를 서비스 사업자의 기본자세라고 생각한다.

"한 번은 5시에 수업이 시작인데, 화장실에 가니 변기가 막혀 있더군요. 고객인 학생들에게 변기가 막혀 있는 상황을 보이지 않기 위해서 그대로 제 손을 집어넣어 변기를 뚫었습니다. 내 손이 더러워지는 것보다 고객에게 적절한 서비스를 하지 못하는 게 더 큰 일이라고 생각했기 때문이었죠. 알고 보니 행정직원도 이 사실을 알고 있었지만 사람을 불러서 해결하려고 하는 참이었다고 하더군요. 저는 당장 불호령을 내렸습니다."

김 대표의 이런 모습을 보고 사람들은 어지간히 극성스럽다고 생각할 것이다. 하지만 김 대표는 이것을 오히려 당연하게 여겼다. 남에게 피해를 주지 않을 정도라면 어느 정도의 '극성'을 떨면서 행동해야 생존할 수 있다고 생각하기 때문이다.

마지막으로 '근성'은 소위 말하는 깡다구라고 하는 끈기와 인내다. 교육 사업이라고 하는 특성상 사업의 성과가 단기에 나타나지 않을 수도 있습니다. 또 중간 중간에 이런저런 어려움을 겪는 거야 말하지 않아도 당연한 것 아니겠습니까? 이럴 때 꾸준하고 끈기 있게 자신의 생각을 밀어붙일 수 있는 우직함, 그 근성이야말로 사업의 승패를 가리는 것이라고 생각합니다."

김 대표는 교육 사업을 노력과 실력만큼 결과에 반영된다는 점에서 '기울기 가파른 일차 함수 그래프' 같다고 말한다.

고객은 항상 옳다

마지막으로 김민환 대표는 새롭게 창업하고자 하는 사람이나 현재 학원을 운영하는 동료 사업가들에게 "고객은 항상 옳다"는 명제를 마음에 새길 것을 주문했다.

사실 고객만큼 비합리적이고 자기중심적이기도 쉽지 않을 것이다. 학원 경영을 하다 보면 억지를 부리는 고객도 더러 만날 수 있다. 그럼에도 불구하고 김 대표는 고객은 항상 옳다고 말한다.

이것은 2001년 이후 3년 연속 세계최대의 매출을 올리고 있는 소매상

월마트의 제1규칙이기도 하다. 이 명제의 의미는 깊게 생각해 볼 일이다.

"서비스업에 있는 사람이 자신이 옳다고 생각할 때 고객과 다투게 됩니다. 하지만 고객은 '항상 옳다'고 믿으면 고객의 말을 들어줄 참을성을 갖게 되지요. 그리고 고객은 '옳다'고 인정받을 때 가장 기뻐할 것입니다. 결국 고객이 기뻐하게 되면 그 서비스 산업은 성공이라 말할 수 있게 되는 것입니다. 고객이 항상 옳다고 생각하라는 것은 고객의 부당한 요구에 수긍하고 인정하라는 게 아닙니다. 나의 고객이 원하는 곳을 살펴주자는 말입니다. 그러면 결과에 관계없이 고객은 나를 신뢰할 것이고, 나에 대한 가장 강력한 선전원이 되어줄 것이니까요."

김 대표는 학생과 학부모의 요구에 귀를 기울이고 조금의 불만이라도 있다면 성심성의껏 응대해야 함을 잊지 말아야 한다고 늘 강조한다. 마음을 다한 서비스에 학생과 학부모가 감동하도록 한다면 그들은 그대로 우리 학원의 선전원이 되어줄 것이라고 생각하는 것이다.

이제 교육 사업은 교육 서비스 산업이라고 볼 수 있는 시대가 되었다. 심지어 공교육에서도 서비스 차원으로 교육 활동을 보려 한다. 사실 교육 사업이란, 서비스 산업의 본질에서 조금도 벗어나지 않는다.

그러니 펀더멘틸(fundamental)을 튼튼히 구축하고 서비스 본연의 질을 높이는 것이야말로 학원 경영의 성공 비결이라 할 수 있겠다.

"새롭게 학원을 창업을 하려는 분들께 「육일 약국 갑시다」에 나오는 섬김의 비즈니스 정신과 만화 「미스터 초밥왕」에서 나오는 기본에 충실한 태도가 교육 서비스 산업의 본질이라는 이야기를 해드리고 싶습니다."

성공 요인 분석 success point 콕!콕!콕! 힘수학

성공 포인트 하나 01

강사를 성장시키는 학원 운영

최근 부각되는 리더십 가운데 하나가 바로 '직원의 성장을 위한 리더의 노력'이다. 훌륭한 리더라면 부하 직원들의 개인적 성장은 물론 정신적 성숙 및 전문 분야에서의 발전을 위한 기회와 자원 제공을 해야 한다는 것이다.

이렇게 직원들의 성장을 위해 애쓰면 결국 그 성장의 열매를 조직이 같이 누리게 될 뿐 아니라 직원들의 충성도도 높아진다는 것이 이 리더십을 강조하는 사람들이 내세우는 이유이다. 그리고 이것은 김민환 대표가 고수하고 있는 학원 경영의 원칙이기도 하다. 김 대표는 강사의 성장을 위해 노력한다. 그러면 스스로 발전한 강사가 학원을 발전시키게 된다. 그러면 김 대표는 그 강사에게 그에 대한 적절한 보상을 하고, 그것은 곧 다른 강사들에게 성장의 동기를 갖게 해준다.

김 대표가 이런 원칙을 고수하는 것은 그가 생각하는 '강사'라는 직업의 특성 때문이다. 강사들은 전문가로서 성장에 대한 욕구가 크다. 김 대표는 강사들의 성장 욕구를 채워줌으로써 그들의 만족을 이루는 동시에 강의의 질도 높이는 일거양득의 효과를 얻는다고 생각한다.

다른 식으로 말하자면 김 대표의 경영 방침은 강사가 '몰입과 집중'을 할 수 있도록 배려해주고, 그것이 가능해진 강사는 최고의 성과를 얻게 된다는 것이다.

글로벌 경영 컨설팅 기업 타워스 페린(Towers Perrin)은 경영자들이 위기를 극복하고 기업을 성공적으로 이끌기 위해서는 직원들의 '몰입 공백(Engagement Gap)'을 줄여야

한다고 제안했다.

타워스 페린은 '몰입'을 기업의 성공에 기여하고자 하는 직원들의 의지 및 역량으로 정의했다. 그리고 이 몰입의 공백 기간을 줄이기 위해서는 직원을 성장시키라고 말했다. 사람들은 누구나 배우기를 원하고, 자신의 일을 탁월하게 해내고 싶어 한다. 이것은 궁극적으로 직원들에게 효과적인 동기 부여가 되어 더 큰 성과를 끌어내도록 한다. 끊임없이 직원들의 능력을 시험하고 계발하면 그들은 자신을 성장시켜준 회사에 충성하게 되는 것이다.

성공 포인트 둘 02

철저한 서비스 마인드

학원 사업은 이른바 교육 사업이라고도 불린다. 그런데 이 '교육'이라는 단어 때문에 자칫 서비스 산업으로서의 면모가 잊히곤 한다. 예로부터 선생님의 그림자도 밟지 않았다는 우리네 정서 탓인지 학원 사업에 종사하는 사람들 중에는 교육자로서의 권위를 내세우는 경우도 심심치 않게 볼 수 있다.

하지만 힘수학의 김민환 대표는 학원 사업은 '교육 서비스 사업'이라고 단언하고 있다. 이런 서비스 마인드로 무장한 그는 고객 만족을 최우선으로 학원을 운영하고 있다. 내부고객인 강사들의 욕구를 만족시켜 주기 위해 애를 쓰고, 그 결과가 종국에는 외부고객인 학생과 학부모의 욕구 만족으로 연결될 수 있도록 최선을 다하고 있는 것이다.

학원으로 찾아온 학생과 학부모가 최대한 안락하고 편안하게 원하는 바를 얻어갈 수 있도록 하는 것이 학원의 목적이라 생각하고 그것을 기준으로 모든 운영 방침을 결정하고 있는 것이다. 막힌 변기를 자신의 손으로 뚫는 적극적인 서비스 마인드야말로 김 대표의 핵심 성공 포인트라 하겠다.

특히 김 대표가 말했던 '고객은 항상 옳다'는 마인드야말로 교육 서비스 사업자로서 반드시 갖춰야 할 덕목이다. 항상 고객의 말에 귀를 기울이는 자세야말로 늘 혁신하고 새로운 면모를 개발해 변화하는 교육 경향과 입시 경향에 발맞춰야 하는 학원 사업자에게는 꼭 필요한 것이다.

철저한 서비스 마인드의 필요성을 일깨워주는 레오나드 슈퍼마켓 일화를 읽어보자.

스튜 레오나드 슈퍼마켓은 일반 슈퍼마켓과는 많이 다르다. 우유·오렌지주스·커피 등의 제품만을 취급하는 평범하지 않은 점포로 요즘에도 조미료, 주류, 스낵과자 등은 판매하지 않는다. 진열상품의 종류는 600여 종으로 일반 슈퍼마켓의 15% 수준밖에 되지 않지만 연간 350만 명의 고객이, 최고 30킬로미터 떨어진 곳에서 이곳까지 찾아온다고 한다. 스튜 레오나드를 유명하게 한 것은 바로 기업이념에 있었다. 이 기업이념은 돌에 다음과 같이 새겨져 있다고 한다.

규칙 1. 우리의 고객은 항상 옳다.
규칙 2. 만일 뭔가 잘못되었다면 규칙 1을 다시 읽어 보라.

이 규칙이 새겨져 있는, '폴리시(원칙)스톤'이라고 불리는 4톤이나 되는 큰 돌은 점포 입구에 놓여 있다고 한다. 여기에는 창업자 스튜의 아픈 사연이 담겨 있다.

『점포를 연 지 얼마 안 됐을 때였다. 한 노부인이 어제 산 달걀이 상했다며 반품을 하러 온 것이었다. 그럴 리가 없었다. 상품관리를 첫 번째 원칙으로 삼았던 스튜가 아닌가.

"우리 가게에서는 그런 상품을 팔았을 리가 없습니다. 당신이 잘못 취급한 것이 틀림없습니다"라고 스튜는 잘라 말했다. 기가 막힌 노부인은 불같이 화를 내며 돌아갔고, 그때 부인이 했던 말이 그 후 스튜의 사업 방향을 결정지었다.

"나는 이 사실을 알려주기 위해 12마일이나 되는 곳에서 여기까지 온 거야. 좋아! 내 눈에 흙이 들어가기 전에는 이 가게에 절대로 다시 안 와!"』

스튜는 곧 자신이 잘못했음을 깨달았다. 그리고 고객을 일순간이라도 의심한 것은 장사하는 사람으로서 자격이 없다고 결론지었다. 또 어떠한 의견이든 고객의 말은 모두 옳다. 예외는 없다. 고객의 목소리대로 경영하자. 이렇게 결심하고 그는 폴리시 스톤을 세우기에 이르렀던 것이다.

〈위너스WINNERS〉(사토 요시나오 지음/청아출판사)

성공학원들의
core of management

••• 침체되는 학원은 이유가 있다

한때는 지역에서 가파른 성장 곡선을 그리던 학원들이 서서히 침체의 늪에 빠져드는 경우를 종종 보곤 한다. 과연 그러한 학원들에는 어떠한 문제들이 있는가?

물론, 이렇듯 성장하던 학원의 침체에는 여러 가지 주변의 요인들도 있겠지만, 가장 큰 요인은 바로 학원의 리더인 경영자의 책임이 가장 크다고 할 수 있을 것이다.

가장 우선되는 문제는 학원 경영자들의 매너리즘이라고 할 수 있을 것이다. 학원을 설립한 후 몇 년 정도가 지나면 학원 성장은 일정한 한계점에 달하게 되고, 원생들의 숫자도 그다지 크게 변하지 않게 된다. 마찬가지로 대충대충 운영해도 급격히 원생들의 숫자가 줄어들지도 않게 된다. 이 시기쯤, 학원 경영자들은 초심을 잃어버리고, 어느 날 갑자기 야망(?)을 품게 되고, 다른 사업 분야에도 관심을 갖게 되는 시기가 된다. 결국, 학원에 몰두하는 시간이 줄어들게 되면서 학원 내의 직원이나 강사들은 구심점을 잃고 서서히 분위기가 흐트러지기 시작한다.

두 번째 문제가 되는 것은 바로 제대로 된 관리조직을 키우지 못했기 때문이라고 할 수 있다. 어느 기업이든지 일정 규모 이상으로 성장하게 되면서부터는 혼자만의 힘으로는 경영이 어렵게 되며, 일정한 시스템

이 갖추어져야만 지속적이고 원활한 성장이 가능하게 되는 것이다. 그런데 그때까지도 이러한 시스템을 갖추지 못할 경우, 회사는 제대로 된 관리가 이루어지지 못하고 급격하게 누수 현상을 보이게 된다. 학원 경영도 다르지 않다. 따라서 학원을 키워가면서 한편으로는 체계적인 관리조직과 사람을 키워 나가는 것은 꼭 필요한 일일 것이다.

 세 번째는 학원 내부의 자만심이라고 할 수 있을 것이다. 학원이 일정 규모 이상으로 성장하게 되면서 자신과 우리 학원의 방식이 최고라는 자만심에 빠지게 된다. 물론, 어느 정도의 자부심은 필요하지만 그 자부심이란 시장의 트렌드에 대한 끊임없는 고민 속에서 우러나와야 하는 것이다. 그런데 뜬금없는 자만심은 이러한 시장의 흐름과는 무관하게 자신만의 방법에 안주하려 할 때 생겨나곤 한다. 주변 학원들도 돌아보면서 다양하게 변화해가는 시장의 흐름도 바라보면서 새로운 문제 제기를 통해서 조직에 활력을 불어넣어야 될 시기임에도 그저 하루하루를 허비하고 마는 것이다.

돌을 옥으로 만드는 인재 교육

김 기 철 본부장

주인은 스스로 선택한다. 상식적으로 자신의 의사를 결정할 수 없는 '주인'은 없다. 하이스트는 중요한 의사결정에 전 직원이 참여함으로써 직원들의 '주인의식'을 고취한다. 중대한 사안이 있을 때는 같이 머리를 맞대고 고민하고, 어떤 결정을 함께 내리고, 조직의 목표를 공유하게 된 직원들과 강사들은 자신의 일을 소중히 여길 뿐 아니라, 학원의 미래도 중히 여기기 때문이다.

옛말에 "주인 한 사람이 머슴 열 사람 몫을 한다"라는 말이 있다. 흔히 주인은 자신의 기업을 살리고 지속시키기 위하여 발전을 꾀하고자 하는 반면, 직원은 받는 만큼만 일하면 된다고 생각하기 쉽다. 그러나 직원들에게 '주인의식'이 생기면 기적이 일어난다. 그러므로 주인처럼 일하는 직원이 많아진다면 생각지도 못한 성공을 거둘 수 있을 것이다.

하이스트는 2007년 9월, 서울과 경기 지역에서 6개의 대형학원이 공동으로 만든 거대 교육기업이다. 현재 하이스트는 목동 지역에 11개의 캠퍼스를, 마포 지역에 3개, 동작과 부천, 대치, 분당 등 서울과 경기 지역에 18개의 캠퍼스를 보유한 하이스트는 학생 수만 무려 11,000명이 넘는 거대 학원으로 성장 중이다. 또한 하이스트는 2008년 7월 부산과 울산 등 경남 지역의 대형 학원 7개가 합류하여 '타임교육'이라는 교육 브랜드를 창설, 명실상부 국내 학원 관련 일등기업(매출액 기준)이 되었다. 타임교육은 그 브랜드의 이름에 걸맞게 초·중·고생과 재수생을 아우르는 다양한 콘텐츠를 육성하여 학원 사업은 물론 온라인교육 사업, 어학 사업, 출판 사업 등 각 분야별로 영역을 확장하는 중이다.

하이스트

전 목동 하이스트 학원 대표인 김기철 본부장은 1992년 목동 1단지 내에 있는 상가에서 학원을 시작했다고 한다. 고작 20평 남짓한 작은 학원에서 영어를 가르친 것이 학원 업계와의 첫 인연이었다. 그렇게 학원 사업에 발을 딛게 된 그는 이응교 원장과 함께 조그마한 보습학원에서부터 시작하여 오늘날의 하이스트를 키워냈다. 밤낮을 가리지 않고 학생들과 함께 희로애락을 나누며 일한 대가인 셈이다.

김 본부장은 하이스트를 특목고 입시의 명문으로 성장시킨 능력을 인정받아 2008년 5월, '타임교육 홀딩스의 초중등 사업본부장이 되었다. 그의 임무는 하이스트 학원을 진두지휘하는 것이었다.

시작은 미약할지라도

김 본부장은 사업을 구상하던 중 목동에 위치한 '지수학원'이라는 속셈학원을 찾아갔다. 그것은 조선일보의 구인 광고란에 올라온 광고 때문이었다. 당시만 해도 조선일보의 구인 광고란은 학원강사들에게 각종 정보를 제공하고 교류할 수 있도록 돕는 유일한 수단이었다. 그는 친구들이 학원가에 많이 진출해 있는데다 대학입시 때 용산에 있는 대형학원에서 재수 공부를 해본 경험이 있었기 때문에 학원이라는 곳이 낯설게 느껴지지 않았다고 한다.

"재수생 때 다닌 학원이 제법 규모가 큰 대형학원이었기 때문에 다른 학원도 다 고만고만할 거로 생각했어요. 그런데 막상 광고에 나온 학원을 찾아가 보니 한 20평 내외의 작은 규모를 가진 학원이더군요. 학원을 처음 보고 흠칫 놀랐지요. '아! 이런 학원도 있구나!' 라는 생각이 들었고요."

당시 그 학원은 강의실이 다섯 개 정도였고, 방음시설이라든지 냉난방 시설은 아예 꿈도 꾸지 못할 정도로 환경이 열악했다. 더욱 놀라운 건 강의를 듣겠다고 앉아 있는 학생은 중학생 2명이 원생의 전부였다는 것이다.

하지만 처음부터 강사 일에 크게 매력을 느끼고 시작한 것이 아니었기에 그는 이런 상황조차 절망적으로 느껴지지는 않았다고 한다.

"가르치는 일을 하면서 제 자신이 먼저 변화하는 걸 느꼈습니다. 수업할 때 학생들의 초롱초롱한 눈빛에서 새로운 매력을 느끼게 되었고, 학생들의 신뢰를 받으며 사명감 같은 것이 은연중에 싹트게 되었고, 아이들의 성장을 도와주며 그 모습을 지켜보는 일을 즐기게 된 겁니다."

김 본부장은 점점 더 적극적으로 학원 강의에 매달리게 되었다. 그는 2명의 원생들을 위해 자체적으로 교재를 만들어 사용했다. 시중에 나와 있는 영어교재도 많이 있었지만 적합한 것이 없다고 생각했던 것이다. 그래서 직접 수업내용에 꼭 필요한 맞춤식 교재를 만들어 활용했다. 김 본부장은 수업뿐만 아니라 그 외 시간의 학생관리에도 철저했다. 원생들이 집에서 혼자 공부할 수 있도록 교재를 만들어 나누어주고 공부할 범위까지 정해주었다. 그리고 집으로 전화를 해서 원생이 선생님의 질문에 대답하는 형식으로 과제물에 대한 학습내용을 체크했다. 이것은 김 본부장이 어느 영어전문 학습지에서 실시하는 교육방식을 보고 벤치마킹한 교육방법이었다.

그렇게 2개월 정도 지나자 2명이었던 아이들이 18명까지 늘었고, 3개월이 지나니 38명으로 늘었다. 학원의 규모가 커지자 학생들을 가르치는 것이 더욱 신이 났다. 하지만 세상 모든 일이 그렇듯이 언제나 해가 쨍쨍한 날만 있지는 않은 터. 막 원생들이 늘어가던 3개월쯤에 그는 뜻밖의 어려움에 부딪히게 됐다. 당시에는 규정상 속셈학원에서는 타 과목을 가르칠 수 없도록 되어 있었다. 고액 불법 과외를 근절하고자, 영어나 수학 같은 것은 가르치지 못하고 오로지 속셈만 하게 되어 있었던 것이다. 그러나 이러한 법규는 정작 단속해야 할 교사나, 학원강사, 고액 불법 과외 같은 것을 단속하기보다는 일반 소규모학원의 목줄을 조르는 법규가 되어 되돌아왔다. 법의 시행으로 말미암아 경찰의 단속이 강화되자 학원 운영이 어려워진 것은 물론이고, 심지어 학원장이 구속되는 사태까지 일어났을 정도였다.

사정이 이렇다 보니 모든 학원들이 움츠러들 수밖에 없었다. 그래서 김 본부장이 일하던 학원에서는 자구책으로 선택한 것이 저녁시간 대신 새벽시간에 수업을 했다. 그러자 원생들이 급격하게 줄어들어서 겨우 4명 정도만 남게 되었다. 참으로 막막한 시기가 아닐 수 없었다. 김 본부장은 심지어 강사 일을 그만두어야 하는

게 아닌가 하고 생각하기도 했다고 한다. 하지만 이제 막 가르치는 일에 재미를 깨닫게 된 그는 자신의 의지가 아닌 다른 상황에 밀려 일을 그만둘 수는 없다고 생각했다. 그래서 고작 4명 남짓한 학생뿐이었지만 더욱 힘을 내어 충실하게 강의하고자 최선을 다했다. 심지어 약속 받았던 월급까지 포기해가면서 학원 규제가 풀려 정상화가 되기만을 기다렸다.

　김 본부장은 그 당시 버스를 타고 다녔고, 또 별로 돈 쓸 일이 많지도 않은 총각시절이라 그런 일이 가능했던 거라며 웃음을 지었다. 그는 그저 채용되어 일하는 일개 강사에 불과했지만, 누구보다 먼저 출근하고, 제일 늦게 퇴근을 했다. 수업시간 외에도 그는 일을 멈추지 않았다. 수업 전에 모든 강의실을 전부 쓸고 닦았고, 칠판 도구들을 정리했다. 학생들이 나간 후에는 책상을 정리하는 것까지 모든 일을 도맡았다. 그것은 내 학원이라는 '주인의식' 없이는 할 수 없는 행동이었을 것이다.

이렇게 주인의식을 가지고 있는 사람의 업무 몰입도가 뛰어난 것은 당연한 일이고, 업무에 몰입을 잘 하는 사람이 더욱 좋은 성과를 불러오기 마련이다. 그의 노력으로 학원은 하루가 다르게 원생들의 수가 늘어났고, 덕분에 20평 남짓했던 학원이 현재 목동 1단지에 있는 하이스트 목동관으로 확장 이전까지 하게 되었다.

"사실, 지수학원이 이렇게 큰 성과를 거둘 수 있었던 것은 제 노력만은 아니었습니다. 지수학원만의 기업 문화라고 할까요. 그런 배경이 있었지요. 지수학원은 원장과 강사의 관계가 고용주와 직원의 입장이 아니라, 늘 서로 함께 가는 주체로서 존재했습니다. 학원 창업 초기에는 수업이 많지 않았기에 업무를 마치고 나면 직원들끼리 모여서 근처 호프집에서 치킨 안주에 맥주 한 잔을 놓고 이런저런 이야기를 나누었습니다. 그 자리는 단순히 맛있는 음식을 먹으려고 모인 자리가 아니라, 끊임없이 학원관리하는 방법과 학원 시장의 특성, 이 시장에서 어떻게 해야 살고 죽는지에 관한 토론의 장으로 변해 갔지요."

그때 김 본부장은 강사의 신분이 아닌 학원 사업의 한 주체로서 학원장과 함께 학원의 미래를 고민하게 되었고, 이러한 과정을 통해 그는 자연스레 자신의 미래와 학원의 미래를 하나로 보게 되었다고 한다.

"그때 저는 머릿속으로 미래에 대한 청사진을 만들어 갔습니다. 물론 막연한 것이기는 했지만, 머릿속에 10년 후에 목동에서 제일 큰 학원을 만들어보자는 생각이 생겨나게 되었지요. 그게 바로 우리가 맥주 한 잔을 마시며 나누었던 대화였거든요. 물론, 그 당시에는 모든 것이 백지

같았지요. 우리는 무엇 하나 제대로 갖추어진 것이 없는 상태에서 그저 막연한 꿈을 꾼 것입니다. 하지만 맥주잔을 기울이면서 확신을 했습니다. 내가 마치 학원의 장인 것처럼 학원을 걱정하고, 앞날을 생각하다 보면 모든 게 다 눈에 들어올 수밖에 없다고요."

주인의식을 갖춘 일꾼은 모든 것이 자신의 일이라고 생각하고 있기에 뭐 하나 소홀하게 듣는 법이 없고, 어떤 결정을 내리던 최선의 결과를 염두에 두고 있기 때문에 다른 사람들보다 학습이 빠를 수밖에 없다.

김 본부장 역시 1년 반 정도 지난 후에는 실질적인 학원 운영을 도맡을 수 있을 정도의 역량을 갖추게 되었다. 강사 채용에서부터 교육 커리큘럼을 짜는 일까지 모두 도맡아 하게 된 것이다. 김 본부장은 그렇게 학원의 기틀을 세우고 조직을 구성하며, '주인의식이 강한 학원 문화'를 더욱 공고히 만들었다.

함께 하는 사람을 성장시키는 학원 문화

학원 문화라는 것은 새롭게 첫발을 내딛는 구성원들이 첫 단추를 어떻게 채우느냐에 따라 그 명맥이 유지될 것인가, 아니면 끊어질 것인가가 결정된다. 그래서 강사 선발에 있어서도 특정한 기준을 세우고 그 기준에 맞는 이를 선발해야 한다.

강사를 선발할 때 첫 번째 기준은 강의 능력은 물론 태도와 기본자세이다.

"학원을 운영하다 보면 다양한 군상들을 접할 수밖에 없습니다. 많은 사람들을 겪다 보니 사람과 사람 사이에는 원하든, 원치 않든 힘겨루기가 자주 발생한다는 것을 깨닫게 되더군요. 그렇게 힘겨루기를 하면서 느낀 점이 개인적인 역량이 뛰어나다고 해서 항상 좋은 사람일 수는 없다는 것이었습니다."

그래서 김 본부장은 인기강사들에게 기대어 학원의 모든 운영 형태를 바꾸는 식의 관리는 철저히 경계했다고 한다. 또 인기강사가 대단한 수완을 발휘해서 학부모와 학생들에게 인기를 끌고, 원생의 수를 늘린다면 오히려 그 인기강사가 그만두게 될 경우를 대비한 대안을 반드시 준비했다. 또한 그는 늘 인기강사에 의존하는 학원이 되기보다는 인기강사를 양성할 수 있는 학원이 되어야 한다고 생각했다.

김 본부장이 학원강사를 선발할 때 강의 능력은 물론 태도와 기본자세까지 살피는 것은 이러한 생각과도 일맥상통한다. 그는 기본을 갖춘 사람이라면 강의 역량이나 전문지식은 가르치고 훈련할 수 있는 것이라고 생각한다.

그래서 기본적으로 아이들을 좋아하는 사람이고, 성실한 사람이라면 해당 과목 전공자이기만 하면 충분한 자질을 갖추었다고 생각한다.

"강사들은 자신이 수업하는 과목을 반드시 공부할 필요가 있습니다. 또 강사들은 서로 끊임없이 교류해야 합니다.

그래야 서로가 서로의 모습에 자극을 얻고, 더 큰 발전을 할 수 있게 되니까요. 이렇게 스스로 노력하지 않는 강사는 자기가 갖고 있는 유일한 보따리 하나만을 계속 우려먹기 쉽습니다. 강사가 또 새로운 시각을 갖고 변화를 주려고 노력하지 않는데, 교육 트렌드는 계속 변화하고 학부모와 학생들의 니즈는 계속 새롭게 생겨난다면 그 강사는 도태되고 말 것입니다."

하이스트는 강사들의 강의 자율성이나 개개인의 스타일, 자기계발에 대한 투자 등을 보장해주어 강사들이 개인의 역량을 충분히 발휘할 수 있게 한다. 또한 강사들 간의 팀워크나 교류가 활발하게 이루어지도록 최선의 여건을 제공한다. 강사들끼리 정기적으로 세미나를 갖거나, 스터디를 하는 것은 하이스트만의 특별한 오랜 전통이다.

이러한 세미나와 스터디를 통해 하이스트의 강사들은 변화하는 입시제도에 발 빠르게 대처하며, 학생들에게 보다 많은 정보와 가르침을 준다. 또한 강사 자신의 성장에도 도움이 되는 것은 물론이다.

이처럼 다양한 것을 제공하는 만큼, 하이스트는 강사채용 과정을 무척 신중하고 까다롭게 진행한다. 일반적으로 서류, 면접, 시험, 시강의 단계를 통과하면 다시 한 번 면접을 보고 수습 3개월을 마친 뒤 정식 강사로 채용된다. 인터뷰를 진행하면서 만난 하이스트의 수학강사인 박J원 씨는 10시쯤 퇴근하지만 집에 가서도 새벽까지 강의를 준비하는 게 보통이라며 너스레를 떨었다. 그러나 피곤하지 않느냐는 질문에는 "워낙 아이들 실력이 뛰어나서 계속 배워야 하기 때문에 조금도 게으름을 필 수 없어요"라며 고개를 저었다.

현재 하이스트에서는 민사고나 과학고, 외고 입시지도를 위해서 강사들이 최소 3년씩 교육을 받아야 한다. 이를 두고 강사들끼리는 '도 닦는 시간'이라 말할 정도이다. 강사들의 반 정도가 중도 탈락할 정도로 교육의 강도가 상당히 높기 때문이다.

이런 학원 시스템을 자랑하면서 김기철 본부장은 이런 말을 했다.

"옥을 돌처럼 쓰는 사람이 있고 돌을 옥처럼 쓰는 사람도 있습니다. 저는 후자가 되고자 추구하는 쪽입니다. 우리 학원은 모든 강사들의 노하우는 물론, 수업 자료들을 공개합니다. 그리고 강사들이 자기의 역량을 극대화시킬 수 있도록 하고 있습니다. 자부하는데, 하이스트에서 다진 경력 3년은 다른 곳의 10년 경력과 대등한 안목과 실력을 갖출 정도일 것입니다."

프리미엄 이미지를 만들어내다

"규모도 작은 보습학원이 단시간에 인정받을 수 있었던 비결이요?"

김 본부장에게 작은 보습학원이 단시간에 사람들에게 인정받고 크게 성장할 수 있었던 비결이 무엇인지를 물었다. 그러자 김 본부장은 그것을 '경시대회'라고 대답했다.

"작은 규모의 보습학원에서 초기에 인정받을 수 있었던 요소 가운데 비중이 큰 것은 경시였습니다. 그때는 경시대회에 대한 인식이 적었죠. 학부모나 학생들은 대부분 학교 성적만 중요하게 여겼어요. 당시 학원의 원장님은 강남 반포 쪽에 계셨기 때문에 다른 곳보다 좀 더 일찍 경시대회의 중요성을 인식하고 계셨습니다. 그래서 학원을 오픈하고 난 뒤 각종 경시대회에 관련된 정보를 학부모들에게 알려드렸지요."

그러던 중 학원의 인지도를 높일 수 있는 결정적인 기회가 생겼다. 어느 날, 경인초등학교에 다니는 학생 두 명이 경시에 나가겠다며 학원을 찾아왔던 것이다. 김 본부장은 열과 성을 당해 그 학생들을 지도했다. 다행히 학생들은 경시에서 좋은 성적을 거두었고 학원에서 입상자가 나왔다는 소식은 학원을 광고하기에 충분했다. 학원을 광고하는 데 있어서 다른 학원과 차별되는 장점을 강조하는 것은 가장 빠르고 효과적인 방법이다.

학부모들 사이에서 인지도가 높아지자, 김 본부장과 학원의 원장은 아예 학원의 수업내용을 경시대회를 중심으로 준비했다. 그러다 보니 경시대회에 나가고 싶어 하는 우수한 학생들이 학원으로 하나 둘 집결하게 되었다.

학원 사업에 있어서 가장 프리미엄 고객에 속하는 상위권 학생들을 타겟으로, 이들의 니즈를 꾸준히 조사하고 파악한 뒤 이를 즉각적으로 반영해 서비스해줄 수 있는 커리큘럼을 제공하자 학원 자체의 이미지가 업그레이드되었을 뿐만 아니라, 보다 넓은 고객층을 확보할 수 있는 전략이 되었던 것이다.

물론 이러한 계획이 처음부터 순조롭게 진행되었던 것은 아니었다. 학원 초기에는 경시대회를 준비할 강사진이 충분하지 않았을 뿐만 아니라 경험이 적었기 때문에 노하우도 부족했다. 그러나 다행히 근무하는 강사들이 큰 열성을 보여주었다. 강사들은 자발적으로 서점에 나가 경시대회와 관련된 책을 구해 왔고, 서너 명씩 모여서 스터디를 하며 경시대회 문제를 풀고 유형을 분석했다. 새벽 두세너 시까지 아이들과 강사들이 함께 머리를 쥐어짜고, 고민하면서 경시대회 준비를 반복했던 나날들이었다.

그렇게 노력한 결과, 경시대회를 준비했던 두 명의 학생은 서울시 수학과학경시대회에서 동상을 수상하게 되었다. 당시 목동에서는 처음 있는 일이었다. 이 일은 당연히 큰 이슈가 되었고, 학원의 인지도도 높아지게 되었다. 이러한 과정을 거치다 보니 학원에서는 차츰 경시대회에 대한 노하우가 쌓이게 되었고 더욱 우수한 강사진을 마련할 수 있게 되었다.

김 본부장은 하이스트 학원의 기반을 마련한 것은 초기에 고생했던 강사들이 경시대회에서 큰 실적을 낼 수 있었기 때문이라고 강조했다. 경시대회 분야를 선택하고, 그것에 집중해 아이들에게 공을 들이고, 구체적인 실적을 올리자 고객들의 마음이 움직이기 시작한 것이다.

하이스트에서는 과학고등학교는 수학이나 과학 과목을 열심히 공부

해야 하고, 외국어고등학교는 영어나 국어를 중점적으로 공부해야 한다는 막연하고 총론적인 접근 방법으로 학생들을 교육하지 않는다. 지망하는 학교별 자료를 준비하는 것은 물론, 수준별, 학년별로 세분화시킨 자료를 마련하여 학생들에게 구체적인 교육을 실시한다. 예를 들어, 외국어고등학교 지망생의 경우 중학교 1, 2학년 때에는 학력 수준에 따라 16개 단계로 구분해 교육을 실시한다. 중학교 3학년에 올라가면 대원외국어고등학교, 명덕외국어고등학교 등 각 지망 학교별로 학생을 나눈 후에 또다시 수준별로 반을 나누어 입시를 준비하도록 한다. 이것은 수준에 따라 가장 적합한 형태의 강의로 학습 효율을 극대화시키기 위해서다.

또 과학고등학교에 지원하고자 하는 학생은 중학교 1학년 때부터 학교별 전략을 준비해준다. 예를 들어, 과학고등학교에 지망하는 학생은 중학교 1학년 때의 내신성적은 반영되지 않으므로 수학과 과학 과목을 선행학습할 수 있도록 하게 하고, 심화학습에 비중을 두며, 2학년 2학기 때까지는 수학은 물론 영어 과목도 일정 수준 이상을 유지할 수 있도록 지도한다. 그리고 중학교 2학년 겨울방학 때는 고등학교에서 배우는 생물I, 화학I, 물리I 같은 과목을 선행학습하여 과학고 입시는 물론 학교 내신까지 완벽하게 준비하도록 한다.

그리고 중학교 3학년인 학생들의 경우, 4월경부터 실시되는 수학 경시대회나 과학 경시대회를 준비하게 함은 물론, 과학고등학교의 문제 유형을 분석하여 가르친다. 서울과학고등학교나 한성과학고등학교를 지망하는 학생들에게도 각자 알맞은 단계별 공부 전략을 수립하여 준비함은 물론이다.

이러한 커리큘럼은 각종 경시대회와 특목고 자료를 수집하고, 분석해 학생 하나하나에게 알맞은 맞춤 강의를 준비하는 것은 물론, 해마다 해외 유명 경시대회의 문제집을 수백 권씩 구입하고, 그것을 박사급 연구진들의 손을 거쳐 국내 실정에 맞는 문제로 각색하여 현장에 공급하고, 각종 수학 경시대회의 경향을 분석하고 문제의 출제 방향을 예측하기 위해 밤낮을 가리지 않았던 하이스트 강사진들의 노력이 만들어낸 것들이다.

이것을 학부모들에게 보여주고, 설명하면 대부분 "우리 아이에게 맞는 학습 플랜을 짤 수 있어 너무 좋다. 막혔던 가슴이 시원해지는 느낌이다!"라며 학원을 믿고 지지해주었다. 그러니 하이스트 학원이 대외적으로 실적이 뛰어날 수밖에 없는 것이다.

"특히, 학원 설립 초창기부터 끊임없이 고민해야 하는 것이 바로 대외적인 실적이라 할 수 있습니다. 우리 학원에 다니는 아이들이 누구인지부터 파악하고 시장에 내놓을 만한 실적이 2, 3년에 걸쳐 나온다 하더라도 꾸준하게 방법을 찾아보는 일이 필요해요. 학원 내신이 좋은 아이들이 있다면 앞으로 어떻게 보살펴 특목고까지 또 명문대까지 진학시킬 것인지에 대해 심각하게 고민해야 합니다. 물론 좋은 실적만이 학원 경영의 모든 것이 될 수는 없지만 현 시점에서는 매우 중요한 부분이라는 것은 부정할 수 없는 사실이니까요."

　김 본부장은 하이스트가 이러한 실적을 바탕으로 얻게 된 프리미엄 이미지가 아니었다면 결코 다른 학원들과의 경쟁에서 이길 수 없었을 것이라며 자신했다.

　김 본부장이 강조하는 전략은 현재의 학원 시장 경쟁에서 살아남기 위해 반드시 필요한 것들이다. 앞으로도 학원 시장에서는 경시대회나 특목고 입학률 등 대외적인 실적이 중요하게 여겨질 것이 틀림없기 때문이다.

　김 본부장은 실적을 창출해내는 학원 브랜드가 시장을 더욱 빠르게 점유할 것이라고 생각한다. 학원 시장의 경쟁은 치열하다. 이 시장에서 인정받기 위해서는 대외적인 실적만한 것이 없을 것이다. 원생을 누구나 인정하는 상급 학교로 진학시킨 사례라든지 경시대회 입상 실적 등의 구체적인 결과는 학원 시장에서 엄청난 비용을 들여 한 홍보보다 확실한 결과를 가져온다.

"하이스트가 개원 초기 조그마한 규모의 학원이었으면서도 목동 내에서 유일하게 버티면서 성장할 수 있었던 동력은 끊임없이 계속된 '실적에 대한 고민'이라고 생각합니다. 이것은 앞으로도 우리를 이끌어줄 에너지가 되겠지요."

최고의 레시피를 내 것으로

김 본부장이 실적만큼이나 중요하게 여기는 것이 또 하나 있다. 바로 주변에서 얻을 수 있는 정보나 새로운 기술들이다. 김 본부장은 본격적으로 하이스트의 경영을 맡게 된 이후, 학원에 관련된 정보가 부족하다는 것을 절감했다.

그래서 고려대학교 사회교육대학원 경영자 과정을 이수하고, 선배 학원장들의 학원관리 노하우와 입시 노하우를 배우려 애썼다고 한다. 언제나 최고의 학원으로 키워가고자 하는 갈망을 지니고 있던 김 본부장은 마치 목이 타는 사람이 조금의 물이라도 발견하면 냉큼 달려들듯이 적극적이었다. 이렇게 해서 얻은 정보들 가운데 자신이 적용할 수 있는 것들을 찾아 하나씩 실행해 나갔다.

"한번은 강연을 듣고 와서 혼자 기분 좋게 웃어댄 적이 있습니다. 초

등학생들의 교재 관리법에 대한 강연이었지요. 평소에 그 부분에 대한 고민이 많았었는데, 강연을 듣고 시원하게 해결이 된 겁니다. 앓던 이가 빠진 기분이었죠. 당시 초등부 학부모들의 불만은 '수업을 빠진 것에 대한 보충이 부족하다.' '아이가 공부하는 교재에 공부한 흔적이 잘 나타나지 않는다' 라는 것들이었어요. 제가 시행한 방법은 특별한 것은 아닙니다. 지금은 대부분의 학원에서 보편적으로 시행하고 있는 방법이겠지만 당시만 해도 그리 많이 알려지지 않은 방법이었습니다. 초등학생 부모들은 아이가 학원에서 얼마나 공부를 잘 하고 오는지에 대한 판단을 하기가 어려워요. 더군다나 옛날처럼 학교에서 등수를 매기는 게 아니기 때문에 아이의 학습 능력이 어느 정도인지를 평가할 만한 기준이 마땅치 않습니다. 그러다 보니 부모들은 학습상황을 살펴볼 유일한 근거로 교재를 꼽습니다. 교재를 넘겨보면서 학원에서 얼마나 배웠는지, 학원 선생님이 아이에게 얼마나 신경을 쓰고 있는지가 판가름 날 거라고 생각하는 거지요. 그렇기 때문에 초등학생들은 특히나 교재관리에 만전을 기해야 합니다. 치밀하리만큼 열의를 갖고 관리하고 있다는 모습을 보여줘야 합니다. 물론 이것은 단지 학부모에게 보이기 위한 것만은 아닙니다."

김 본부장은 학원에서 아이들에 대해 관심을 가지고 잘 관리하고 있다면 그것을 적절하게 홍보하고 나타내주는 것이 필요하다는 점을 강조했다. 제아무리 열정적으로 학생을 가르친다고 할지라도 그것을 보여줄 수 있는 방법이 없다면 학부모들은 낮은 신뢰도를 갖게 될 것이고, 자연스럽게 신임을 덜 하게 될 것이기 때문이다.

김 본부장은 스스로 교육 강연장을 찾아다니며 발품을 팔아 배운 정보를 초등부에 그대로 적용했다. 그는 우선, 학원 교재의 소단원이 끝날 때마다 소단원 평가를 하고 그 내용을 교재에 붙이도록 했다. 또 단원이 끝날 때마다 쪽지시험을 봐서 틀린 문제를 확인하고 그 문제에 대한 보충 설명을 해주었다. 그리고 틀린 문제에 중요 표시를 해서 학생이 틀린 문제를 재차 확인하고 공부했다는 것을 학부모가 알 수 있게 했다. 학생이 수련회라든지 여행 등 각종 사정으로 인해 수업에 참여하지 못했을 경우 언제, 무슨 일 때문에 수업에 빠졌는지를 써놓고, 보충수업을 하게 되면 그 근거 또한 확실하게 교재에 남겨 두었다. 학원에서 시행한 확인 평가지에는 담당 강사가 개인별로 학생의 성적이나 공부 태도 등에 관련한 코멘트를 달아주기도 했다.

그러자 당시 초등부 학부모들 사이에서 거론되었던 불만들이 해결되었다. 학부모들로 하여금 학원에서 자신의 아이에게 충분한 관심을 가지고, 체계적으로 관리를 하고 있다는 생각이 들 수 있게 했던 것이다.

김 본부장은 여러 정보들을 접하는 데 적극적인 태도를 보였으며, 자신에게 필요하다고 판단되는 부분은 과감하게 도입하고, 적용해 나간 것이 하이스트 경쟁력이 되었다며 회고했다.

"훌륭한 요리사가 혼자 독창적으로 최고의 요리를 완성하려고 한다면 수십, 수백 년이 걸릴지도 모릅니다. 하지만 최고의 요리사가 만든 레시피(요리법)를 보고, 그 요리를 따라 만드는 데는 단 몇 시간이면 충분합니다. 자신만의 독창적인 요리를 만드는 것도 중요하겠지만, 다른 사람들이 만들어 놓은 요리의 훌륭한 레시피를 배우는 것도 중요한 일입니다. 그래서 저는 시중에 나온 책이나 강연을 듣고 성공한 다른 사람들의 훌륭한 학원 경영의 노하우를 배우려고 노력합니다. 그것을 짧은 시간에 내 것으로 만들기는 어렵겠지만, 차근차근 하나씩 배우다 보면 다른 학원에서 거친 수많은 시행착오들을 절반으로 줄여서 적

용할 수 있기 때문입니다."

 이런 식으로 남의 노하우를 본받아 일하다 보면 자신만의 노하우가 또 생기게 마련이다. 김 본부장은 이렇게 끊임없이 노력하는 과정이 학원의 경쟁력을 다져나가는 과정이며, 나아가 대외 홍보가 가능한 높은 실적으로 이어지게 된다고 자신했다.

강사를 동반자로 대우하라

 김기철 본부장이 말한 것처럼 실적을 올리고, 다른 사람의 노하우를 적극적으로 수용하여 발전시키려면 꼭 한 가지 필요한 것이 있다. 바로 사람이다. 아무리 훌륭한 노하우를 가졌다 할지라도 그것을 실천할 핵심인 사람이 없다면 무용지물이 될 것이다. 그래서 김 본부장은 유달리 사람에게 관심을 보인다.

 "강사들에게 의기투합할 수 있는 동기부여를 해주려면 무엇이 필요할까요? 대부분의 사람들은 그 동기가 높은 보수일 거라고 생각합니다. 하지만 보수가 동기가 되면, 중간에 더 큰 보수를 제시하는 학원이 생길 수도 있고, 포기해도 된다는 생각을 갖게 할 수도 있습니다. 돈이라는 것은 쓰는 데 한계가 있는 거잖아요. 우리가 죽어서도 돈을 쓸 수 있다면 모를까, 시간이 지나면 돈의 가치는 가벼워지고 맙니다. 단순히 보수가 높은 강사는 처음에는 신이 나서 일을 할 수도 있겠지만, 시간이 지나면 자기가 받은 금액을 당연하게 생각해 버리게 될 겁니다. 그리고 스스로 안주하게 되는 것이지요. 그래서 저는 높은 보수 대신 학원의 모든 구성원들이 같은 목표를 갖고, 함께 한다는 공동체 의식을 심어주려고 노력했습니다."

하이스트 학원이 성장 안정기에 접어들자, 김 본부장은 강사 개인이 성장할 수 있도록 하는 여건 마련에 심혈을 기울였다. 물론 학원 개업 초부터 함께 고생해온 강사들과 신규강사들 사이에 갈등 구조가 양산되지 않도록 유의하는 것은 기본이었다. 김 본부장이 가장 신중하게 실천한 것은 학원강사 모두가 정보를 공유할 수 있도록 하는 것이었다. 이것이 유능한 능력을 갖춘 강사 몇몇에게는 불합리한 것일 수도 있지만, 단 한 사람에게도 학원에서 일어나는 모든 일과 관련한 정보를 감추지 않았다.

"강사들을 경영에서는 배제시키고, 실질적으로는 그들을 이용해 뭔가를 얻겠다는 생각은 하지 말아야 합니다. 일단 강사는 나와 함께 하는 동반자라는 생각을 가져야 해요. 실전을 맡고 있는 이들과 정보를 공유하고, 고민도 같이 털어놓을 수 있는 사이가 된다면 그보다 더 좋을 수는 없겠지요."

김 본부장은 정보를 공유함은 물론, 그 어떤 안건에서든 강사들이 자유롭게 의견을 내고 참여할 수 있게 했다. 강사들의 다양한 의견을 선별해서 실천하고자 노력하는 모습을 보여주는 일도 게을리하지 않았다.

학원에서 이루어지는 중대한 일의 결정은 학원장인 김 본부장이 하는 것이지만, 강사들이 다양한 의견을 제시하고 그것을 협상하고 조율해 가려는 분위기를 조성해서 강사가 그저 급여를 받고 일하는 사람이 아니라 실질적인 학원의 결정자라는 생각을 갖게 했던 것이다.

김 본부장의 이런 생각들은 지수학원에서 이응교 원장과 함께 했던 호프집 미팅, 토론 문화를 유지하고 발전시키고자 하는 것이었다. 이렇게 강사들이 학원 운영에 대한 결정에 참여할 수 있는 통로를 열어주고 파트너십을 갖게 해주자, 강사들은 주인의식을 갖고, 학원을 성장시켜야겠다는 동기를 갖게 되었다.

김 본부장은 학원 규모가 커지자, 강사들의 대우 개선에 대해 고민하다가 비율제 계약을 생각해냈다.

"이 비율제 계약은 하이스트가 안정되는 데 크게 기여한 정책이라서 강조하고 싶습니다. 개원 초기에 인원이 많지 않을 경우에는 비율제 계약이 별반 의미가 없을 수 있지만, 일정한 규모가 됐을 때는 강사들은 자신이 맡고 있는 원생의 관리방식에 대해서 적극성을 띠게 됩니다. 원생의 관리가 자신의 수입과 직결되며 또 능력을 증명하는 수단이 되기 때문이지요."

원칙을 고수하는 운영

경시대회 등을 목표로 삼고 학원을 운영하게 되면서 수준별로 반을 편성하는 것이 필수였다. 그래서 김 본부장은 매달 시험을 통해 원생들을 수준별로 나누었다. 철저하게 학생의 능력에 맞는 교육 프로그램을 실시하기 위해서였다. 사정이 이러하다 보니 자기 학년에 맞는 학습을 한다는 것을 고수할 수는 없었다. 능력이 뛰어난 학생은 더 심화된 학습을 할 기회가 주어져야 하고, 기초가 부실한 학생은 기초부터 다져야 하는 것이 원칙이기 때문이다. 그래서 김 본부장은 아예 학년을 무시하고 학생들의 수준에 따른 반별 수업을 하도록 했다. 매달 평가시험을 치르고 반을 재편성하자, 학생들 사이에서는 자연스럽게 경쟁력이 싹텄다.

"저는 학생들에게 공부하라는 말을 직접적으로 하지 않습니다. 매달 평가를 통해 반편성이 이루어진다는 원칙을 유지하는 한, 학생들은 자연스럽게 학습 동기를 가지게 되거든요. 대신 이 원칙을 지키기 위해서는 철저하고 정확한 평가를 해야 합니다. 간혹 경시대회를 준비하는 상위권 학생들의 성적이 내려가서 반의 변동이 생기기도 합니다. 어떤 때는 그 학생의 부모가 찾아와서 그동안 하이스트에 다닌 햇수를 봐서라도 최상위 반에 남도록 해달라며 하위권 수준 반으로 옮기는 것을 반대하기도 합니다. 하지만 이럴 때 절대 원칙을 무너뜨려서는 안 됩니다. 철저하게 평가 결과에 따라서 반을 편성하겠다는 원칙이 고수되어야지만, 학생들끼리 경쟁심이 유발되고, 자연스럽게 학습 욕구로 이어지는 겁니다."

원칙을 고수하다 보면 꼭 그것에 맞서는 사람과 부딪치게 된다. 소규모 학원에서는 가끔 학부모들이 원칙에 어긋나는 요구를 하고서, 그것을 들어주지 않으면 학생들을 데리고 학원을 나갈 거라는 식으로 자신들의 실력을 행사하려는 경우도 있다고 한다. 하지만 학부모에게 휘둘리지 않고, 학원의 힘을 키워 나가기 위해서는 학원이 가진 원칙을 더욱 분명하게 세워야 한다는 것이 김 본부장의 생각이다.

"하이스트는 절대 봐주기가 없다는 소문이 나면서 오히려 학원 이미지가 더 좋아진 경우도 있습니다. 각 반의 정원을 정해 놓았으니 아랫반에서 올라오는 학생이 생기면 아래로 내려가는 학생도 자연히 생기게 마련이지요. 그렇게 되면 상급반으로 진급한 학생은 성취감에 더욱 열심히 공부하게 될 것이고, 하급반으로 떨어진 아이는 다시 상급반으로 돌아가기 위해 열심히 공부하게 됩니다. 또 그런 것을 지켜보는 아이들 역시 그 다음 달 시험을 잘 봐야 한다는 생각을 자연스레 열심히 하게 되는 거예요. 아이들 성적이 나쁘다고 매를 때리는 것은 처음 몇 번만 효과가 있을 뿐이지만 반을 이동시키는 식의 관리를 통한다면 아이들은 강한 학습동기를 발휘하게 된다는 겁니다."

김 본부장은 이런 식의 학원 운영을 통해 면학 분위기를 조성하고 학생들의 학습동기 유발에도 성공했다. 하지만 목동 학부모들을 다루는 일은 그렇게 간단하지만은 않았다고 한다. 서울 목동은 특목고 시장에서 특별한 위치를 차지하고 있다. 지난 3년간 특목고 합격자를 많이 배출한 상위권 학교 가운데 태반이 목동에 소재한 학교이기 때문이다. 그러니 학부모들의 관심이 뜨거운 것은 당연한 일이다.

"목동 지역의 학부모들은 정보수집 능력이 탁월합니다. 어지간한 전문가를 능가하죠. 하지만 하이스트는 최고의 상담 능력을 가지고 있다고 자신합니다. 풍부한 데이터와 경험이 많은 전문 연구진이 있기 때문입니다."

결국 학원이 힘을 가지고 고객들을 선도하기 위해서는 내공을 키워가는 일이 필요하다. 교육 시장의 흐름을 꿰뚫고, 학부모보다 한 발 앞서 입시 정책에 맞는 대안을 제시할 수 있어야 한다. 이를 위한 가장 좋은 방법으로 김 본부장은 학부모 설명회를 제안했다. 입시정책이 바뀌었고, 시장 환경이 변했는데도 불구하고 학원이 옛날 방식만을 고집한다면 학부모들은 당연히 새로운 고민을 할 수밖에 없을 것이다. 그럴 때 먼저 학원에서 개선하려는 의지를 보여주고, 새로운 입시전략에 대한 정보를 제공하는 자리가 바로 설명회다.

"설명회에서는 현재 입시제도는 이렇게 바뀌어 있습니다. 그리고 우리는 학생들을 이런 방식으로 이끌어갈 것이라는 구체적인 플랜을 제시하는 자리입니다. 시장을 철저히 분석해 적절한 대안을 내놓는 간담회를 끊임없이 진행하면 학부모들은 이 학원을 믿고 맡기면 된다는 믿음을 가질 수밖에 없어요. 자신이 고민하지 않아도 이 학원에서 알아서 해줄 것이라는 생각을 갖게 한다는 것! 이것이 곧 학원 성장의 밑거름을 다지는 일이지요."

물론 이러한 역량을 키우기 위해서는 강사들의 철저한 교육이 선행되어야 한다. 김 본부장은 이런 부분에 있어서, 해당 과목에 대한 스터디뿐만 아니라 입시와 관련된 요강이라든지, 형식, 각종 정보에 대한 이해를 도울 수 있도록 자리를 만들어주고, 독려해주는 것이 학원을 이끌어 나가는 원장이 해야 할 일이라고 강조한다.

실제로 김 본부장은 이런 고민을 함께 할 수 있는 스터디 모임을 끊임없이 독려하고 그 과정에서 나온 참신한 기획안에 대한 칭찬을 아끼지

않았다. 그러다 보니 속으로 '이런 식으로 내공을 쌓은 다음, 강사들이 독립해서 학원을 차리면 어떻게 하지?' 하는 걱정을 한 적도 있었다고 한다.

하지만 구더기가 무서워서 장을 못 담그랴. 이런저런 이유로 강사들을 견제하고, 배제시킨다면 학원은 스스로 커나갈 가능성 자체를 제거하는 꼴이 된다는 것이 김 본부장의 지론이다. 그래서 김 본부장은 더욱 강사들이 노하우를 쌓아갈 수 있도록 독려하는 자리를 마련하는 일에 비중을 두고, 노력한다고 했다.

김 본부장이 강사들에게 주는 또 다른 당근은 학원을 확장시킬 여력이 될 때 능력이 있는 직원에게 원장을 맡겨주는 것이다. 그리고 한 학원의 팀장이나 각 단위의 책임자들에게 전권을 부여하기도 한다. 각자가 다 알아서 처리하도록 하게 하는 것이다. 그러면 그 전권을 받은 이들이 강사들을 관리하거나 프로젝트를 맡아 운영하면서 많은 고민을

하게 된다. 자신은 이렇게 하고 싶은데 팀원들이 안 따라주는 경우를 당하거나, 강사들을 저렇게 이끌고 싶은데 따라오지 않는 경우들을 체험하면서 스스로 주인의식을 체득하고 업무에 몰입하는 정도를 키워가게 되는 것이다. 결국 이렇게 강사 등의 학원 구성원들에 대한 신뢰를 바탕으로 하는 '권한 강화'는 학원 성장에 큰 역할을 하게 되었다.

 2009년 하이스트 학원에서 특목고에 진학한 학생은 980명에 달한다. 오랜 경험과 노하우가 일군 성과라 하겠다.
 타임교육의 큰 기둥 역할을 하고 있는 하이스트는 이제 새로운 도약을 꿈꾸고 있다. 다년간의 학원 경영 노하우를 바탕으로 김 본부장은 전국적인 학원 망을 개설하여 국내 최고의 위치에 올라설 야심찬 포부를 갖고 있다. 그는 교육에 대한 열정과 주인의식으로 또 한 번의 신화를 창조할 꿈을 꾸고 있는 것이다.

성공 요인 분석 success point  (주)타임교육 -하이스트

성공 포인트 하나

주인의식을 가지고 일하는 강사

사업의 흥망성쇠는 경영자의 의지에 달렸지만, 그것이 실질적으로 빛나게 해주는 것은 주인의식을 갖고 근무하는 직원들의 노력이리라. 경영자가 아무리 능력이 있고 합리적인 시스템을 갖췄다고 하더라도 직원들이 주인의식이 없으면 그 기업은 크게 성장할 수 없다. 옛말에도 "주인 한 사람이 머슴 열 사람 몫을 한다"는 말이 있다. 주인은 자기가 만들고 운영하는 기업을 살리고 지속시키기 위해 발전을 꾀하고자 하는 반면, 직원은 받는 만큼만 일을 하면 된다고 생각을 하기 쉽다. 하지만 직원들에게 주인의식이 생기면 기적이 일어난다. 주인처럼 일하는 직원이 늘어나면 생각지도 못한 성공을 거둘 수도 있다.

하이스트 학원의 전신인 '지수학원' 시절의 김기철 본부장의 모습과 지수학원의 성장세를 되짚어 보면 이것이 어떤 의미인지 쉽게 알 수 있을 것이다. 자신이 세운 학원도 아니고 그저 채용되어 일하는 일개 강사에 불과했지만, 김 본부장은 당시 학원에서 제일 먼저 출근하는 사람이었고 퇴근 역시 가장 늦었다. 그렇다면 이런 주인의식의 배경에는 무엇이 있었을까? 바로 '지수학원 기업 문화'였다. 학원장과 함께 학원 경영에 대해 고민하고 의사결정에 참여할 수 있는 자리가 꾸준히 마련되어 있었던 것이 그 비결인 셈이다.

상식적으로 의사결정을 할 수 없는 주인은 없다. 의사결정에 참여함으로써 직원들의 '주인의식'은 커지는 것이다. 머리를 맞대고 결정을 함께 내려 목표를 공유한 직원과

강사들은 자신의 일을 소중히 여길 뿐 아니라 학원의 미래도 중요시하게 될 것이다. 또 미래에 관한 목표와 청사진을 제시해주는 것도 직원의 주인의식 함양에 필수다.

그리고 무엇보다 경영자는 눈앞의 이익보다, 함께 성장할 미래에 대한 꿈을 심어주어야 한다. 또 강사와 직원들을 인간적으로 대우하고 인정해주는 기업 문화를 만들어 나가는 것도 중요하다. 이러한 요건들이 바탕이 되지 못한 학원에서는 강사들이 잦은 이직을 하거나, 능력이 저하되어 나쁜 분위기를 만들 수도 있다.

학원 경영자가 강사와 직원을 잘 관리하면 학원 경영의 성공은 저절로 따르게 된다. 거듭 말하지만 직원 감동은 고객 감동으로 이어지고 고객 감동은 성공 학원으로 이어지기 때문이다.

성공 포인트 둘 02

프리미엄 이미지 전략

기업의 이미지 전략은 기업의 중요한 마케팅 활동이며 동시에 기업의 타경쟁자와 차별화할 수 있는 부문으로서 기업의 생존 역량을 키우는 중요한 구심점 역할을 한다. 기업 이미지란 것은 고객들의 구매의사 결정에 중대한 영향을 미치며 한 번 고객들의 뇌리에 각인되면 쉽사리 변하지 않고 오래가기 때문에 기업들은 긍정적이고 진취적인 기업 이미지를 생성하기 위해 최대한의 노력을 기울여야 한다.

이러한 기업 이미지 구축에 앞서서 기업은 자신들의 고객층을 세분화하여 검토할 필요가 있는데, 이것은 시대의 변화에 따라 고객들의 요구가 다양해지고 그러한 요구에 반응하는 속도도 더욱 빨라졌기 때문이다.

학원 역시 이런 이미지 전략을 적절히 사용하는 것을 요구받고 있다. 하이스트 학원의 경우 초반에 일반적인 보습학원의 이미지를 탈피해서 특목고 입시의 명문학원으로서의 이미지를 갖추었고, 이것은 성공적인 전략이 되어 오늘날의 하이스트를 만든 원동력이 되었다.

초기 학원 커리큘럼을 경시대회 쪽으로 설정하고, 프리미엄 고객인 상위권 학생들을 위한 프로그램을 개발하고, 그들의 니즈를 꾸준히 조사하고 파악해 반영한 것이 학원 자체의 이미지를 업그레이드하고 고객층을 넓혀 나가게 된 기반이 된 것이다.

보통 기업의 이미지 전략이라 하면 광고나 홍보를 통한 이미지 구축을 생각하기 쉽지만, 하이스트 학원의 경우 학생들의 실력을 향상시켜 입시 실적이나 경시대회 실적 등을 올린 후 그 내용을 적극 홍보하는 방법을 택했다.

대외적인 광고에만 열을 올린 게 아니고 학원의 주요 고객을 선택하여 집중적으로 관리한 것이 실적이 되었고, 그 실적을 바탕으로 수준 높은 학원 이미지를 형성시킬 수 있게 한 것이다.

성공학원들의
core of management

••• 내 수업 진행은 효율적으로 이루어지고 있는가?

하루 60분 혹은, 90분 수업을 들으러 학원에 오는 학원생들이 실제로 학원에서 선생님으로부터 배우는 실 수업시간은 어느 정도일까?

물론, 셔틀버스를 타고 학원을 오가는 시간까지 계산할 수는 없을 것이고, 학원 문을 열고 들어오는 순간부터 계산해 볼 필요가 있다. 아마도 이것은 학생들의 성적과 실력향상이라는 것이 학원의 핵심적인 경쟁 요소라고 했을 때 상당히 중요한 부분이 아닐 수 없는 것이다.

어떤 학원은 40분(60분 수업의 경우)도 채 안 되는 경우도 있다. 하루 30여 분의 수업을 듣겠다고 그 학생은 몇 배의 시간을 낭비하게 되는 것이다. 그러니 자연 그 학생의 시간효율 경쟁력은 다른 학생들에 비해서 그만큼 뒤처질 수밖에 없는 것이다. 학원수업 시작종이 울린 후 강사들은 입실을 하는데 1분에서 최대 5분 이상을 소요하기도 한다. 그 뒤 출석을 체크하는데 또 2~8분 정도의 시간이 소요된다. 또 어떤 학급은 이전 시간에 내준 숙제를 점검하는데 3~10분 소요 등으로 결국, 본 수업을 들어가기까지 무려 최대 20분 이상이 소요될 수도 있다는 것이다. 물론, 출석체크나 숙제검사도 수업의 일부분일 것이므로 불필요한 부분만은 아닐 것이다. 그러나 좀 더 학생들의 시간을 효율적으로 관리해줄 필요가 있다는 얘기다.

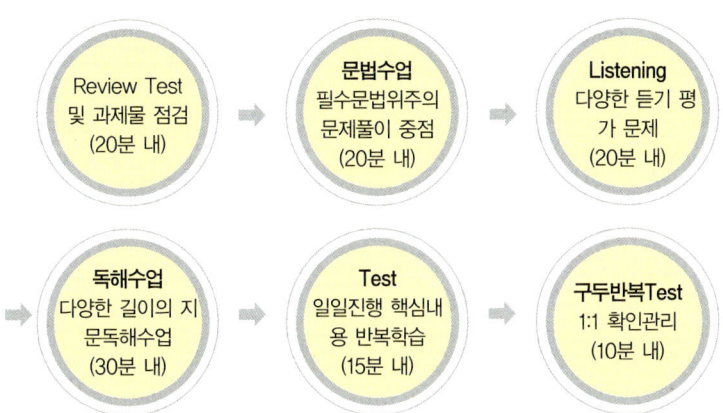

    이런 손실을 막기 위해서는 분 단위별로 수업진행 계획을 짜고 수업진행 내용을 매뉴얼화해서 교사들로 하여금 습관화하는 것이 필요할 것으로 생각된다. 수업의 개별적인 내용까지는 아니더라도 굵직한 수업 진행의 뼈대 정도는 설정해 놓을 필요가 있다는 얘기다. 어느 외국어 학원의 수업진행 모델 매뉴얼을 살펴보자

  물론, 구체적인 수업내용에 대한 매뉴얼이 있는 경우에라도 시간의 흐름에 따른 별도의 위와 같은 수업진행 모델을 짜놓고 표준을 삼는다면 불필요한 일로 시간낭비를 막을 수 있으며, 이러한 효율적인 수업진행을 통하여 양질의 교육이 이루어질 수 있음은 물론이다.

학원가의 블루오션을 공략하라

(주)오메가포인트 시Cmath매쓰

이 충 기 대표

고객 만족의 출발점은 내부고객 만족에서 시작된다. 이 대표는 학부모와 학생뿐만 아니라 '강사와 직원'도 '고객'이라고 생각하며 내부고객 만족의 책임자가 바로 CEO라고 말한다. 그리고 자기를 둘러싼 '만족'의 소리에 귀 기울이는 게 아니라, 드러나지 않는 '불만족의 침묵'을 경계해야 한다고 한다. 그러기 위해서는 '솔선수범, 신의와 신뢰'를 행동 원칙으로 삼아야 한다는 것이 이 대표의 지론이다. 그리고 무엇보다 다른 사람의 말을 '경청' 하는 것이 중요하다고 강조한다.

오메가포인트가 운영하는 '시매쓰' 학원은 사고력 수학과 영재 수학을 대표하는 수학전문 교육 기관이다. 6, 7세의 아이들을 대상으로 하는 위니매쓰 클럽과 초등학교 전 학년을 대상으로 하는 시매쓰 클럽, 그리고 이 아이들 가운데 상위 1%의 영재들을 대상으로 하는 기프티드 클럽 등 3개의 브랜드로 운영 중이다.

학원 사업으로 출발한 오메가포인트는 사업 영역을 확장하여 시매쓰 출판도 성공적으로 출범시켰다. 시매쓰 출판은 영재 교재인 '1031' 시리즈, 사고력연산 교재인 '상위권연산960' 등을 출간하며 수학 전문 출판 사업을 계속 진행 중이다.

오메가포인트의 시매쓰수학연구소는 수학교육에 열의를 지닌 우수한 연구진들로 구성되어, 수학의 학문적 특징과 학습자 중심의 교육관을 바탕으로 수학적 사고력을 강화하는 최고, 최적의 수학 커리큘럼과 콘텐츠를 지속적으로 연구개발하고 있다.

"희망 없는 좌절의 시간을 보내던 아버지는 나를 낳고 동생을 보면서 달라지셨다고 한다. 아버지는 시골 면소재지에 새로 중학교를 지을 때 단 며칠 보조로 일했던 미장 실력으로 가족을 이끌고 고향 농촌을 뒤로 하고 도시로 나오셨다. 할아버지가 가족을 이끌고 일본으로 건너가셨던 것처럼. 그리고 할아버지가 막노동을 하셨듯이 아버지는 막내 동생이 대학에 들어갈 때까지 30년을 넘게 공사판을 전전하셨다. 아마도 아버지는 당신은 못 해냈지만 자식 대에서는 이 몰락을 끝내야겠다고 생각하셨던 것 같다. 가난과 좌절을 딛고 묵묵히 살아오신 아버지는 가난의 산을 옮기는 방법으로 교육을 택하셨다.

당신의 인생 전부를 건 전략적 선택이라 할 수 있었다. 아들 삼형제를 모두 대학 이상 보내셨기에 소박하게나마 그 사업은 성공했다고 말씀드리고 싶다. 가난의 산을 허물고 무엇을 쌓으려 하셨는지는 모르지만 아버지가 맘속에 품으셨던 포부만큼 우리가 해내고 있는지는 모르겠다.…… 지금 우리 사회가 이룬 성장은 이 땅의 많은 아버지들이 근면을 바탕으로 교육을 전략적 방향으로 했기에 가능했다고 생각한다."

〈한국경제신문발간 [한경비즈니스]에 게재된

이충기 대표의 글 중에서〉

오메가포인트의 이충기 대표는 서울대학교를 졸업한 뒤, 곧장 고등학교 교사가 되었다. 가난한 집안의 가장이었던 아버지는 똑똑한 아들에게 큰 기대를 걸었다. 이 대표는 그런 아버지의 기대감을 이 땅의 많은 아이들을 보다 크고 훌륭하게 키우는 일로 보답하고 싶었다고 한다. 그래서 망설임 없이 교사의 길을 선택한 것이라고. 그러나 이 대표의 소박한 꿈은 시대의 아픔에 부딪혀 산산이 깨지고 말았다. 채 봉오리를 피우지 못한 꿈은 어수선한 시국 탓에 만개하지 못한 채 시들고 결국 이 대표는 교단을 떠나야만 했다. 그 뒤, 출판 계열의 대기업에 취직하게 된 이 대표는 컴퓨터 기반 교육(Computer Based Education)을 위한 교육용 소프트웨어 개발이라는 낯선 업무를 맡게 되었다. 당시는 우리나라에 갓 정보화 시스템이 도입되고 있던 시기로, 컴퓨터라는 새로운 매체를 수단으로 한 교육 콘텐츠 개발이 거의 전무한 상태였다.

"천운이었던 거죠. 전혀 새로운 분야의 일을 접할 기회를 얻은 것은 새로운 경쟁력을 갖게 된 것이나 마찬가지였습니

다. 제 인생에 획기적인 기회라고 할 수 있었지요."

이 대표는 교육용 콘텐츠를 개발하는 일을 하더라도, 늘 마음만은 교사인 것처럼 열정을 다했다. 그리고 "자식에게 재물을 물려주는 대신 교육을 통해 능력을 키워줘야 한다"며 몸소 실천하셨던 아버지의 모습을 늘 떠올렸었다고 한다.

인생 2막 1장을 열다 - 교육 벤처 사업의 시작

대기업에서 교육 콘텐츠 개발업무를 맡은 4년여 간은 이충기 대표에게는 인생의 새로운 장을 여는 계기가 되었다. 이 대표는 이 시기에 다양한 신기술과 새로운 정보를 접할 수 있었고, 그것은 오늘날의 이 대표를 있게 한 소중한 경험이었다.

"대기업에서 근무하는 동안 이 대표는 일본에서 게임을 바탕으로 한 교육 프로그램의 기획 일을 맡게 되었는데, 이때부터 교육 콘텐츠를 어떻게 효과적으로 교수, 학습하도록 할 수 있을 것인가에 대해 고민하게 되었습니다. 그리고 1993년에는 미국교육개발원의 박옥춘 박사와 공동으로 사고력 개발 프로그램을 만들었는데, 이러한 경험들이 '시매쓰'를 탄생하게 만든 계기가 된 것이지요. 여러 가지 콘텐츠 개발 일을 하면서 미대입수능시험인 SAT의 출제 의도와 교육방식에 대해서도 알게 되었습니다. SAT는 시각적 사고(Visual Thinking)와 논리적 사고(Logical Thinking)를 바탕으로 수학적 사고력(Math Thinking)을 발전시키고, 그 능력을 활용하여 문제해결력(Problem Solving)을 키우는 교육의 새로운 목표에 맞게 출제되고 있다는 걸 배우게 된 겁니다. 당시 저로서는 미처 생각하지 못했던 부분이었죠. 바로 이때부터 저는 수학이라는 학문의 중요성에 대해 절실하게 느끼게 되었습니다."

또한, 이 대표는 컴퓨터 기반 교육(CBE) 프로그램을 개발하는 과정에서 성패의 핵심은 가르치는 일과 배우는 일을 어떻게 기획하고, 어떤 프로그램을 구성하여 실천하는가에 따라 달라진다는 것을 깨닫게 되었다고 한다. 그 결과, 실제의 교육과정에서 교육내용을 둘러싼 교사와 학생의 행동과 반응을 예상하고, 다양한 각도에서 원리적 접근이 가능한 교육 프로그램을 설계할 수 있게 된 것이다. 이것은 뒷날 학원용 교재를 만들 때 교사의 수업 방향에 따른 학생들의 행동을 예측하고, 짐작하는데 큰 밑거름이 되었다고 한다.

그러나 안타깝게도 이 대표가 만든 '시나리오식 수업 교재'는 막상 교육 시장에서 성공을 거두지 못했었다. 입시 위주의 숨 가쁜 교육 환경에서 원리적인 학습방법이 환영받지 못했던 것이었다. 하지만 그는 자신의 교육방법이 옳다고 믿었다. 그래서 다시 교단에 돌아갈 수 있는 기회마저 버리고, 문과 졸업생의 핸디캡을 극복하기 위해 이공 계열인 정보처리학 석사과정까지 이수해가며 교육 프로그램 개발에 열을 올렸다. 그 와중에 이 대표는 다른 대기업으로 이직을 하게 되었는데, 이곳에서 인터넷이나, 화상 기술 등을 접하게 되었고 이 다양한 기술과 교육이 결합되면 어떻게 될 것인지를 본격적으로 고민하게 되었다. 이 대표의 머릿속에는 교육과 공학적 아이디어가 만났을 때 실현될 교육 효과에 대한 꿈으로 가득했다. 그는 낮밤을 가리지 않고 자신의 생각을 실현시킬 기술력을 찾고, 배우며, 고민했다.

그 후, 이 대표는 벤처 붐을 타고 신기술을 접목시킨 콘텐츠 개발에

나서게 되었다. 새로운 콘텐츠를 개발할 수 있다는 확신을 갖고 있었을 뿐만 아니라, 대기업에서 근무한 경험을 통해 조직관리의 경험까지 갖추고 있었던 이 대표는 자신의 사업이 순풍에 돛을 단 듯 순조로울 것이라고 생각했었다. 하지만 기대와는 달리 치열한 시장에서 경쟁력을 갖추기란 쉬운 일이 아니었다. 결국 이 대표의 꿈으로 실현시킨 벤처기업 '오메가포인트'는 웅진 같은 대기업의 교육프로그램을 개발해주는 외주 용역업체가 되어갔다. 외주 용역은 신생업체에게 회사 기반을 다질 수 있는 장점이 있지만, 원청업체의 주문에 따라 회사 경영이 좌우된다는 치명적인 한계를 갖고 있다.

이 대표는 지금도 한·일 월드컵이 있었던 2개월 남짓의 기간을 떠올리면 가슴이 아프다고 한다. 그 기간 동안 회사 직원들이 모두 일손을 놓다시피 한 채 시간만 보내야 했었기 때문이다. 그 일을 겪고 난 뒤,

이 대표는 대기업에 의존도가 큰 하청업체는 획기적인 수입원이 마련되지 않는 한 하청에 의존한 경영을 할 수밖에 없다는 것을 깨달았다고 한다.

"그야말로 하루 벌어 하루 사는 식의 막노동판과 같은 회사 경영이었습니다. 그런 식으로 회사를 유지하다 보면, 회사가 망하는 것은 불문가지입니다. 다른 방법을 찾아야만 했어요. 하청의 악순환을 끊을 새로운 돌파구를 말입니다."

그래서 이 대표가 시도한 것은 컨설턴트 개념으로 시작한 온라인교육 사업을 오프라인에 선보이는 것이었다. 2000년 5월부터 시작한 온라인교육 사업을 거꾸로 오프라인에 내어놓는다는 것은 이 대표의 사업 근간을 뿌리째 흔든 역발상이었다. 이 대표가 비장의 카드로 내놓은 것은 어느 회사보다 뛰어난 수학교육 프로그램이었다. 이 대표는 새로운 교육 프로그램에다가 자체 브랜드를 붙여 사업을 전개하기로 작정했다.

"물론 이것들은 단시일 내에 나온 생각은 아닙니다. 온라인 디지털교육 프로그램으로 오랫동안 고민하고 준비해오던 것이었어요. '시매쓰'는 오메가포인트의 구성원들이 오래 노력해 온 혼신의 노력을 결집한 교육 프로그램입니다. 시매쓰를 갑자기 인기를 끈 학원이라고 생각하는 사람도 있겠지만, 사실 오메가포인트를 통해 차곡차곡 준비한 내실 깊은 학원인 것입니다"

학원 사업의 새로운 블루오션을 찾아내다

이 대표가 구상한 새 사업의 핵심은 '사고력을 기르는 수학'을 가르치는 학원이었다. 이른바 '활동 수학'이라고 한다. 이 대표가 새 사업을 시작하려 하자, 우려의 소리도 만만치 않았다. 그가 생각한 교육 프로그램은 학교 교과과정과 다르게 진행되는 것이기 때문에 학생이나 학부모들이 호응하지 않으리라는 것이었다. 그리고 대부분 창의력을 가르치는 수학학원 같은 곳은 국내에 없다는 것을 꼽아 반대했다. 이 같은 우려를 무시한 것은 아니었지만, 이 대표는 굳게 믿고 있는 바가 있었다고 한다.

그는 당시 교육 사업의 수요자 즉, 학생과 학부모들의 교육 욕구의 수준이 상당히 높다고 판단했던 것이다. 거기에 시대적 흐름도 사고력 활동 수학이라는 시매쓰 프로그램과 맥이 닿아 있었다.

그가 새로운 학원 사업을 시작할 즈음, 제7차 교육과정이 발표되면서 매쓰 파워(Math Power) 즉, 수학적 힘을 교육 목표로 내세우면서 교육 방법도 과거의 '강의'에서 '활동'으로 이전한다고 천명했다. 즉 교육의 지향점이 창의성, 자율성으로 이동하고 있었던 것이다.

"7차 교육과정은 우리 교육이 안고 있는 맹점을 개선하고자, 여러 가지 근본적인 변화를 제시했습니다. 초등학생의 경우 학생에 대한 학업

평가가 없어졌지요. 그리고 영재교육 붐이 일었습니다. 사람들의 관심은 영재성 강화에 집중되기 시작했습니다. 하지만 막상 학교교육 현장이나 학원에서는 과거의 틀을 많이 벗어나지 못하고 있었습니다. 지향과 현실이 맞아떨어지지 않는 상황이라고 할까요? 학부모들은 이미 앞으로 중요한 것이 무엇인지, 우리 아이들에게 무엇을 가르쳐야 할지에 대한 방향성을 제시해줄 곳을 찾고 있었습니다. 저는 바로 그 지점에 주목했던 것이죠."

이 대표는 시매쓰에서 학교에서 다루지 않는 '수학적 사고력과 논리적 사고력 그리고 추론' 등의 수학 능력을 배양하는 것을 목표로 하였다.

"초기에 학원을 시작할 때는 이런 차별성을 부각시키기 위해 많은 애를 썼습니다. 교과과정에 없는 교육이니 학부모들은 아이들의 공부를 마땅히 확인해 볼 수가 없잖아요. 그러니 아이들이 무작정 놀고만 오는 것이 아닌가 하고 걱정하기 쉽지요. 그런 학부모를 위해 설명회 등의 다양한 홍보활동을 통해 많은 정보를 전달했고, 단계별로 성취도를 평가해 학부모에게 전달하는 것도 소홀하지 않게 준비했습니다."

우선 대치동에 첫 학원을 개원했는데, 학부모의 반응은 예상보다 훨씬 더 뜨거웠다. 수와 연산 중심의 기존 교육과는 다른 교육을 준비해야 한다는 것을 학부모들은 절감하고 있었던 것이었다. 또 마침 불어온 영재 교육 붐으로 인해 시매쓰에 대한 기대감은 더욱 커졌다. 시매쓰 프로그램이 영재성 계발에 큰 역할을 한다는 것을 강조하자, 상위층 성적을 유지하는 학생들이 모여들기 시작했던 것이다. 그렇게 입소문이 나면서 학원은 무사히 궤도에 진입할 수 있었고, 남다를 것 같은 학습에 흥미를 느끼는 수강생들이 하나둘씩 늘어갔다.

"학원을 열고 몇 달 지나면서 사고력 수학이 먹혀들 것이라는 생각이 들더군요. 해가 바뀌면서 사업이 생각보다 커질 수 있다는 희망의 작은 씨앗이 가슴에서 싹트기 시작했습니다. 그래서 분당에 직영 학원을 하나 더 개설했지요."

학원이라는 전문적인 곳에 대한 경험이 전혀 없는 상태에서 번뜩이는 아이디어와 날카로운 눈, 그리고 교육에 대한 기대만으로 시작한 경영은 여러 가지 시행착오를 낳기도 했지만 다행히 학부모들의 반응은 좋았다. 이 대표는 시매쓰 수학의 지향점과 방법을 정확하게 이해하는 사람들과 함께라면 더 많은 학생들에게 도움을 줄 수 있다는 확신을 가지게 되었다.

물론 혹자들은 시매쓰 학원의 초기 성공이 '수도권의 중산층 밀집지역이기 때문'이라고도 말했다. 교육열이나 경제적인 능력이 항상 앞선

강남과 분당 같은 일부 지역권에서나 환영을 받을 것이라며 대중화는 어려울 것이라는 것이었다.

그러나 이 대표의 생각은 달랐다. 시매쓰 수학의 지향점이 궁극적으로 옳다면 그것은 대한민국의 모든 학부형을 설득하고 매료시킬 수 있으리라는 확신을 가지고 있었던 것이다.

"본격적으로 프랜차이즈 사업을 펼친 결과, 2003년이 가기 전에 시매쓰 학원은 전국 30여 곳에 지사를 두게 되었습니다. 물론 시차가 있었다는 점은 무시할 수 없으나 결론적으로 보면 대한민국의 모든 학부모님들은 자녀에 대한 교육적 욕구의 수준이 상당하다는 걸 알 수 있었죠. 국가에서 지정한 교육과정이 학교 현실에서 제대로 실현되지 못하는 상황에서도 학부모님들은 무엇이 핵심인지, 그 핵심을 얻기 위해 자녀에게 무엇을 가르쳐야 할지 알고 있었던 겁니다."

강력한 무기 – 시매쓰만의 콘텐츠 개발

오메가포인트는 2000년 회사 설립 그 순간부터 자체의 교육 프로그램 개발을 한 번도 손에서 놓아본 적이 없다. 이 대표는 회사를 운영하면서 동시에 교재 개발에도 손을 담갔다. 이런 교육 프로그램 개발에는 10여 년 전 직장동료였던 시절부터 호흡을 같이 하던 여러 후배들이 참여했다. 이들에게는 낮과 밤이 따로 없었다. 1차 교재개발은 그 이듬해인 2003년 여름까지 이어졌다.

"회사 운영을 하면서 하는 교재 개발은 최후까지 늘 어려운 작업이었어요. 그러나 한번 끝을 본 개발력은 사라지는 것이 아니었고 그 이후

'기프티드, 액티브, 위니매쓰' 등등 성공작들이 연이어 나왔지요. 우리가 만들고자 하는 교재의 핵심은 창의력이었습니다. 이것을 만드는 데 참고할 만한 교재가 국내에는 전무후무했습니다. 그래서 교재를 만들 때 논문은 물론, 외국 교재, 다른 나라의 영재 프로그램 등을 참고해야만 했었죠."

시매쓰 교재는 이 대표가 10년 전부터 구상해오던 것을 현실화시킨 것이다. 이 프로그램은 모두 7단계로 구성되어 있으며, 각 단계별로 9권의 교재로 짜여 있다. 집중 교육대상은 유치원생부터 초등학생까지며, 중학생 과정도 일부 준비되어 있다.

시매쓰의 자체 개발 교재는 국내는 물론, 외국까지 그 우수성을 인정받은 상태였다. 호주에서 현지학원 체인 사업을 하고 있는 '프리 뉴 유니 칼리지'에서 시매쓰의 교재를 수입하고 싶다고 요청해왔을 정도이다.

이 대표는 호주 수출을 목표로 교재를 번역하고 미국, 캐나다 등 영어권 나라의 마케팅 및 교재를 공급하는 공동 사업을 진행할 예정이라고 한다. 지난 2005년에는 수학교육 분야에서는 국내 최초로 벤처기업 인증을 받기도 했다.

교재를 만드는 동시에, 이 대표는 2003년 1월부터 학원을 프랜차이즈화하기 시작했다. 자본이 부족한 회사가 빠른 성장을 하기 위해서는 프랜차이즈가 큰 도움이 되기 때문이다.

시매쓰의 교재 개발이 완료되자, 학원 가맹점이 본격적으로 늘어나기 시작했다. 시매쓰는 6세부터 초등학교 6학년까지의 학생들이 자체 개발한 수학교재로 단계별 수업을 받는다. 논리적 사고력을 강조하는 수학교육 프로그램의 효시라 할 수 있는 시매쓰는 교구를 이용한 놀이, 조작, 체험 등을 통하여 수 개념과 연산, 공간 지각력을 익히게 하고, 학생들이 스스로 수학적 사고력을 키울 수 있도록 가르친다.

이 과정을 통해 학생들은 자연스럽게 수학에 대한 흥미와 자신감을 갖게 되고 사고력이 신장되는 효과를 얻을 수 있다. 수업은 주입식 강의가 아니라 그룹별 토론 및 발표로 진행되며, 학생들은 스스로 다양한 문제해결 방법을 스스로 찾아야 한다.

강사가 하는 일은 학생들이 길을 찾을 수 있도록 돕고, 교구 및 기자재를 활용해 실생활과 직결된 수학을 직접 경험할 수 있게 해주는 것이다. 예를 들어, 수업 주제가 '정다면체' 라면 일반적인 학원에서는 다면체의 특징에 대해 강의할 것이다. 하지만 시매쓰에서는 여러 가지 정다각형 조각들을 나눠주고 학생들에게 자신이 만들 수 있는 여러 가지 종류의 입체 도형을 만들어보게 한다. 그런 다음, 학생들은 자기가 만든 도형을 책상 위에 올려 놓고 강사가 아이들에게 "자신과 친구들이 만든 입체도형이 정다면체일까? 아닐까?" 하는 질문을 한다.

이 과정을 통해 학생들은 수학적 창의력을 기를 수 있게 되는 것은 물론, 자신의 생각을 조리 있게 말하고, 다른 사람의 말에 경청하는 습관을 기르게 되며, 수학적 개념을 정립해 나가게 된다.

콘텐츠가 전부는 아니다

제아무리 훌륭한 교육 프로그램을 가지고 있고, 체계적인 콘텐츠를 보유하고 있는 학원이라고 해도 수요자들에게 제대로 홍보하지 못한다면 소용없는 일일 것이다. 이 대표에게도 홍보는 중요한 과제였다. 하지만 새로운 기법의 수학수업이기 때문에 그 내용을 홍보하는 일이 처음부터 수월하지는 않았다.

"사고력 활동 수학이라는 말이 쉽게 와 닿는 말이 아니지 않습니까? 사고력 활동 수학이라는 말 자체가 가지는 생경함을 극복하기 위해서 최대한 간단하게 개념을 정리해서 전달하고자 노력했죠. 그래서 지나친 단순화라는 점을 감수하면서도 '일본식 수학'에서 '미국식 수학'으로 전환되는 것이라는 식으로 설명하기도 했습니다."

그리고 이전에 시매쓰 프로그램과 유사한 학습활동을 경험했던 학생들과 학부모들을 1차적인 마케팅 대상으로 삼았다. 교구를 이용한 학습으로 도움을 받았던 이들이라면 시매쓰 프로그램이 더욱 설득력 있게 다가갈 수 있으리란 확신이 들었기 때문이었다.

"유아교육에는 외국에서 수입해 들어온 다양한 교구학습들이 있고 상당히 일반화되어 있어요. 하지만 다양한 교구를 통해 학습하는 경험을 쌓았던 아이들이 학령기에 들어가면서 연계되는 학습활동을 하지 못한다는 점을 생각해냈죠. 그런 수요를 지닌 학원 원장님들과 학부모들을 대상으로 마케팅을 시작했습니다."

그래서 유아교육에서 교구를 사용하는 외국 프로그램을 운영했던 원장님들의 협조를 얻어 홍보에 나섰다. 영재교육에 식견을 지닌 분들과도 연계해서 프랜차이즈를 확장시키는 것도 한 방법이었다.

또 이 대표는 시매쓰 프로그램의 장점이 영재 수학교육 과정과 일치한다는 점에 착안, 특목고 입시나 올림피아드 같은 경시대회에 나갈 기반을 쌓아 준다는 것을 주도적으로 광고했다. 또 그는 평소 수학교육에 관심을 두고 있던 전문가들과 함께 사업을 꾸려나갔다. 수학교육의 중요성에 대해 일찍이 눈을 뜨고 있던 전문가들은 그저 수학을 점수로만 생각하기 때문에, 기피하고 멀리하는 아이들에게 새로운 교육 세계를 보여주고 싶어 했었다. 그런 사람들에게 이 대표는 종합학원 내에 시매쓰 프로그램을 운영할 수 있도록 연계했다. 그러자 새로운 프로그램을 계발하고 싶지만, 여건이 되지 않아 엄두를 못 내던 종합학원에서는 적극적으로 환영의 뜻을 보였다.

이 대표는 그렇게 적극적인 마케팅을 펼치면서, 종합학원 등과의 연계를 통한 외연의 확장에도 최선을 다했다. 하지만 이 대표가 펼친 모든 일이 성공을 맛본 것은 아니었다. 무리하게 외연을 확장하는 데만 힘을 쓰다 보니 정작 중요한 사실을 간과하고, 실패를 경험하기도 했다.

"학원을 시작하는 데 있어서 자기 색깔을 찾는 게 무척 중요합니다. 시매쓰 전문 학원만으로 창업한 곳에서는 실패의 경험이 거의 없었지만, 종합학원 안에서 시매쓰 교육을 시작했던 경우는 거의 실패하고 말았습니다. 종합학원 안에 들어간 시매쓰 프로그램은 고유의 색을 잃어버리게 되었기 때문이죠. 그때 알았습니다. 자기 브랜드의 색깔을 분명히 하는 것이 상당히 중요하는 것을 말이지요. 시매쓰 수학의 장점은 자발적인 학습을 통해 사고력과 창의력을 키우는 것인데, 강압적인 분위기가 조성되어 있고, 문제 풀이식 수업에 익숙한 프로그램을 가진 학원에서 이것을 자기네 방식으로 도입했으니 이도저도 안 되는 상황이 나타난 것입니다. 쉽게 말해, 돈까스 전문점이라고 간판을 걸어놓고 우리 집은 만두도 맛있다며 주장하는 것이나 마찬가지였지요. 자기 색을 분명히 하는 데 실패한 학원은 오히려 손해만 입고 말았습니다. 그래서 가끔 이런 예를 들어 설명합니다. 정말 만두에 자신이 있다고 해도 처음에는 돈까스라는 메뉴를 개발하고, 그것을 자신들만의 가게 타이틀로 걸었다면 그 맛을 지키려고 노력해야 한다고요."

프랜차이즈 가맹 학원이 늘어나면서, 시매쓰의 규모는 눈덩이처럼 커졌다. 하지만 급격한 성장과 확대가 오히려 독이 될 뻔도 했다고 한다.

"쉽게 되면 그게 독이 되더군요. 한 번에 20여 개의 학원과 프랜차이즈 계약을 맺었던 적이 있었습니다. 정말 신이 나더군요. 당시는 마치 온 세상에 시매쓰 수학 프로그램이 전파될 것이라는 말도 안 되는 착각까지 했습니다.

하지만 1년이 지나고 보니 거의 다 사라지고 한두 군데만 남더군요."

학원 사업이라는 것이 진입장벽이 낮다 보니 쉽게들 시작하지만 결코 쉽지 않은 일이란 걸 실감할 수 있는 얘기다.

"한 달 만에 100여 명이 몰리는 학원이나, 처음에 10여 명으로 시작하는 학원이나 1년 정도가 지나면 비슷한 규모가 되는 걸 종종 봅니다. 이걸 여러 가지로 분석해 볼 수 있겠는데요, 일단 초기 붐업이 되었다가 거품이 빠지는 현상의 원인으로는 초기 학원 원생들은 대부분 얼리 어댑터 성격이 있어서 한 학원에 오래 있지 않는 경향이 있다는 걸 꼽을

수 있을 겁니다. 또 학원 초기 시행착오의 희생양이 되어 떠나는 경우도 있다고 볼 수 있겠죠. 중요한 것은 기본에 충실한 학원 운영이 중요하다는 것입니다. 초기에 홍보로 많은 학생들을 확 끌어 모았어도, 기본에 충실하지 못하다면 즉, 가르치는 일에 성실하지 못하다면 그 규모를 유지 또는 발전시켜 나갈 수 없는 겁니다. 반면 초기에 소규모로 시작했다 하더라도 기본에 충실하다면 꾸준히 조금씩 발전해 나갈 수 있습니다."

이충기 대표는 초기의 경험을 약으로 생각하고 항상 신중을 기하면서 본사로서 가맹원에 도움을 주기 위해 최선을 다한다고 했다. 그는 이제 무작정 규모를 부풀리는 데 전력을 다하는 것이 아니라, 새로운 지점이 생기면 그곳에서 함께 학부모 상담회를 열기도 하고, 영업에 도움을 줄 수 있는 다양한 방침들을 구상하고, 지원하기 위해 애쓰고 있다.

시스템을 통한 운영 – 매뉴얼의 활용

이 대표가 열 개의 가맹점 가입보다 한 학원의 내실을 다지기 위해 노력해야 한다고 생각하게 된 것은, 시매쓰가 여러 개의 프랜차이즈 학원으로 확대되면서 생긴 문제점들과 직면하게 되면서였다.

가맹점에서는 시매쓰 수학을 정확히 이해하고 학생들에게 전달하지 못해서 왜곡된 수업을 하거나, 잘못된 방향으로 교육을 시키는 경우가 더러 생겨났다.

시매쓰 수학에서 보는 수학은 독립된 것이 아니라 생활 속의 문제를 풀고, 다른 학문의 문제를 수학적으로 풀고자 하는 과정이다. 또 어떤 한 원리를 일방적으로 주입시키고 그 원리를 적용해 문제를 풀이하는 방법을 익히는 방식으로 학습하는 것이 아니라, 여러 사례나 현상을 관찰하고 경험하는 가운데 그 속에서 원리 원칙을 찾아나가는 식의 귀납적 학습방법을 택하고 있다. 그러나 이것은 과거 방식의 수학수업에 익숙한 원장들이나 강사들이 소화하기 어려운 것이었다.

그래서 이 대표는 가맹점들에 무척 엄격하게 정규 프로그램만을 가르치도록 강조했다. 또 수업의 품질을 유지하기 위해 교사교육에 심혈을 기울였다. 강사들의 경우도 기존 학원 강의에 익숙한 분들은 선발하지 않고, 수학교육에 정통한 사람 가운데 기존의 주입식 학원에서 일한 경험이 없는 사람들로만 골라 양성하고자 애썼다.

그리고 가맹점 역시 까다롭게 채택했다. 시매쓰 프로그램에 대한 확신이 있고, 수학교육에 정통한 학원만을 고르고자 애썼다. 그리고 학원 강사의 교육을 철저하게 하기 위해 교육 프로그램 활용을 위한 세세한 매뉴얼까지 마련했고, 각종 동영상과 자료들을 준비하여 교육했다.

"티칭 매뉴얼은 상당히 중요합니다. 학원 운영의 성패를 크게 좌우하는 요소 중에 하나가 바로 강사관리일 것입니다. 강사들의 자세나 능력에 따라 학원 운영의 결과가 많이 달라지기 때문입니다. 이러한 차이를 최소화하기 위한 기본적인 '수업방식'을 표준화하는 것이 필요하다고 생각했습니다."

그러나 여기서 더욱 중요한 것은 이러한 매뉴얼이 절대 불변이라고 생각해서는 곤란하다는 점이다.

학원은 사람이 사람을 상대하는 사업이므로 무척 유동적일 수밖에 없다. 다양한 경우와 환경이 나온다는 말이다. 따라서 교수방법의 표준화라든가 매뉴얼이라는 말을 잘못 해석하면 로봇처럼 정해진 순서에 따라 수업을 하라는 것으로 받아들여 불필요한 마찰을 빚을 수도 있다. 하지만 시매쓰 수학에서 생각하는 티칭 매뉴얼은 '수업의 기준'이라고 생각하는 것이 옳다. 또 구체적으로 수업을 진행하는 강사들이 적극적으로 티칭 매뉴얼의 업데이트에 참여해 자신들이 생각하는 핵심내용을 정리하는 것으로 더욱 효율적인 매뉴얼을 만들어내고 있다.

하지만 이 대표가 고안한 새 매뉴얼들이 처음부터 순조롭게 적용된 것은 아니었다. 시행착오도 많았다.

처음에는 능력별 반편성을 위해 학년을 섞어서 수업하는 방법을 택했었다. 하지만 그 결과는 좋지 않았다. 저학년과 같이 학습한다는 부담감에 고학년 학생들의 사기를 저하시켰고, 심리적으로 시매쓰 수학에 저항감을 가지게 했다. 결국 이충기 대표는 단계별 운영 매뉴얼을 시행 초기에 포기해야 했다.

"성적으로 아이 기를 죽이는 것이 나쁜 일이었던 거죠. 상급 학년의 학생이 수학을 못한다고 하급 학년의 학생과 함께 공부하게 하는 것은 수학적으로는 옳지만, 사회적으로나 심리적으로는 옳지 않은 방법이었어요. 우선은 그 수준에서 최대한 발맞추고 다른 한편으로는 기초를 다져 아이에게 수학에 대한 흥미를 환기시킬 수 있어야 했던 것입니다."

사실, 그것은 학교교육에서도 마찬가지였다. 7차 교육과정에서 단계별 수업을 천명했던 것은 사실상 학년제로 운영하지 않아야 한다는 취지를 갖고 있었던 것이었으나, 결국에는 수준별 실시라는 퇴보한 교육만 낳지 않았는가.

내부고객을 만족케 하라

이 대표는 여러 가지 시행착오를 겪으면서, 내부고객을 만족시키는 것이 얼마나 중요한지에 대해 깨달았다고 했다. 사내 커뮤니케이션의 중요성은 아무리 강조해도 지나치지 않는 것이다.

"저는 학부모와 학생들뿐만 아니라 강사와 직원도 고객이라고 봅니다. 고객 만족의 출발점은 내부고객 만족에서 시작된다는 것입니다. 가령 고객 즉 학생과 학부모를 직접 대하는 자리에 있는 사람들이 학원에 대해 만족하지 않는다면 그것은 고객을 대하는 그들의 태도에 그대로 반영될 수밖에 없는 것이니까요."

이 대표는 내부고객 만족의 책임자가 바로 CEO라고 말한다. 그리고 자기를 둘러 싼 만족의 소리가 아니라 드러나지 않는 '불만족의 침묵'을 경계해야 한다고 한다. 그는 이를 위해 솔선수범, 약속 지키기, 신뢰를 행동 원칙으로 삼고 있지만 무엇보다 '경청'하는 것이 매우 중요하다고 한다. 강사나 직원들의 생각과 의견을 주의 깊게 들어야 한다는 것이다.

회의석상에서 의견을 듣기도 하지만 이것으로 부족할 때는 외부에서 만나 가볍게 차 한 잔 하면서 진솔한 대화를 나누는 것이 매우 중요하다는 것이다. 그는 강사나 직원이 개인면담을 청해올 때는 만사를 제쳐두고 만난다.

학원의 내부고객 중 가장 중요한 고객은 강사라고 할 수 있을 것이다.

그는 강사관리의 경우 역시 '경청'을 기본으로 해서 인간적인 접촉과 동시에 시스템적으로 강사들과의 원활한 커뮤니케이션을 통해 만족할 수 있도록 해야 한다고 강조했다.

"평소에 아무런 불만이 없는 줄로만 알고 있던 강사 선생님이 어느 날 갑자기 그만두겠다는 통보를 일방적으로 해오는 경우가 있을 수 있어요. 이런 일을 미연에 방지하려면 무엇보다 '불만족의 침묵'을 감지할 수 있는 노하우를 개발해야 합니다. 대개 그런 종류의 침묵을 지키는 강사 선생님들은 말이 아닌, 다른 형태의 신호를 보내옵니다. 갑자기 강의가 시들해지거나, 지각이나 조퇴가 잦을 것입니다. 그리고 얼굴 표

정이 전과 달리 어둡거나 말투가 거칠어집니다. 이러한 것은 구체적으로 그 사람에게 관심을 기울이지 않으면 알 수 없어요. 사람과의 관계에서 출발은 관심입니다. 관심으로부터 작은 불만은 조금 자라다 사라질 수 있고, 큰 불만도 다소 쉽게 해결해 나갈 수 있다고 생각합니다."

하지만 아무리 귀를 활짝 열어 강사들의 의견을 청취하고 모든 불만을 해소하려 노력해도 불가피한 사유로 결국 떠나는 사람들도 있게 마련이다. 이런 경우에 대해서 그는 학원장이 기본적으로 강의를 직접 할 수 있을 정도의 전문성을 갖추어야 할 것도 주문한다.

"시매쓰 학원만 해도 소규모이기 때문에 교사 수급의 불안정, 관리의 어려움을 호소하는 원장님들이 많아요. 바로 그런 부분의 어려움을 타개하기 위해서는 원장님들이 기본적인 전문지식과 강의 능력을 갖추고 있어야 해요. 혹 본인이 어렵다면 가족 중에 강의가 가능한 사람을 준비해 놓는 것도 한 방법이죠. 그래서 시매쓰 학원은 부부 공동창업, 공동운영의 형태가 많습니다."

또, 이 대표는 이러한 원장 스스로의 능력 강화만으로 학원을 크게 성장시키기는 어렵다는 점도 지적한다. 이에 대한 근본 해결책으로 내부 고객들을 만족시켜 오랫동안 함께 하면서 같이 성장해 나가도록 하는 일이 무엇보다 중요하다는 것이다.

그래서 오메가포인트는 회사 조직의 핵심 직위는 내부인원을 키워서 충족하는 것을 원칙으로 하고 있다. 영역 확장으로 새로운 인력이 필요할 때에도 가능한 한 오랫동안 지켜본 주변 사람들을 먼저 받아들이는 방식을 채택해 왔다.

"지금까지는 그런 방식으로 조직을 비교적 안정적으로 유지해왔습니다. 하지만 앞으로 학원이나 회사조직이 더 커진다면 오랫동안 지켜보다가 채용하는 방식이 어려워질 수도 있을 것 같습니다. 그때가 되면 또 다른 채용 방식을 생각해 봐야 하겠지요."

다시 한 번 반발자국 앞서 가자

학원 사업의 틈새시장을 찾아 공략에 성공을 거둔 시매쓰는 이제는 어느 방향으로 향해 달리고 있을까?

"개정 교과과정과 새 교과서 도입, 경쟁과 시험의 도입, 평준화 정책의 전환, 영재교육의 대중화, 다양한 분야에서의 입학사정관제 도입 등 교육 환경 및 정책, 지향은 항상 변합니다. 저는 기본적으로 교육의 본령이 '변화'라고 생각합니다. 교육의 역할은 변화에 대처하고 또 변화를 주도해 나가는 것이라고 생각합니다. 그리고 현대에 올수록 교육의 역할은 변화를 주도하는 것에 더 비중이 있습니다. 우리 아이들이 변화하는 세상을 적극적으로 주도하며 살아갈 능력을 키워주는 것, 그것이

시매쓰의 역할입니다.

　올바른 수학교육은 아이들에게 깊은 사고력, 문제에 대한 적극적인 도전, 세상과의 원활한 소통 그리고 실제 문제에 대하여 유연하게 대처하는 문제해결력을 모두 키워주어야 합니다. 성적을 위한 수학교육, 입시를 위한 수학교육, 영재를 위한 수학교육, 계산을 잘하는 수학교육 등을 따로따로 배워야 된다는 학습방법은 아이들에게 같은 것을 다르게 반복시키는 비효율적인 것입니다. 또 이런 학습방법은 일부 아이들에게서 학습의 기회를 아주 빼앗아 버릴 수가 있습니다. 시매쓰는 궁극적으로 수학이 하나로 통합되어 아이들이 수학공부를 통해 얻어야 할 것들, 수학 지식, 계산력, 시각적 및 논리적 사고력, 창의력, 문제해결력을 다 얻을 수 있는 그러한 교육을 지향합니다."

　학교에서 각종 시험이 실시되는 등 경쟁이 본격화되고 있으며, 수월성 교육이 더욱 강조되는 흐름을 지켜보는 이 대표의 마음은 벌써 시매쓰의 새로운 미래를 그리고 있다. 현재 시매쓰는 학부모와 학생들의 새로운 니즈를 파악해 저변 확대를 고민하는 중에 있다. 지금 시점이 교육계의 커다란 흐름이 조금씩 변동을 일으키는 시점이라고 판단하고 있기 때문이다.

"학원 사업의 주기는 대략 7~8년 정도로 봅니다. 초기에 느꼈던 열정이나 보람이 시들해지는 시기가 그 정도 되지 않나 생각합니다. 또 새로운 변화가 시작되는 시점도 그렇고요. 그렇다고 보면 7년 주기로 새로운 방향을 모색하고 새로운 프로그램을 구상하는 혁신이 필요하다고 할 수 있겠죠."

시매쓰는 그런 고민의 결과로 만들어진 산물이다. 초등 교과 과정과 창의력, 사고력을 통합해 수학교육으로 연결시키는 프로그램을 개발하게 된 것은 언제나 새로운 것을 바라는 교육 현장의 니즈가 탄생시킨 것이나 마찬가지인 셈이다.

이 대표는 최근 '저학년의 뉴시매쓰와 고학년의 AP매쓰'를 선보였고, 곧이어 영재교육 기프티드를 확장하고, 문제해결력 프로그램을 출시할 것이라고 한다. 앞을 향해 성큼 내딛는 그의 모습에서. 아이들을 가르치겠다는 젊은 날의 꿈을 사업의 차원으로 승화시킨 이충기 대표의 자신감이 엿보이는 순간이었다.

성공 요인 분석 success point (주)오메가포인트 -시매쓰

성공 포인트 하나 01

교육 사업의 블루오션을 찾다

대부분의 학부모들은 자녀를 '빨리빨리' 교육하고 싶어 한다. 이러한 조급함이 암기식 교육, 주입식 교육을 낳는 것이다. 학원에서는 당장의 효율을 위해 임기응변에 불과한 방법을 사용해 학생들을 교육시키고, 그로 인해 학생들은 교육적 폐단에 찌든 희생양이 되고 만다. 오늘날 왜곡된 한국 교육의 실태는 학부모와 학원, 그리고 교육 현장의 모순이 낳은 것이나 마찬가지이다.

한 명의 학생을 교육하기 위해서는 오랜 시간과 여유, 인내가 필요하다. 교육을 하는 사람들은 기다리고 인내하며 학생이 스스로 배우고자 하는 것을 찾아 갈구하고, 탐구할 수 있도록 해야 한다. 그때 학생이 가는 길을 바로 잡아주고, 인도해줄 사람이 바로 부모와 교사이다.

물론, 교과 중심의 선행학습에 중점을 두고 진도를 빨리 나가기 원하는 학부모들에게는 '원칙'을 내세우며 놀이처럼 학습하는 수업 프로그램을 진행시키기란 쉬운 일이 아닐 것이다. 특히 선행학습에 욕심을 내는 학부모들이 가장 관심을 둔 과목이 수학이지 않은가. 올림피아드 같은 경시대회의 수요가 늘면서 고등학교 과정을 미리 배우는 초등학생이 생겨날 정도이니, 사교육 현장의 학습 속도는 굳이 말하지 않아도 될 것이다.

하지만 이충기 대표는 이러한 현실보다는 제대로 된 수학교육에 중점을 맞추어 사업을 시작했다.

일반적인 정신발달의 정도를 고려하고, 타 과목과 연계하여 수학을 가르치지 않고 오로지 수학만을 선행학습시킨다면 단순히 반복학습밖에 될 수 없을 것이라고 생각한 것이다. 그리고 이러한 교육은 길게 봐도 중학교 2학년쯤 되면 한계를 보일 것이라고 생각했다.

그래서 이 대표는 생활 주변의 문제 상황에 수학적 개념을 적용하고 확장해가면서 단편적인 개념에 묶인 선행을 피하고, 깊이 탐구하는 학습을 통해 사고력을 기를 수 있다고 강조하며 새로운 수학교육 프로그램을 주창하며 새로운 트렌드를 만들고자 노력했다.

흔히들 세상이 원하는 상품을 만들어내야 성공한다고 한다. 교육 사업 역시 교육 프로그램이라는 상품을 만들어 파는 것이라고 할 때, 학부모나 학생들이 원하는 콘셉트의 상품을 만들어내야 할 것이다. 하지만 그것만이 전부가 아니다.

경쟁시장에는 블루오션(무경쟁 신 시장) 전략이라는 것도 있는 법이다. 좁은 바다에서 치열한 경쟁으로 붉게 변해가는 바다에서 어떻게 이길 것인가를 고민하지 말고, 차라리 경쟁이 없는 푸른 대양으로 나아가 새로운 활력을 가지고 시장을 잠식하자는 것이 블루오션 전략이다. 즉, 아직 만들어지지 않았거나 아직 발견되지 않은 시장을 만들어서 시장을 선점 및 개척하여 경쟁 자체를 무의미하게 만드는 것이다.

학원 사업에 있어서도 이 전략은 유의미하다. 진입장벽이 낮은 학원 사업의 경우, 기존 시장에서의 경쟁은 날로 치열해져만 간다.

9만여 개 학원, 6조 규모의 시장, 외국 자본의 학원 기업화, 학원 기업의 상장. 지금 열거한 것들이 현재 국내 학원 시장의 치열함을 대변하고 있다 해도 과언이 아니다. 학원 시장의 규모가 커지고 경쟁이 심화되면서 많은 창업자들이 학원 창업을 통해 제2의 인생을 꿈꾸고 있다. 하지만 과다 경쟁, 프랜차이즈 사업의 낙후성, 교육과 훈련의 부족 등의 문제로 많은 학원들이 개원하지만 또한 많은 학원들이 폐원하고 있는 게 사실이다.

나만의 특화된 전략으로 새로운 시장을 개척하지 않는다면, 레드오션에서의 치열한 경쟁에 지쳐가게만 되어 있다. 정해진 시장 안에서만 경쟁한다면 결국 제로섬 게임에 지나지 않는 것이다. 교육 사업 시장의 흐름을 주시하면서 남들과는 다른 무언가를 찾아내야만 한다.

처음에는 마진이 적을 수도 있지만 남들이 하지 않는 나만의 효과적인 시스템을 구축하는 데에도 노력을 기울여야 한다. 남들을 따라가는 정도로는 절대로 동네 학원의 수준을 벗어나지 못한다. 변화를 따르고 변화에 적응하는 것에 만족하지 말고 변화를 이끌어가야 한다. 발맞추기보다는 앞서 나가자는 이야기다.

성공 포인트 둘 02

시스템 운영과 매뉴얼을 활용하라

대부분의 학원 사업 창업자들 역시 매우 소규모의 인원으로 사업을 시작한다. 규모가 작다보니 한 사람이 전문성과는 관계없이 몇 사람 분량의 일을 하게 되고 또 그러다 보니 인사관리 등의 신상필벌(信賞必罰)에 대한 규정도 그때그때 상황에 맞게 해나가는 그야말로 땜질식 처방과도 같이 하고 있다.

최근 소규모 학원을 방문해 보면 강사관리에 대한 불만을 많이 듣는다. 사람을 뽑을라 치면 지원자는 많은데 정말로 필요한 사람은 뽑기 힘들다는 소리와 학원 조직 내 꼭 필요한 인물에 대한 관리가 잘 안 된다는 것이 그들의 주요 문제점인데 참으로 난감하기 이를 데 없는 일이다. 그러나 그 내부를 보면 적절한 인재에 대한 보상 체계가 명확하지 않은 딜레마 또한 보이고 있다.

일정 규모 이상의 기업에서 관리 시스템이 없다면 조직을 효율적으로 운영할 수가 없다. 영업을 잘하고 마케팅 전략을 잘 구사하는 등 잘해 나가기 위해서라도, 그리고 정말 제대로 된 비전 달성을 위해서라도 조직 시스템이 필요하고 또 그런 시스템적 마인드가 필요하다.

이제는 학원 사업에서도 아무리 영세하지만 시스템을 꼭 갖춰야 하는 시대가 왔다. 최근 학원가에서는 강사에 대한 의존도를 낮추고 콘텐츠와 교육관리 시스템에 치중하는 추세다.

일반적으로 학원 운영 시 어려운 점은 강사들과의 관계로 스타강사 한 명이 빠졌을 때 큰 후유증을 겪기도 한다. 강사 이직으로 인해 학원 사업을 접는 경우도 있다. 이런 일을 대비하기 위해 기업의 체계적인 기법들을 도입할 필요가 있다. 학생들의 입학부터 관리를 경험에 의존하는 기존 시스템을 탈피하고, 학생의 교수 학습활동을 강사 개인의 역량에 전적으로 내맡기는 것이 아니라, 엄밀한 교육 공학적 프로그램을 통해 지도할 수 있도록 운영하는 것이다.

시매쓰 학원은 전문성을 바탕으로 교육 공학적 시스템을 개발하였기에 강사의 이동에도 원생의 동요가 적을 수 있었고, 학습 매니저 제도를 도입해 학생 개개인의 성향, 성적, 주변 환경 등을 조사해서 성적 이외의 생활 태도까지 관리가 가능하게 했다.

특히, 이 대표는 강의실력 테스트와 최종 면접만으로 강사를 채용하던 기존의 틀을 깨고 자체 교육을 통해 인재를 발굴하고 채용하기 시작했다. 기존의 수학교육 경험을 지닌 강사보다는 수학교육의 원리원칙에 관한 이해가 높은 젊은 강사를 선발해 엄격한 교육을 통해 '시매쓰표 수업'을 진행할 수 있도록 도왔다.

그리고 디테일한 강의 기술을 전수해줌은 물론, 학원의 조직 문화와 교육 이념까지 심어주자, 강사들은 스스로를 일개 강사가 아니라, 학원의 가족이라고 생각하게 되었다.

성공학원들의
core of management

••• 학원의 경쟁력을 진단해 볼 수 있는 요소들

더욱 복잡해지고 치열해지는 학원 경영. 그러나 명쾌하게 우리 학원의 경쟁력을 분석할 수 있는 방법은 없을까? 학부형이나 학생들을 '고객'으로 하는 학원의 경쟁력을 평가할 수 있는 몇 가지 요소들을 정리해 보자.

성공한 학원의 경영자들이 얘기하는 요소들을 하나하나씩 대입해가며 과연 우리 학원의 경쟁력은 어떠한지 점검해 볼 일이다.

무엇보다도 중요한 것은 유능한 강사진일 것이다. 물론, '유능하다' 는 개념 속에는 실력뿐만이 아니라, 학생들에 대한 열정과 애정도 포함되는 이야기일 것이다.

학생들을 지도하는데 있어 실력은 제1의 요건일 것이기에 더없이 중요하다. 그러나 실력만으로는 유능한 선생님이 될 수 없음은 분명하다. 바로, '가르치는 일' 에 대한 열정이 따라 주어야 지속적인 실력을 갖춘 일류 강사가 될 수 있을 것이다.

그러나 아무리 유능한 강사들이라도 체계적인 프로그램 속에서 더욱 빛을 발할 수 있을 것이다. 전체적인 틀이 갖추어지지 않는다면 지속적인 학원 운영은 어렵게 된다. 학원과 강사 편의주의적인 프로그램이 아니라 학부형과 원생들의 니즈를 충족시킬 수 있는 체계적인 프로그램

은 과연 완비되어 있는가? 또한 현재 학원이 정한 나름대로의 목표를 충족시킬 수 있는 프로그램이 구비되어 있는가? 그 프로그램은 과연 지역 내에서 충분한 경쟁력이 있는지?

 일본의 와세다 아카데미와 같은 학원은 원생들의 의자를 구입하는데 100여만 원 가까운 돈을 투자한다고 한다. 하루 종일 학교 수업에 지친 아이들에게 조금이라도 나은 환경을 제공해줄 수 있다면 그것은 결코 작지 않은 경쟁 요소가 될 것임에 틀림없을 것이다.

 이 모든 요소들을 하나로 엮어낼 수 있는 것은 바로 원활한 운영시스템일 것이다. 물론, 학원뿐만이 아니라 오늘날 모든 기업들이 관심을 갖고 있는 것이 바로 이 부분이 아닐까? 우리 학원은 학부형, 학원생들과 선생님, 그리고 상담교사, 셔틀버스 기사와 심지어 미화원에 이르기까지 한 가지 목표를 향하여 가고 있는지 다시 한 번 면밀히 점검해 봐야 할 것이다.

실패를 발효시킬 줄 아는 사람이 되라

강 태 우 대표

중소형 학원장들에게 목표를 물으면 대부분 "대형 학원으로 성장하는 것, 학생 수가 천 명이 넘는 것"이라고 말한다. "지난해에 학원 순이익이 10%였는데 20%로 향상시키는 것"이라는 식으로 실제 순이익과 올해의 목표 이익을 이야기하는 사람은 거의 없다. 그러나 강태우 대표는 학원을 경영하며 성장시킬 때 절대 잊지 말아야 할 것은 학생 수나 직원 수처럼 겉으로 보이는 성공 요소들이 아니라, 실질적인 순이익이라고 강조한다. 화려한 겉모습보다 알찬 내실을 더 중요하게 여기는 것이다.

강태우어학원은 대치동과 중계동 등 서울 수도권 지역에 16개의 직영 캠퍼스와 50여 개의 가맹학원을 운영하고 있다. 강태우어학원은 민족사관고등학교 및 국제고등학교 대비반, Ivy League반, 대학별 국제화 특별전형 대비반, 외국어고등학교 및 자율형 고등학교반, 해외 유학 준비반, 국제중 대비반, 청취 집중 완성반 등으로 특성화되어 있다. 또한 강태우어학원은 현재 전국 50여 개의 가맹학원을 가진 웨일즈어학원 본사인 ㈜에듀홀딩스, 링구아어학원을 인수합병한 뒤 2009년 6월 코스닥에 '유진데이타'로 상장을 한 상태다.

강태우어학원(주)

호피 인디언들은 한결같이 기우제를 지내면서 버티는 한, 반드시 비는 오기 마련이라는 믿음을 공유하고 있다고 한다. 이러한 믿음이야말로 그들이 사막에서 오늘날까지 생존할 수 있는 최상의 비결이었다. 도저히 농작물이 자랄 수 없을 것 같은 사막에서 그들이 오늘날까지 생존해왔다는 것 자체가 그들의 믿음이 옳다는 것을 증명해준다.

〈인디언 기우제 (2007, 정신세계원) 발췌〉

미국 애리조나 사막지대에 사는 호피 인디언들의 기우제 성공률은 100%라고 한다. 그들에게만 유독 영험한 레인메이커가 있어서일까? 아니다. 그 이유는 간단하다. 바로 그들은 비가 올 때까지 계속해서 기우제를 지내기 때문이다.

인생의 목표를 이루는 일도 마치 사막 한 가운데서 비가 내리는 것을 기다리는 일과 비슷한 데가 있다. 사막에서 비가 내리는 것은 흔한 일이 아닐 것이다. 하지만 언제고 비는 내린다. 인디언들이 비가 올 때까지 기우제를 지내는 것만큼, 인생의 목표를 이루기 위하여 전념하고, 인내할 수 있다면 그것을 이루어낼 수 있을 것이다. 이것은 목표를 이루고, 성공하기 위한 최고의 비결이다.

강태우어학원의 강 대표는 자신의 성공 비결은 인디언들처럼 성공할 때까지 노력하고 기다리는 것이라고 말한다.

대학교 3학년 때 학원장이라는 직함을 달다

그는 대학교 1학년 때부터 학원가에서 강의를 했고, 대학교 3학년이 되어서는 학생의 신분으로 학원 사업을 시작했다. 그러나 젊은 나이의 호기로 시작한 사업은 최선을 다했음에도 불구하고, 쓰라린 실패로 끝이 났다. 강 대표는 그때서야 세상은 단순히 열정과 열심만으로는 부족하다는 것을 깨달았다며 웃었다. 그 후 8년 가까이 어려운 시간을 보내야 했던 강 대표는 절대 포기하지 않았다고 한다. 단비가 오기를 기다리는 인디언처럼 끈질기게 성공을 기다렸고, 꾸준하게 목표를 위해 자신을 단련시키며 노력했다. 그 결과 오늘날의 강태우어학원이 탄생한 것이다.

강 대표는 자신의 오늘을 포기하지 않은 자가 누릴 수 있는 결과라고 말한다.

"대부분의 20대 청년들은 미래를 꿈을 꾸고, 공부하고, 사회를 탐색하며 살아갑니다. 어떤 때는 멋을 부리기도 하고, 낭만을 즐기기도 하지요. 하지만 저의 20대는 치열한 생존의 장이었습니다. 아버지가 정년퇴직을 하신 후 퇴직금을 전부 주식에 투자하셨다가 큰 낭패를 보았지요. 투자한 주식은 바닥을 쳤고, 그것을 만회하기 위해 아버지는 집을 담보로 대출을 받고, 지인들의 돈까지 빌려 투자를 하셨습니다. 이 무렵이 IMF시기였어요. 정부에서 구제 금융을 수용한다는 발표를 하는 바람에 대한민국에서 내로라하는 은행 주식이 한순간에 종잇조각이 되어버렸던 막막한 때였습니다."

강 대표는 풍비박산이 나다시피 한 가정을 자신이 일으켜야 한다고 생각했다고 한다. 그는 대학교 1학년 때부터 과외와 학원 파트타임으로 강사를 했던 경험을 살려서 학원 사업을 구상했다. 강 대표가 처음에 학원 사업을 시작하기로 마음먹은 것은 그저 자신이 받았던 강사료보다 좀 더 많은 수입을 얻기 위해서였다. 그러면 집안을 일으키는 것은 물론 자신이 그토록 바랐던 유학자금도 마련할 수 있으리라는 생각에서였다.

"하루 일과를 학원 매매 광고가 실린 일간지를 가져다가 학원 매물을 살피는 일부터 시작했어요. 한창 혈기 왕성한 나이였던지라, 내가 실패할 거라고는 상상도 못했습니다. 그동안의 경험만 가지고도 충분히 학원을 운영할 수 있을 거라고 생각했어요. 게다가 초기 사업자금이 억 단위일 거라고만 생각했었는데 신문광고 지면을 보았더니 몇천만 원 정도로도 쉽게 창업할 수 있겠더군요. 그러니 거칠 것이 없이 자신감만 품고 사업을 시작하게 됐던 거죠."

대학생이었던 그에게 몇천만 원이라는 종자돈은 쉽게 마련할 수 있는 것이 아니었지만, 얼마든지 실현 가능한 규모라고 생각되었다. 더군다나 학원을 시작만 하면 최소 몇백만 원 이상의 수익이 발생할 거라고 생각하니, 꿈에 부풀지 않을 수 없었다. 강 대표는 자신의 돈은 물론이고, 주변 사람들에게 빌릴 수 있는 모든 액수를 총동원하여 학원 사업을 시작했다. 덕분에 대학교 3학년 학생이라는 신분으로, '학원장'이라는 번듯한 직함을 달게 된 것이다.

우여곡절 끝에 빚으로 세운 학원이었지만 그는 온 세상을 다 가진 마음이었다고 한다. 직원을 두고 사업을 경영한다는 것이 뿌듯하기만 했던 것이다. 그러나 현실은 그리 만만치 않았다.

학교에 다니랴, 학원 일을 하랴, 두 가지를 병행하다 보니 두 가지 다 제대로 못하는 경우가 많았다. 게다가 교육 사업의 특성을 무시한 채 '교육'은 빼고 오로지 '사업'으로만 학원을 경영했으니 학원이 잘 되어 갈 리 만무했다.

학원을 개원하면 학생들이 줄을 서서 등록하고 돈다발을 안겨다줄 것이라는 환상에 젖어 있었던 강 대표의 형편은 날이 갈수록 힘들어져 갔다. 학생들은 수강료를 제때 내지 않았고, 강사들의 급여일은 시시각각 강 대표의 목을 죄어 왔다. 수강료가 제대로 걷히지 않아도 강사들에게는 약속한 급여를 꼬박꼬박 지급해야 했으니, 마땅한 여유자금이 없었던 그로서는 손쉬운 신용카드 대출밖에 방법이 없었다.

여윳돈 백만 원도 없는 상태에서 무모하게 시작한 그의 학원 창업은 그렇게 허물어져갔다. 경제적인 운용의 어려움에 사람들과의 마찰도 겪으면서 그는 자신이 얼마나 어리고 순진했던가를 절감하게 되었다. 첫 달은 겨우 대출을 받아 강사 급여를 지불했지만 다음 달에는 또 다른 신용카드가 필요하게 되었고 나중에는 여러 개의 카드로 돌려막기를 하는 생활이 반복되었던 것이다. 결국 그는 젊은 나이에 신용불량자가 되고 말았다.

 "내가 겪은 실패의 경험은 학원 사업에 뛰어들고 싶어 하는 예비 창업자들에게 가장 좋은 본보기가 될 거라고 생각합니다. 경기가 조금 어려워지면 여기저기서 구조조정의 칼바람이 불어옵니다. 그러면 일자리를 잃을 위기에 놓이거나, 앞일이 위태롭다고 생각된 사람들이 막연히 창업을 생각하게 되지요. 게다가 불에 기름을 끼얹듯이 각종 매스컴에서는 창업과 관련된 광고를 쏟아내지요. 하지만 '얼마를 투자하면 얼마를 번다.', '소자본으로 고수익을 창출할 수 있다.', '누가 무엇을 했다가 떼돈을 벌었다!' 라는 식의 창업 정보를 믿고 시작하면 오히려 큰 낭패를 보기 십상입니다."

 강 대표는 쏟아지는 정보의 홍수 가운데 쓸 만한 정보를 찾아내고, 그것이 지금의 상황과 처지에 맞는지를 분석해 보아야 한다고 강조한다. 무조건적으로 의욕만 앞서다 보면 철저한 시장조사를 통한 정보를 수집하고 분석하는 준비과정이 결여되기 쉽기 때문이다. 합리적으로 사업체를 구상하고, 하나씩 실천해 나가는 것이야말로 창업의 성공으로 가는 길일 것이다.

"이런 맥락에서 창업의 첫걸음은 자신의 조건에 맞는 창업정보를 꼼꼼히 수집하는 일이 돼야 합니다. 떠도는 무수한 정보들 가운데 실질적인 정보, 신뢰할 수 있는 고급정보를 가려내고 염두에 둔 사업이 있으면 스파이가 된 듯이 해당 업종의 관련 데이터를 수집해야 하고요. 여기서 끝이 아닙니다. 수집한 정보를 바탕으로 모형 점포 운영 현황을 나름대로 만들어 본 다음, 수입과 지출 항목 등을 조목조목 따져보는 게 순서입니다. 한두 군데에서 취합한 정보에 만족하지 않고, 여러 가지 케이스를 종합한 뒤 자신의 조건을 대입해 결과를 예측해 보려는 노력은 아무리 강조해도 지나치지 않는 것이니까요."

전문성 없이 막연한 성공의 환상을 품다

비록 경제적으로는 힘들고 막막한 학원 경영이었지만, 강 대표는 가르치는 학생들에게만은 늘 최선을 다했다. 또, 그는 학원 일을 핑계로 자신의 본업인 학업을 소홀히 한 적은 없었다고 한다. 덕분에 그는 학창시절 내내 학과 수석을 도맡아 했을 정도였다.

"내가 대학생 신분으로서도 최선을 다하고, 가르치는 학생들을 대할 때도 열심히 하는 모습을 보이면, 학생과 학부모들이 그런 모습에 감동하고, 만족을 하게 될 거라고 생각했었어요. 지금 생각하면 너무 순수하고 어리석은 생각이었지요. 최선을 다하는 것은 프로가 아닙니다. 세상은 단순히 열정과 열심만으로는 부족한 것이니까요."

강 대표는 뒤늦게 이러한 교훈을 깨달았다며, 누군가 자신에게 이런 이야기를 미리 해주었다면 시행착오를 줄일 수 있었을지도 모른다고 말했다.

영어교육에 관한 전문성도 부족하고, 학원 사업에 관한 내공도 없는 상태에서 그저 의욕만 앞서 덤볐던 무모한 사업. 여유 자금이 없었으니 마케팅이나 광고는 생각지도 못했고, 컴퓨터를 이용해 만든 전단지를 학원 근처에다 배포하는 것이 광고의 전부일 뿐이었다. 그런 상황에 학생이나 학부모가 찾아오면 어찌나 반가웠는지 모른다고 한다.

그렇게 힘든 상황이 계속되었던 어느 날, 강 대표는 학원 매매를 전문으로 하는 부동산 브로커에게 학원을 팔지 않겠느냐는 제안을 받았다. 입지와 여건이 좋고 보증금이 비싸지 않았기 때문에 좋은 가격에 매매가 될 수 있을 것이라는 것이었다. 강 대표는 그동안의 고생을 끝낼 수 있는 절호의 기회라고 생각했다. 브로커의 말대로라면 상당한 액수의 권리금도 받을 수 있고, 힘든 학원 사업에서도 해방될 수 있기 때문이었다.

그는 '이제 나는 살았구나. 정리만 잘 되면 빌린 돈 다 갚고도 유학갈 자금까지 마련되겠구나!' 하며 들떠 있었다. 그런데 브로커는 광고비와 활동비 명목으로 몇백만 원이 소요된다며 선불 금액을 받아가고서, 계약을 제대로 연결시켜주지 않았다. 게다가 처음 약속과는 달리 계속 추가 비용만 발생하는 상황이었다.

조금씩 의심스러운 구석이 보였지만, 사회 경험이 많지 않았던 그는 브로커가 요구하는 대로 계속 돈을 주었다고 한다. 그러자 브로커는 많은 돈을 챙긴 다음 연락을 끊어 버렸다. 뒤늦게 자신이 사기를 당했다는 사실을 알았지만, 아무런 대책도 세울 수가 없었다. 흔히, 사기를 당하는 건 본인의 부주의함 때문이라고 생각하겠지만, 절박한 상황에서 상당한 액수의 권리금을 받을 수 있다는 제안을 받는다면 누구든 솔깃하지 않을 사람은 없을 것이다.

강 대표는 이 일로 인해 더 큰 어려움을 겪게 되었다. 최선을 다해 일하고 공부해서 교수가 되고자 했던 꿈도 포기해야 할 지경이었다. 엎친 데 덮친 격으로 IMF로 인해 경제 여건은 최악의 상황이었고, 몇 달간 허비한 시간과 돈은 감당하기 힘들 정도로 큰 손해를 불러왔다. 강 대표는 '차라리 죽는 게 낫다'는 극단적인 생각까지 했다고 한다. 그는 대학 졸업식 때 찍은 사진이 한 장도 없는데, 그것은 졸업식에 참석할 여유조차 없었기 때문이라고.

그렇지만 좌절과 절망 속에서 그대로 무너져 버릴 강 대표가 아니었다. 그는 이러한 시련이 자신을 더욱 단련시켜줄 거라고 믿었다. 철저하게 부서지고 넘어져서 바닥을 치고 나면 더욱 차분하게 앞을 내다볼 수 있는 능력이 생길 거라고 믿었다.

그런 그에게 우연히 기회가 찾아왔다. 그야말로 천재일우였다. 그가 잡은 기회는 미국 로타리 클럽에서 장학생들을 선발해 유학비를 주는 것이었다. 장학생은 1년에 약 2만 2천 달러 정도를 받을 수 있었다. 이 소식을 들은 강 대표는 곧바로 지원했고, 뛰어난 영어성적과 학점 덕분에 순조롭게 합격할 수 있었다. 유학을 꿈꾸며 꾸준히 성적을 관리하고 영어공부에 공을 들인 덕분에 얻은 쾌거였다.

하지만 학원을 정리한 뒤 곧장 유학길에 올랐던 강 대표는 아쉽게도 공부를 하는 도중에 귀국을 해야만 했다. 어려운 집안 사정을 무시할 수 없었던 그로서는 어쩔 수 없는 선택이었다.

유학생활을 중단하고 돌아와서 주경야독하며 공부한 강 대표는 낮에는 보험회사 영업 사원으로 일하고, 밤에는 학원강사로 뛰었다. 그리고 틈이 날 때마다 개인 과외도 마다하지 않았다. 그랬더니 보험회사 영업도 승승장구하고, 학원가에도 이름이 알려져서 조금씩 경제적 안정을 찾을 수 있게 되었다. 하지만 한꺼번에 세 가지 일을 병행하는 것이 쉬운 일은 아니었다. 그래서 강 대표는 오랜 고민 끝에 자신이 정말 좋아하는 일에 열정을 다해 보기로 결심했다. 그것은 바로 다시 한 번 교육사업을 해보는 것이었다.

열 번의 실패가 잘 발효되어야만 성공이 된다

학원 사업에서 큰 실패를 맛보았던 강 대표에게 있어서 학원 경영을 다시 시도한다는 것은 엄청난 도전이었고, 두려움을 물리쳐야 하는 일이었다. 하지만 이전의 실패를 경험 삼아 리스크를 최소화시킬 수 있다면 가능성이 있다고 생각한 그는 중계동 학원가에 25평 정도의 작은 학원을 개원했다.

'강태우영어전문 보습학원'은 2002년에 그렇게 시작되었다.

"처음 오픈했을 때는 영어전문 보습학원으로 시작했어요. 원장실도 없고 교무실도 없고 전부 강의실로 해야 나오는 평수, 이렇게 시작을 했습니다. 수업을 할 때는 문을 잠가 놓고 했어요. 입구에다가 출입금지를 붙여 놓았고요. 왜냐하면 사람이 저밖에 없으니까 상담하고, 전화받고, 가르치고, 관리하고 해야 하는데 그게 다 안 되기 때문에 문을 잠가 놓고 전화기도 내려놓았었죠."

상담 실장이면서, 관리자이고, 또한 강사이기도 했던 강태우 대표. 하지만 과거와는 전혀 다른 출발이었다. 일단 학원강사로서의 실력을 인정받아 상당한 입지를 굳힌 상태였고, 이전 학원에서 지도를 받던 학생들이 고스란히 새로 문을 연 학원으로 흡수되었기 때문에 학원의 학생도 일정 수준으로 보장이 되어 있었다. 또 입소문을 듣고 학원 학생들의 친구들까지 찾아왔기 학원은 순풍에 돛을 단 듯 순조롭게 운영되어 갔다.

이것을 그는 '실패를 맛보았기 때문에 가능한 성공'이라고 말한다. 그야말로 실패가 오늘의 성공을 낳은 것이다. 그러나 실패를 겪어본 사람들은 잘 알고 있을 것이다. 우리 사회가 실패한 사람에게 얼마나 야박한지, 실패한 사람이 치러야 하는 대가가 얼마나 큰지 말이다. 그래서 많은 사람들은 한 번의 실패로 좌절해 섣불리 인생을 포기하기도 하고, 아예 다른 분야로 자신의 활동영역을 옮기기도 한다. 혹자들은 그저 두 손을 놓은 채 "운이 없었다, 여건이 안 좋았다, 도와주는 사람이 없었다"라며 다른 사람들을 탓하며 실패의 원인을 주변에 전가시키기도 한다.

누구나 잘 알고 있는 사실이겠지만, 모든 실패가 성공의 밑천이 되지

는 않는다. 만약 실패가 무조건 성공의 밑천이 된다면 열 번 실패하는 사람은 반드시 성공하게 될 것이다. 하지만 이런 사람이 다시 재기하기가 얼마나 힘든지는 굳이 설명하지 않아도 알 것이다. 그래서 강 대표는 이렇게 말한다.

"열 번의 실패가 그저 성공으로 이어지는 것은 아닙니다. 열 번의 실패가 잘 발효되어야만 성공이 된다는 뜻이에요. 실패를 발효시킬 줄 아는 사람은 실패를 그냥 인정하고 포기하지 않습니다. 실패의 원인을 분석하고 부족한 부분을 극복하게 만들고자 최선을 다해요. 그들은 실패한다 해도 섣부르게 좌절하지 않습니다."

강태우 대표는 후자에 속하는 사람이었다. 20대 초반의 혹독한 실패를 잘 발효시켜 자신이 좋아하고 잘할 수 있는 일을 기어이 성공적으로 해낸 것이다. 그렇다면 강 대표가 자신의 실패를 발효시켜 무르익게 만들기 위해 했던 노력은 무엇이었을까? 그는 실패를 통해 배움과 깨달음을 얻고 인내와 겸손을 쌓아 나갔던 것이다.

그는 우선 자신의 영어실력이나 지식에 안주하지 않고 새로운 강의법을 연구하려고 꾸준히 노력했다. 그는 우선 여러 영어교육 이론을 공부하고 프로가 되기 위한 자신만의 노하우를 만들어냈다. 또한 학원 개원으로 그 바쁜 와중에도 영어교육 전문가가 되기 위해서 보다 전문적인 공부를 하려고 국제영어대학원 영어 지도학과에 지원하여, 영어교육 이론공부를 하였다. 그는 이 과정에서 장학금까지 받아가며 학원 일을 병행했을 정도로 억척을 떨었다.

그가 심혈을 기울인 것은 강의방법뿐만이 아니었다. 강 대표는 입시 정보에 촉각을 곤두세우고 다양한 정보 수집에 나섰다. 또 학원을 운영

할 때 비용을 최소화시켰고, 그렇게 아낀 돈은 고스란히 학원을 발전시키는 일에 투자했다. 그렇게 운영에 정성을 쏟은 결과는 가시적으로 드러나기 시작했다. 지난 몇 년간의 긴 인생의 어둠의 터널을 지나오게 된 순간이었던 것이다.

강 대표는 자신의 이름을 내세운 어학원의 문을 연지 3년 6개월 만에 초중고를 아우르는 단일 과목의 교육 시스템 가운데서는 강북 최대 규모의 어학원으로 자리할 수 있게 되었다. 무려 15번의 확장과 이사를 거쳐 이룬 결과였다.

"긴 실패의 터널을 지났다고 생각하자, 마음속에 또 자만심이 자라기 시작했습니다. 학원을 확장하는 일이 별게 아니라는 생각이 들었던 겁니다. 그저 공간만 넓히면 원생들이 저절로 늘어날 거라고 생각하게 되었던 저는 무리수를 두어 대규모 확장을 시도했습니다."

하지만 예상했던 만큼 원생의 수가 늘지 않았고 강사와 직원들은 서로 눈치만 보는 상황이 되고 말았다. 자신감이 불러온 최대 위기가 온 것이었다.

여분의 인력을 구조 조정하는 문제, 빈 공간을 해결하는 문제, 눈덩이처럼 불어난 비용을 감당하는 일 등 온갖 어려움에 부딪히게 되었다.

그 가운데 가장 큰 어려움은 그동안 '하면 된다!'라고 생각했던 패기와 자신감이 상실되고 만 것이었다.

"그냥 이것을 쓴 약이라고 여기기로 했습니다. 이 위기만 넘기면 더 탄탄한 미래를 만들 수 있다고 스스로를 위로하고, 이것을 호된 성장통이라 생각하기로 마음먹었습니다."

화려한 겉모습이 아니라 내실을 다져야 진정한 성장을 이룰 수 있다는 것을 깨달은 그는 겉에 치우친 것들을 하나씩 제거하고, 내실을 다지는 데 노력하기 시작했다.

"특히 학원 사업과 같은 경우, 겉보다 내실을 키우는 것이 더욱 강조됩니다. 학원 사업은 지식을 기반으로 한 사업이기 때문에 사람 간의 상호작용이 무엇보다 중요한 비중을 차지합니다."

외식 사업을 할 때도 화려한 외관이나 근사한 종업원들의 옷차림보다 맛이 더 중요한 것처럼, 학원 사업에서도 겉으로 보이는 근사한 외관이나 멋진 학원 차량이 중요한 것이 아니다. 진짜 중요한 것은 교육내용과 학생관리 능력인 것이다. 실제로 학생이나 학부모들도 학원을 선택하는 기준으로 가장 중요하게 생각하는 것이 교육내용이다. 그래서 강태우 대표는 커다란 빌딩의 대형 학원을 크게 부러워하지 말라고 한다. 눈에 보이는 겉모습의 화려함 정도만으로는 학원의 가치를 판단할 수 없기 때문이다. 겉만 화려하지 속은 곪아 있는 학원일지도 모르고, 크기에 비해 학생 수가 터무니없이 적어 적자를 내며 운영하고 있을지도 모르기 때문이다.

"교육 사업은 결코 이벤트성이 아닙니다. 외형적 과시적 성과에 만족하는 것은 아편 같은 약을 임시로 처방해 고통을 잊으려는 행위나 다름없습니다. 미봉책을 가지고는 결코 교육 사업에서 성공할 수 없다는 것을 저는 직접 경험했던 것이지요."

적극적인 마케팅으로 어려움에 대비하라

강태우 대표는 한참 학원이 잘나갈 때도 항상 긴장하고 방심하지 않으려고 애썼다. 당시 어학원에서는 보편화되어 있지 않았던 '학원 설명회'나 '학부모 간담회'를 개최하는 데 심혈을 기울였고, 겨울방학이 시작되기 전에는 이십 여 차례의 학부모 설명회를 열었다. 2007년에는 12월 한 달 동안 무려 이십 차례가 넘는 설명회를 개최하기도 했다.

이미 학원 사업이 제 궤도에 들었고, 잘 운영되고 있던 시기였기에 이런 강 대표의 유난한 노력은 주위 사람들에게 지나친 일이란 말들을 듣기도 했다. 그러나 그는 잘 되고 있을 때일수록 더욱 최선을 다해야 한다고 생각했다.

그가 선택한 설명회 개최방법은 절대 많은 돈을 쏟아 부어 요란하게 시행하는 현란한 마케팅이 아니었다. 그는 커다란 연회장을 빌려 한 번에 거창하게 여는 설명회가 아니라, 고객들과 면대면 접촉이 가능한 소규모 설명회를 선호했다. 소규모 밀착 마케팅은 고객에게 더욱 큰 신뢰를 심어주었고, 학원의 이미지를 더욱 친화적으로 받아들일 수 있게 만들었다.

요즘 현실 경제의 불황 속에 많은 학원들이 어려움을 겪고 있을 것이다. 특히 중소형 학원의 경우 그 타격은 더욱 크다. 이런 학원들에게 강 대표는 보다 적극적인 마케팅을 고안해내고 실천해 보라고 강조한다.

특히 학부모와의 설명회를 소규모로 여러 번 갖는 것은, 고객과 기업들의 유대를 강화해주는 마케팅 효과를 불러올 것이다.

강 대표는 잠재 고객을 직접 찾아가 설득하고, 기존 고객들의 건의사항에 귀를 기울이는 실천 마케팅이야말로 갓 시작한 학원에는 내실을 다져주고, 성공한 학원에는 더욱 단단하고 견고하게 만들어주는 방법이 될 것이라고 말한다.

남과 다른 나만의 노하우를 갖추다

강태우 대표는 학원의 교육 프로그램을 차별화하고 발전시키는 데도 심혈을 기울였다. 그는 초등부와, 중등부, 고등부에 알맞은 프로그램을 구성하고, 각각을 세부적으로 구분해 학생마다 차별화된 교육을 받을 수 있도록 했다. 이른바 학생 개개인의 수준에 딱 맞는 수준별 맞춤식 강의를 하였던 것이다.

그는 이러한 강의가 진행될 수 있도록 초등부 수업을 19가지 단계로 나누어 구성하였고, 중등부는 총 12가지 단계로 나누었다. 고등부는 학년별로 6가지 단계로 나누어 총 18가지 단계로 세분화시켰으며, 전 단계마다 토익이나 토플 시험에 대비한 프로그램도 준비했다.

또 다른 강태우어학원의 차별화 전략은 '완전학습'이다.

"우리는 학원 홍보자료에 '수업을 마친 후 나머지 공부를 하지 않는 학생은 저희 학원에 등록할 수 없습니다'라고 써 둡니다. 수업을 마친 후, 학생들은 남아서 그날 부여된 과제를 하거나 배운 내용을 복습하게 합니다. 당일 학습한 문법, 독해, 듣기 표현 확인, 매일 정해진 분량의 단어+숙어+문장 암기 여부를 정해진 월간 계획표와 과제표에 따라 테스트를 하고 확인학습을 실시한 후 통과자에 한해서만 귀가하도록 지도하고 있지요."

실로 엄격한 시스템이다. 이해가 부족하거나 과제를 다하지 못했을 경우, 부모님의 허락이 있기 이전에는 집에 절대로 보내지 않는다. 초등학생이라 할지라도 이 나머지 공부의 대상에서 예외가 아니다.

사실 시작할 때는 초등학생에게까지 이런 엄격한 학원의 방침에 대해 이해시키기는 무리라고 염려하는 마음이 없지 않았다고 한다. 그러나 뜻밖에도 초등학생들은 너무나 잘 따라와 주었다. 중고생처럼 자습시간 내내 조용히 공부하도록 지도하긴 어려웠지만, 제대로 통제력을 발휘하자 학생들은 고도의 집중력을 발휘해 학원의 나머지 공부를 따라와 주었다.

"왜 이렇게 엄격하고 철저하게 나머지 공부를 시키느냐고요? 한국의 EFL 환경에서는 일주일에 단 몇 번

와서 듣는 수업만으로는 학생들의 영어실력을 향상시킬 수 없기 때문입니다. 그리고 무엇보다 외국어만큼 노력한 결과가 정직하게 나타나는 과목도 드물어요. 영어를 잘하는 비결은 없습니다. 오직 영어의 노출을 극대화하는 것이 유일한 방법일 뿐이에요. 영어의 노출을 극대화하기 위해서는 off-line수업 , 과제관리, 학습관리, E-Learning을 통한 학습량을 최대화하는 것이 강태우의 영어교육 방법입니다."

  영어의 노출을 극대화하는 방법은 '학습량의 최대화'가 답이라고 생각하는 그는 철저한 시스템을 도입하여 학생들이 학습량을 높일 수 있도록 교육한다. 이러한 교육을 힘들어하는 학생들도 있지만, 대다수의 학생들은 잘 적응하고 있고 성적 또한 눈에 띄게 향상되기 때문에 이것은 어느새 강태우어학원만의 특성으로 자리 잡게 되었다고 한다.

  남과 다른 경영을 하기 위해서는 자신만의 특성과 내공이 필요하다. 이것을 바탕으로 남들과는 다른 마케팅을 펼쳐 고객이 원하는 본질적

가치를 만족시켜 주는 것이 다름을 추구하는 마케팅의 목표이다.

고객이 원하는 본질적인 가치를 경쟁사들과는 다른 방법으로, 보다 의미 있고 독특하게 충족시켜주는 것. 이미 남들이 하고 있거나 어느 학원에나 적용시킬 수 있는 전략이 아니라 오로지 나만 할 수 있는 특별한 활동. 이것이 남을 앞서 갈 수 있는 경쟁력의 원천이 되며, 보다 견고한 바탕을 쌓게 할 기반이 되는 것이다.

최근, 학원 사업의 영역은 한치 앞도 예측할 수 없는 치열함이 극에 달해 있다. 입시제도가 계속 바뀌고 새로운 학습방법의 주기도 점점 빨라지고 있다. 또 학생과 학부모들은 늘 새로운 것을 요구하고 있으며, 경쟁 업체들은 빠르게 대형화, 전문화, 기업화가 되어가고 있다.

이러한 환경을 분석하고 목표를 세우고 경쟁 전략을 수립하는 과정이 채 끝나기도 전에, 전쟁을 치러야 할 경쟁 환경은 바뀌고, 새로운 패러다임이 등장해 버린다.

이처럼 불확실하고 불투명한 경영 현장에서 남들보다 앞서기 위해서는 누가 먼저 새로운 트렌드를 찾아내고, 다른 기술과 전략을 도입하느냐가 관건이다. 또 끊임없는 자기 혁신 또한 필수적인 요소가 된다.

강태우 대표는 어떤 잡지에다 이런 글을 기고한 적이 있다.

"고객들은 하루가 멀다 하고 생겨나는 학원들의 홍수 속에서 비슷비슷한 프로그램들로 학원선택 시 혼란스러워한다. 어떤 학원을 선택하는 것이 올바른 것인지 늘 고민한다. 그러므로 내 학원이 다른 학원과 차별화된 특성들을 얼마나 많이 가지고 있느냐가 위기의 시대를 이겨내고 생존할 수 있는 열쇠가 되는 것이다. 대형 학원도 할 수 없는 그 무엇인가의 장점들로 차별화할 때 중소형 학원도 생존할 수 있다고 생각한다. 결국 차별화를 통한 나만이 할 수 있는 경쟁력을 지닌 유일한 학원이 될 때 이 어려운 시기를 이겨내고 앞으로도 성공하는 학원이 될 수 있을 것이다."

이것은 강 대표가 생각하는 경쟁의 맥락을 가장 잘 보여주는 글일 것이다.

목표를 종이 위에 쓰라, 쓰면 이루어진다

2002년, 유에스에이 투데이에서는 사람들이 신년에 세우는 계획에 대해 인터뷰를 했다. 그리고 이때 자신의 계획을 적어 두는 사람과 그저 머릿속으로 생각만 하는 사람을 분류해 둔 다음, 1년 후 과거 응답자들을 찾아가 다시 인터뷰해 보았다고 한다. 그랬더니, 계획을 세워 두고 따로 적어 두지 않은 사람들 가운데서는 단 4%만이 자신이 목적한 바를 이루어냈다. 그러나 반대로 자신이 계획한 내용을 적어 둔 사람은 무려 46% 이상이 자신의 계획을 관철해냈다는 것이다.

이러한 통계를 바탕으로 나온 책이 「종이 위의 기적, 쓰면 이루어진다」라는 책이다. 이 책의 저자이자 라이팅 리소시스(Writing Resources)'의 대표인 '클라우저 박사'는 자신의 열망을 쏟아 부어서 적은 메모 한 장, 글 한 줄은 물론이거니와 무의식중에 적은 단 몇 자의 단어에도 모두 에너지가 담겨 있다고 말한다. 그 에너지가 목표를 끊임없이 끌어당겨서 사람과 세상을 움직이게 된다는 것이다. 그래서 강력한 열망을 담은 메모 하나로 미래를 바꾸고 운명을 바꾼 사람들이 있다는 것이 라이팅 리소시스의 생각이었다.

강 대표 역시 이런 이론에 적극 동의한다. 그는 성공하고 싶고, 부자가 되고 싶다면 지금 당장 목표를 세우고, 그 목표를 종이에 적으라고 말한다. 그리고 당신의 하루 중 일상적으로 다니는 곳곳에 부끄러워 말고 그 목표 글을 붙여 놓고 만천하에 그 뜻을 밝히라고 한다.

"저도 곳곳에 목표를 써 두었던 사람 가운데 하나입니다. 2002년 학원을 다시 시작하며 '대한민국 최고의 영어학원을 만들겠다!'라는 나름의 원대한 목표를 세웠지요. 그리고 목표를 이루기 위해 수치화한 세부적인 작은 목표들을 써 두었습니다. 이를 테면, 원생이 100명 이상인 학원을 만들자! 200명, 300명, 500명, 1,000명, 3,000명, 10,000명……."

시간이 흐르면서 강 대표는 자신이 써 둔 목표들을 서서히 달성했다. 그러면 그는 또 다른 목표를 세우고 도전했다.

강 대표의 책상 위에는 '1, 100, 1000, 1'이라는 숫자가 쓰여 있다. 이것은 연봉 1억인 학원 경영자 100명을 육성하여, 100개의 직영 학원을 만들어 1,000억의 매출을 올리며, 회사 가치가 1조에 달하는 교육 기업을 만들겠다는 뜻이라고 한다.

강 대표는 이것을 크게 써 두고, 매일 들여다보면서 자신을 바로잡는다. 기록은 단순한 글자가 아니라 삶에 관한 메시지를 우리에게 전달하는 도구이다. 우리는 기록을 통해 자신이 진정으로 원하는 것을 알아내야 하고, 자신이 가장 즐거워하는 일을 찾아야 하며, 자신이 두려워하는 원인을 발견하고 극복해 나아가야 한다. 또 기록은 자기 내면의 자신과의 대화이기도 하다.

우리는 늘 우리 자신과 대화하고 우리 자신에게 믿음을 주고 우리 자신을 칭찬하여야 한다. 이런 과정을 통해 에너지를 얻고, 새로운 도약을 꿈꿀 수 있게 되는 것이다.

강 대표는 강하게 주장한다. 성공하는 사람들은 자신의 다이어리에 자신의 꿈과 목표, 하고자 하는 일, 달성의 시점, 구체적 행동, 그리고 두려움까지도 모두 기록한다는 것이다. 그러므로 성공을 꿈꾸는 사람이라면 망설이지 말고 자신의 모든 것을 기록하고, 머릿속으로 그리는 일을 게을리하지 말라고 말이다.

꽃을 가꾸는 마음으로 하는 교직원관리

학원을 운영하는 일은 학원장 한 명의 기량만 가지고는 힘든 것이다. 학원장의 능력이 아무리 뛰어나다 할지라도 그를 뒷받침해주는 조력자가 없으면 성공 가도에 오르기가 힘든 것이 당연한 일이다. 학원의 경우는 사람을 기반으로 하는 서비스 산업이기 때문에 특히 주변에 좋은 사람을 두어야만 일을 순조롭게 진행할 수 있는 법이다.

그래서 강 대표는 사람이 가장 중요한 재산이라고 말한다. 학원을 경영하고 학원을 관리하는 데 있어서 중요한 부분은 인적자원관리라고 생각하는 것이다. 그는 학원의 규모가 커지자, 강사관리에 대한 고민이 깊어졌었다고 한다. 장유유서라는 유교문화가 팽배한 가운데 나이 어린 경영자가 겪어야 하는 어려움도 많았다. 그래서 그는 사람에 대해, 경영에 대해, 리더십에 대해 많은 공부를 시작했다고 한다.

"옛말에 '인사(人事)가 만사'라는 말이 있습니다. 사람을 어떻게 쓰느냐에 따라 모든 일이 달라진다는 뜻이지요. 경영을 할 때는 사명감을 갖고 공동의 목표를 위해 헌신할 수 있는 인재를 찾아야 합니다. 그리고 어떤 일을 맡겼다면 그에 적합한 보상을 해주고, 창의적 가치를 서로 공유할 수 있도록 관리해야 합니다."

언제나 그렇듯이, 학원가에서는 학원을 운영하는 데 필요한 적합한 인재를 찾지 못해 힘겨워하는 목소리를 많이 들을 수 있다. 취업을 하겠다는 사람은 넘쳐나지만 정작 그 조직에 필요한 사람을 찾기는 어려운 것이 학원가의 현실이다. 강태우 대표는 짐 콜린스의 「경영전략」이라는 책에서 말하는 적합한 사람(Right People)이라는 개념을 예로 들면서, 자신이 학원에 적합한 인재를 뽑는

원칙에 대해 이야기했다.

"현대경영의 대가인 GE의 잭 웰치는 '경영자는 한 손에는 물뿌리개를, 다른 한 손에는 비료를 들고 꽃밭에서 꽃을 가꾸는 사람과 같다'고 말했습니다. 경영자의 많은 역할 중 사람관리의 중요성을 강조한 말이 아닐까 생각합니다. 저는 학원에서도 이처럼 인재를 키우고 중용할 수 있는 환경을 마련하는 경영이 반드시 필요하다고 생각합니다. 그래서 저는 강사를 채용할 때 영어라는 국한된 영역에만 능통한 전문가를 채용하지 않습니다. 전공분야만 잘하는 것은 진정한 전문가가 아니라는 말이니까요. 그래서 저는 좋은 성품과 가치관을 갖추고, 토익, 토플, 수능, 회화 등을 가리지 않고 전 영역에 걸쳐 강의할 수 있는 인재를 원하고, 또 그런 인재를 찾으려고 노력합니다."

요즘 어학 교육원에서 원어민 강사를 채용하는 것을 대세로 여기지만, 강 대표는 무조건적으로 원어민을 우대하는 것은 옳지 않다고 생각하고 있다. 때때로 자질과 자격조차 명확히 검증되지 않은 원어민들을 채용해 문제가 발생하는 경우를 보게 된다. 그래서 강태우어학원은 원어민을 우선으로 하지 않고 오로지 실력을 우선으로 하여 강사를 채용하려고 애썼다. 그러다 보니 학원의 강사진들은 저마다 다양한 배경과 출신을 가지게 되었다. 그는 이런 강사들의 프로필을 100% 투명하게 공개하여 학부모나 학생들까지도 스스로 강사를 선택할 수 있게 만들었다. 누구든지 홈페이지나 홍보 자료를 보면 강사진의 경력과 걸어온 행보를 세세하게 알 수 있게 한 것이다.

또한, 강 대표는 강사의 하루 일과를 그저 강의를 하는 데에서 끝나지 않게 만들었다. 그는 강사가 강의한 내용과 진도를 기록하고 점검하게 함은 물론, 결시한 학생에 대해 체크하고, 신규로 등록한 학생에 대한 평가사항들을 매일 기록하여 관리할 수 있도록 했다. 또 학생을 상담할 때 강사가 자신이 담당한 학생들을 직접 대화하도록 했다. 보통은 전문 상담교사를 두어 학생들을 관리하지만, 강 대표는 수업과정을 직접 진행한 강사야말로 학생에게 알맞은 비전을 제시하고, 제대로 된 교육방법을 알려줄 수 있을 것이라고 생각하기 때문에 강사에게 강의, 관리, 상담 등 강사의 기본 업무 충실을 강조한다.

아울러 강사들의 각종 수당이나 포상은 물론, 학생관리를 함에 있어서 생긴 초과 근무 시간에 따른 인센티브까지 세세하게 챙긴다.

"저는 늘 일한 만큼 마음 쓴 만큼 대접받는다고 말합니다. 그러면 강사들은 더욱 의욕을 가지고 학생들을 관리하게 되거든요."

또 특히 인재 육성이야말로 최고의 경쟁력이라고 생각하는 강 대표는, 인재 육성을 위해 다른 학원에서는 찾아보기 힘든 다양한 교육 제도 및 지원을 하고 있다. 또한 강태우어학원은 교직원이 바뀌지 않는 학원으로도 유명하다. 한번 내 식구다 싶으면 끝까지 같이 가려고 노력하는 편이다. 강사가 학원과의 일체감을 갖는 것, 이 역시 학원 발전의 큰 자산임이 분명하다.

위기는 곧 기회다

요즘 경제가 어렵다는 말을 많이 한다. 미국발 금융 위기가 전 세계로 확장되어 우리나라도 경기 침체의 광풍에 함께 휘말리게 되었기 때문이다. 환율과 주가가 널뛰기하듯이 바뀌고, 개인과 기업의 금융 자산이

폭락하면서 제2의 외환 위기설까지 대두될 만큼 경제상황은 악화되었고, 실물 경제는 얼어붙어 버린 상태다. 이런 상황에서 세계의 각 정부들이 위기 탈출을 위한 다각적 대책을 제시하고 있지만, 누구도 그것이 위기를 탈출할 수 있는 방법이 될 것인지 장담하지 못하는 실정이다.

사정이 이렇다 보니 학원가의 경쟁은 더욱 치열해질 수밖에 없다. 게다가 몇 년 전부터 시작된 국내외 투자자들의 교육 시장 진출은 학원가의 지형을 완전히 바꾸어놓은 상태이기도 하다. 밖으로는 정부의 강력한 사교육 대책이 학원가의 숨통을 조여오고, 안으로는 서로 힘을 합친 대형 학원들 때문에 중소형 학원들은 숨통이 막힐 정도로 어려움에 처해 있는 상황이다.

하지만 강 대표는 이런 위기 속에서도 희망의 싹을 찾는다. 위기야 말로 기회가 되리라고 생각하기 때문이다.

강 대표는 2008년 7월, 대기업 자회사로부터 목동의 영어유치원 '메이플베어'를 인수하고, 같은 해 7월에는 특목종합 학원을 오픈했다. 그리고 10월에는 송파직영점, 12월에는 동탄 신도시직영점까지 오픈했다.

또 능률영어사로부터 웨일즈어학원 사업을 인수하고, IBT TOEFL, TEPS 등으로 명성을 날린 링구아어학원도 인수 합병했다. 평소에 진출하고자 했던 학원 사업영역에 과감하게 발을 내딛은 것이다. 그 후 2009년에 들어서자, 강 대표는 보다 적극적인 합병 인수를 통해 프랜차이즈 사업에까지 눈을 돌렸다.

"국외는 물론이고 국내의 투자회사로부터 한 푼도 투자받지 못한 학원이 이런 엄청난 일들을, 이렇게 짧은 시간에 할 생각도 없었고 할 수도 없는 일이었습니다. 그러나 하늘은 스스로 돕는 자들을 돕는다는 속담처럼 기회가 찾아왔고, 저는 진실한 마음으로 그 기회를 잡은 것일 뿐입니다. 그랬더니, 불가능할 것이라 알면서도 시작된 일이 기적처럼 성사되기 시작하더군요."

주변에서 그를 아끼는 많은 사람들이 어려울 때 너무 많이 사업을 확장하는 것이 아니냐며 우려 어린 충고를 하기도 하고, 진심으로 걱정을 해주기도 했다. 경영자로서 강 대표 또한 적지 않은 고민을 했었다고 한다. 하지만 그는 누군가 나를 도와주고 있다는 믿음과 확신을 등에 업고 일을 하고 있다고 한다. 위기는 준비 안 된 자에게는 위기이지만 준비된 자에게는 기회라는 것을 굳게 믿었기에 가능한 일들이었다.

성공 요인 분석 success point 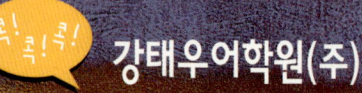강태우어학원(주)

성공 포인트 하나 01

칠전팔기의 오뚝이 전략

홈런왕 베이비 루스는 714번의 홈런을 날렸지만, 1,330번의 스트라이크 아웃을 당했다. 영국의 작가 조엔 롤링은 완성된 원고를 12개 출판사에 출판 의뢰를 해보았지만 모두 거절당했다. 그런데 1년 후에 블룸스베리라는 런던의 한 작은 출판사에서 출간할 수 있었는데 그 책이 바로「해리포터」시리즈였다.

운이 좋게도 한 번에 성공을 거머쥐는 사람도 있겠지만, 대부분의 사람들은 엄청난 인내와 끈기를 갖고 도전하여 성공을 얻어낸다. 결국 성공의 절대적인 비결은 노력인 셈이다. 성공하려면 일곱 번 넘어졌어도 여덟 번째는 일어선다는 용기와 신념을 가져야 한다. 위대한 인물들도 사실 평범하기 짝이 없다. 그들이 보통 사람들과 다른 점이 있다면, 그것은 다만 희망을 포기하지 않고 인내하고, 끈기 있게 목표를 향해 전력질주 했다는 것일 뿐이다.

강태우 대표 역시 칠전팔기의 오뚝이 전략이 성공의 요인이었다. 신용불량자가 되는 위기까지 맛보았지만, 거기서 자신을 포기하지 않고 끝까지 긍정적인 마인드를 갖고 새로 도전하고, 끈기 있게 버텨냈기 때문에 목동 영어유치원 '메이플베어'를 인수하고, 특목종합학원과 송파직영점, 동탄 신도시 직영학원, 강남 대치동에 직영학원 등을 오픈할 수 있었던 것이다. 또 강 대표는 향후 전국에 50여 개의 가맹학원을 지닌 영어 프랜차이즈 본사를 인수할 계획을 갖고 있다고 한다.

강태우어학원의 성장 밑바탕은 끊임없는 투지와 집념이다. 그는 고난과 좌절을 뛰어넘어 인내와 끈기로 분투한다. 끊임없이 열정을 일깨워가며 매순간을 살아가는 그의 모습을 통해, 우리는 진정한 성공의 키워드가 무엇인지 짐작할 수 있다.

성공 포인트 둘 02

차별화 전략

학원 시장은 이미 성숙기에 접어들었다. 이러한 상황에서 새로운 성장을 시도한다는 것은 노력만으로는 불가능한 일이다. 이 시장에서 선점하려면 얼마나 차별화를 시킬 수 있는가에 달려 있다.

이러한 전략을 '차별화 전략'이라고 하는데, 이것은 경쟁 제품과 구별되는 특성을 강조하며 동시에 자기 제품을 포지셔닝하는 전략이다. 즉, 자신만의 유일무이한(Unique) 상품/서비스를 개발하고 그것을 특성화시키는 것.

강태우어학원의 경우 '개인별 맞춤학습'이라는 선진적인 기법을 선보이며 여타 어학원과 차별화를 시도했다.

단계별 수업 19가지 단계로 구성된 초등부는 아직 어린 학생들을 대상으로 하지만 말하기+듣기+독해+영작+문법+토론+어휘 그리고 토익, 토플까지 포함된 전방위 교육 프로그램을 도입하여 타 학원과 차별을 두었다. 그리고 Native Speaker와 함께 하는 영어 회화, 스크린 영어반, 영자 신문 독해 및 토론반 등 특수한 목적을 가진 특별반을 운영한 것도 타 학원과의 경쟁에서 앞설 수 있는 기반이 되어주었다.

중등부는 총 12가지 단계로 구성되어 있다. 이것의 기본골격은 초등부와 같지만, 영어 소설 읽기와 내신관리 프로그램이 추가되어 있기 때문에 더욱 체계적이다. 그리고 영어 원서를 독해하는 수업과 5단계 이상의 학생을 대상으로 하는 영어 발표대회 등은 중등부 교육 프로그램 가운데 백미로 꼽힌다.

학년별로 6단계, 총 18단계로 세분화되어 있는 고등부는 수능 독해와 수능 L/C, 문법+논·구술+영자신문사설+토플·텝스까지 강의하고 있다. 일반 논·구술뿐만 아니라 학년별로 개설된 영어 논·구술반까지 갖춘 강태우어학원에서는 강태우 대표가 직접 가르치는 Final 수능 특강반도 큰 인기를 차지하고 있다고 한다.

그 외에도 민사고 및 국제고 대비반, 민사고 및 Ivy League반, 대학별 국제화 특별 전형 대비반, 외고 및 자율형 고등학교반, 해외 유학 준비반, 국제중 대비반, 청취 집중 완성반 등 특성화된 기관들이 기라성같이 산하에 자리한다.

요즘처럼 불확실한 경영 환경 속에서 남들보다 앞서 나가기 위해서는 끊임없이 자기관리를 통해 남들이 할 수 없는, 자신만이 할 수 있는 방법을 찾아야 한다고 강조한다. 다시 말해, 자기 학원만의 특성화를 만들어야 한다는 것이다.

그런 차원에서 강태우 대표는 차별화, 즉 원장이라면 최고가 되기 위해 노력하는 것은 당연하고, 더 나아가 교육자로서의 경쟁력 있는 유일한 존재가 되기 위해 끊임없이 새로운 교육 프로그램을 개발하고 변화하는 시대의 흐름을 정확히 읽고 앞서 갈 수 있어야 한다고 조언한다.

성공학원들의
core of management

••• 학원 경영 아무나 할 수 있다?

고용구조가 불안정해지면서 창업바람이 회오리바람처럼 일고 있다. 이때 빠지지 않고 꼭 등장하는 부분이 바로 교육 사업쪽이다. 이렇게 교육 사업을 추천하는 사람들의 논리 가운데는 비교적 소액으로 시작할 수 있으며, 경험이 없이도 가능하고, 다른 업종에 비하여 위험부담(Risk)이 작다는 것들이다. 그러나 학원이 정말 그렇게 아무나 할 수 있는 업종일까?

물론, '답은 아무나 할 수 있다'로 얘기하는 것이 정확할 것 같다. 그러나 여기에서 반드시 짚고 넘어가고자 하는 것은 아무나 시작할 수는 있어도 또, 아무나 성공할 수 없는 분야가 바로 학원업, 교육 사업이라는 것을 반드시 알아야만 한다는 사실이다. 한 달에도 몇백 개씩 새로 생기고, 또 몇백 개씩이 문을 닫는 것을 보면, 이렇듯 아무나 시작할 수 있다는 사실을 보여주고 있으며, 동시에 아무나 성공할 수 없는 분야임을 명백히 해주고 있음을 알 수 있는 것이다.

교육 사업도 사업인데, 누구나가 성공하기를 꿈꾸며 창업을 할 것임에 틀림없을 것이다. 그럭저럭 운영돼도 좋다고 생각하는 사람들은 없을 것이란 말이다. 아무나 성공할 수 없는 것이 교육 사업이라면 과연 어떤 사람들이 학원업을 시작했을 때 성공할 수 있을까 성공한 학원 경

성공학원들의 core of management

영자들과의 인터뷰를 진행하면서 질문을 던져 보았다. 물론, 성공한 학원을 운영하고 있는 그들은 어떤 사람들이기에 오늘의 위치에 오르게 되었는가 또한 분석해 볼 필요가 있을 것이다.

첫째, 그들은 가르치는 것을 무척 좋아하는 사람들이었다.

특히, 입시학원이나 아이들을 가르쳐야 하는 학원들의 경우, 하나같이 아이들과 어울리는 것을 즐기는 사람들이었다. 그저 먼발치에서 대강 좋아하거나 즐기는 것이 아니라 구체적으로 아이들과 어울리는 것을 좋아하는 사람이어야만 한다. 하루하루를 그들과 부대끼며 살아야 한다. 과연 나는 그 아이들을 가르치며 그들과 기꺼이 어울릴 수 있는 성격인지 반드시 생각해 보아야만 할 것이다.

둘째, 영어학원이라면 영어를, 수학학원이라면 수학을, 미술학원이라면 미술을, 음악학원이라면 음악을 좋아하며, 관심을 갖고 있는지 생각해 볼 일이다.

물론, 종합적인 보습학원이라면 모든 과목을 좋아할 필요는 없겠으나 그 중의 하나는 기꺼이 좋아하고 관심을 가질 수 있어야 함은 물론이다. '경영자가 굳이 가르칠 필요가 있나? 강사들을 고용하면 될 일이지' 라고 생각하는 사람들이 있다면 반드시 다른 사업을 생각해 보는 것이 좋을 것 같다. 물론, 이렇게 좋아하는 과목이 있다고 해서 반드시 성공하는 것은 아닐 것이다. 그러나 학원 경영자의 가르칠 수 있는 능력은 성공한 학원을 만들기 위한 충분조건은 아닐지라도 필요조건인 것

만은 분명하다고 입을 모으고 있다.

　　셋째, 나는 정말 열정적으로 일주일에 하루 이틀씩은 학원 사무실에서 밤을 샐 준비가 되었나 생각해야만 한다.

　더구나 대부분의 학원이 늦은 밤 시간까지 지속되므로 개인적인 생활은 거의 불가능하다. 대부분의 성공한 학원 경영자들의 생활은 학원 사무실에서 이루어지고 있었다.

　위와 같은 조건들을 대략 정리해 본다면 '교육 사업' 이라는 말을 뜯어서 '교육' 과 '사업' 이라는 말 가운데 '교육' 이라는 부분에 악센트를 찍고, '교육' 이라는 말에 관심을 더 갖는 사람들이어야 한다는 것이다. 사업적인 감각을 무시해도 좋다는 말은 아니다. 사실, 성공한 학원을 일궈낸 대부분의 경영자들은 아주 철저한 비즈니스 감각을 보여주고 있다. 그러나 교육 사업의 특성상 바로 사업적인 감각이라는 것은 교육에 대한 충분한 열정을 통해서 표현되어야 함을 아는 것이 중요하다는 얘기일 것이다.

　고객, 즉, 학부형들은 '비즈니스 감각이 철철 넘치는 학원보다는 그저 잘 가르칠 것 같은 학원에 아이들을 맡긴다' 라는 사실을 아는 진짜 사업 감각이 필요한 분야가 바로 교육 사업이다.

칭찬은 고래만 춤추게 하지 않는다

서 화 정 부원장

'도파민'이라는 물질은 우리 몸 안에 조용히 퍼지며 짜릿한 감정을 선사한다. 만약 업무를 수행할 때 도파민이 적절히 분비된다면, 업무 효율은 배가 될 것이며 수행자의 능력은 더욱 큰 기량을 발휘할 것이다. 그렇다면 도파민이 적절히 분비될 수 있는 업무 환경을 만들기 위해서는 어떻게 해야 할까? 그것은 비생산적인 '채찍질' 대신 진심 어린 '칭찬과 인정'을 주어야만 가능하다. 그리고 시간과 노력을 투자해 무언가를 성취했을 때 그에 대한 '적절한 보상'을 해주어야만 업무를 수행할 때 도파민이 나오게 된다.

토스잉글리시는 문법이나 단어 암기, 문장 암기를 하지 않아도 자연스럽게 영어를 습득할 수 있도록 하는 학습 프로그램을 개발, 주니어를 대상으로 모국어처럼 자연스럽게 영어를 습득할 수 있도록 하게 한다. 또한 토스잉글리시는 자체적으로 개발한 영어학습법과 세계특허를 보유한 TOSS DVD 어학 학습기, 언어 연구소에서 엄선한 다양하고 풍부한 교육 콘텐츠를 바탕으로 아이들이 영어를 모국어처럼 자연스럽게 활용할 수 있도록 교육하고 있다.

참된 영어교육으로 글로벌 리더를 양성하는 토스잉글리시는 2009년 1월 거제, 천안북부 캠퍼스를 개원, 총 133개의 캠퍼스로 확대, 성장 중이다.

토스잉글리시

치열한 경쟁 속에서도 늘 고객에게 새로운 가치를 전달하며 시장을 선도하는 기업들이 있다. 시장을 선도하는 기업은 다른 기업들이 갖지 못한 차별화된 경쟁력을 가지고 있기 마련이다. 이러한 경쟁력은 다른 기업과 차별되는 독특한 기업 문화를 기반으로 한다. 또 시장을 선도하는 기업들은 문제에 봉착하면 그에 대한 접근방식이 일반 기업과는 다른 편이 많다. 대체로 그들은 일반적인 상식이나 과거의 경험에 의해 당연시되는 관행들을 타파하고, 새로운 시각에서 바라보려고 한다. 또 이러한 기업들은 일반적으로 '미래에 대한 비전'과 '할 수 있다는 신념'을 가장 중요한 가치로 여긴다. 이들 기업이 보여주는 강한 자신감은 새로운 사업이 난관에 부딪혀도 당황하거나 주춤거리지 않고 의연하게 대처하는 원동력이다.

이것은 학원 사업의 분야에서도 예외가 아니다. 토스잉글리시는 기존 영어교육의 방식을 타파하고, 독특한 시각으로 새로운 교육방법을 구상하여 학생과 학부모들의 니즈를 창출해낸 학원이다.

토스웨이(Toss Way)를 만나다

서화정 부원장은 미국에서 교육학을 공부하고 현지의 초등학교에서 영어과목을 가르치다가 귀국한 인재이다. 그녀는 미국에서 익힌 교수법을 한국의 아이들에게 가르치고 싶다는 열망으로 새로운 일을 찾고 있었다. 그러던 차에 2005년 10월, 토스잉글리시를 만나게 되었다고 한다.

토스잉글리시의 프로그램을 소개받은 서화정 부원장은 문법 위주의 교육방법이 아니라, 언어 사용 능력에 중점을 둔 교육방법, 체계적인 교육 콘텐츠를 접하고 매우 만족했다.

"처음 접했을 때 '바로 이것이다!' 라는 생각이 들었습니다. 그래서 곧바로 TOSS의 제1호 프랜차이즈 교수 부장으로 일하게 됐지요."

서 부원장은 토스잉글리시(이하 토스)에서 추구하는 교수법과 교육내용에 대해 강한 확신을 갖고 있었다. 특히, 제2언어로서 영어를 습득해야 하는 한국 실정에서, 토스보다 좋은 교육 대안은 없다고 생각했다고 한다.

"영어도 자전거 타기나 수영을 배우듯 자연스럽게 스스로 습득할 수

있게 해야 합니다. 자전거 타기나 수영 동작이 체화되고 나면 오랫동안 그 동작을 하지 않아도 다시 시작했을 때 몸이 저절로 반응을 하지요. 영어도 마찬가지예요. 머리보다 혀가 먼저 말을 하는 상태가 돼야 하는 것이죠."

　토스잉글리시는 「영어공부 절대로 하지마라」의 저자 정찬용 박사의 교수법을 근간으로 설립된 영어학원이다. 그래서 영어는 공부가 아니라 훈련이고 습관이라는 것을 강조하여 가르친다. 또 무엇보다도 듣기로부터 출발해 자연스럽게 습득해가는 영어공부 방법을 강조한다. 그리고 흉내 내기(mimicking)나 역할극(role play), 큰소리로 말하기(speaking outloud)와 같은 수업방법을 사용해 오감으로 언어를 체화하고 습득해 나가도록 하며, 자체 개발된 DVD Player와 책, 영화를 활용해 수준 높은 수업을 진행한다.

　토스에서는 절대 처음부터 문법적 설명을 하거나 강제적으로 단어를 외우게 하지 않는다. 그리고 학생들의 학습동기 유발을 위해 칭찬과 격려를 주로 사용하는데, 칭찬을 들은 아이들은 자기 자신에 대해 자긍심을 가지고, 조금씩 영어에 대해 자신감을 갖게 되기 때문이다. 일종의 보상효과(Award Effect)인 셈이다.

　토스에서 추구하는 교육방법들은 기존의 영어교육 방법을 새로운 시각에서 다시 살펴보고, 다양하게 분석하여 만든 것이다.

　"고객이 원하는 가치를 창출하기 위해서는 남들이 모두 당연하게 여기는 것을 새로운 시각으로 들여다볼 줄 알아야 합니다. 하지만 토스잉글리시가 실제 현장에서는 저항이 많았어요. 아이들이 학원에 가서 놀고만 오는 것이 아닌가 하며 의아해하는 학부모들도 많았고, 몇 달을 다녔어도 단어나 문장을 외우지 못한다고 답답해하는 사람들도 많았거든요. 학년이 올라가면 당장 시험성적과 같은 구체적인 결과를 요구하는 경우도 많지요. 그래서 아이들은 토스에서 즐겁게 배우고 있음에도 불구하고, 학교성적을 위해 학부모가 선택한 다른 학원으로 옮기는 경우도 왕왕 발생했어요. 현장에서 만난 어머니들의 한결같은 요구는 '아이들이 문법을 제대로 알고, 기본적인 단어와 숙어를 외울 수 있게 지도해야 하지 않겠느냐?' 라는 것이었습니다."

토스의 방식으로 영어를 시작한 아이들 가운데는 불과 2, 3년 만에 영어동화책을 술술 읽고, 원어민과 막힘없이 대화를 나누는 경우가 많다.

기존의 방식으로 살펴보자면, 가장 영어를 잘한다고 할 수 있는 일류대 학생들의 영어실력과 비교해 보았을 때 토스의 방식으로 교육한 학생들이 얼마나 훌륭한 영어실력을 갖추게 되는지에 관해 강조해도, 이미 딱딱하게 굳어진 학부모들의 영어학습에 관한 인식은 쉽게 변하지 않았다고 한다.

"아이가 즐거워하고, 영어를 자연스럽게 받아들이는데 학부모들이 왜 이런 의심을 하는 것일까? 하고 문제점을 찾아보았습니다. 그런데 뜻밖에도 그건 주변 사람들의 말이나 생각 때문이었어요. '모국어처럼 자연스럽게 배운다고? 그걸 어떻게 믿어. 문법 배우고, 단어 외워야 중학교, 고등학교에서 실력을 발휘하지' 라는 식으로 토스의 교육방식에 의문을 제시하는 사람들 때문에 의심을 쌓게 된 학부모들은 다시 기존의 학습법으로 돌아가곤 했던 거예요."

하지만 그녀의 토스웨이(Toss Way)에 관한 확신은 흔들리지 않았다. 그런 말을 전하는 사람들이 영어를 잘하거나 영어교육 전문가도 아니기 때문이었다. 그런 잡설에 질 수는 없다고 생각했던 것이다.

서 부원장은 3년 3개월이 소요되는 전체 과정을 습득한 아이가 어떻게 변화하는지, 그 결과를 가지고 학부모들을 설득시키는 수밖에 없다고 생각했다. 그러나 그 긴 기간을 끈기 있게 기다려주지 못하고 조바심을 내는 학부모들이 너무도 많았던 상황이었다. 급기야 서 부원장은 극단적인 해결방법으로 수업장면을 일일이 비디오로 찍어 학부모들에게 보여주었다. 그리고 수많은 간담회와 설명회로 설득해 나갔다.

그러자 학부모들의 반응은 서서히 달라지기 시작했다고 한다. 고객의 니즈를 파악하되 토스가 제공할 수 있는 서비스의 가치를 설득하고 그것으로 고객의 니즈를 채워줄 수 있다는 점을 이해시키고 고객의 마음을 움직여 구매를 결정하도록 유도했더니, 절대 자신할 수 없었던 시장에서 결실을 맺게 된 것이었다.

많은 학원들이 고객을 잘 이해하고 고객이 원하는 니즈를 제대로 파악하기 위해 고객 만족도 조사, 심층면담 그룹 조사 등에 자원과 시간을 투자하고 있다. 좀 더 고객 지향적인 학원의 경우 경영진부터 일반 직원까지 모두가 고객과 직접 접촉하여 다양한 목소리를 경청하는 데 많은 시간과 노력을 쏟기도 한다.

하지만 고객의 의견을 충분히 수렴하는 것만이 고객을 이해하기 위한 유일한 방법으로 오해해서는 안 된다. 오히려 고객의 생각을 리드할 수 있는 아이디어가 더욱 중요하다. 고객들은 스스로도 자신들의 본질적인 욕구를 잘 모르는 경우가 많다. 설령 잘 알고 있다 하더라도 분명하게 표현하지 않는 경우가 대부분이다. 따라서 일반적인 고객 의견 수렴이나 시장 조사만으로는 고객이 진정으로 무엇을 원하는지 파악하기가 매우 어렵다. 자동차의 대중화 시대를 개척한 헨리 포드는 "내가 고객의 말에 귀 기울였다면 그들에게 아마 더 빠른 말을 주었을 것이다"라는 말을 했다. 즉, 그의 사업 성공이 반드시 고객의 생각을 좇아서 이루어진 것은 아니라는 뜻이다.

마찬가지로 토스잉글리시의 성공 역시 고객의 생각을 막연히 좇아간 것이 아니다. 토스잉글리시는 고객의 니즈에 관해 보다 적극적으로 반응하고, 니즈를 먼저 창출해냈기 때문에 성공의 결실을 맺을 수 있었던 것이다.

토스잉글리시에서는 '성적표'가 아니라 '성장표'를 만든다. 아이의 성장을 보고하고 상담의 기초로 삼는 것이 성적표가 아니라, 아이가 영어를 습득하고 체화시켜 나가는 성장표를 보여주기 위해서다.

"일전에 외국 유학파 선생님 세 분을 모신 적이 있었어요. 세 분 모두 아이들을 가르치는 스킬(기술)이 매우 뛰어나신 분들이었습니다. 하지만 얼마 되지 않아 세 분이 한꺼번에 다른 학원으로 옮겨가시게 되었어요. 이유야 보다 높은 급여 때문이었던 것도 있었겠지만 한편으로는 아이들이나 학부모들과의 상담 업무가 과도했었다고 해요. 저로서는 영어실력이 뛰어난 선생님 세 분을 잃었다는 상실감도 있었지만 그럼에도 학생들과 학부모와의 상담을 줄이거나 할 수는 없었습니다. 모국어 체화방식으로 영어수업을 진행하다 보니 영어실력의 향상 정도를 계량화해서 보여줄 수 없으니 상담과 설명을 통해 학생과 학부모를 지도해야 할 필요성이 많았기 때문입니다."

성장할 수 있는 사람과 함께 하다

서 부원장은 그 후에 가르치는 능력이 아무리 뛰어나도 교육자로서의 자세가 갖추어진 강사를 더욱 선호하게 되었다고 한다. 또 강사를 선발할 때는 말을 하는 태도를 매우 중요하게 보고, 말투라든지 말을 할 때 행동 등을 신중히 살펴본다. 다른 사람과의 대화에서 보이는 모습은 곧 그 사람의 일면을 보여주는 것이라 생각했기 때문이다. 이런 부분들이 만족스러운 강사라면, 다소 실력 면에서 부족함이 있을지라도 과감히 채용한다. 강사의 현재를 보는 것이 아니라 미래의 성장 가능성을 보기 때문에 가능한 선택이다.

그리고 무엇보다도 강사를 채용할 때는 그 사람의 열정을 보려고 애쓴다. 기본 태도를 갖추지 못한 사람은 아무리 기다려도 달라지지 않는다는 점을 경험으로 터득했기 때문이다.

"특히, 영어를 아무리 잘하고 교재 분석을 잘하는 사람이라 하더라도 수업시간에 아이들과의 소통을 이뤄내지 못하는 분은 같이 하기 어렵다고 생각하고 채용하지 않습니다. 하지만 영어실력이 조금 떨어지더라도 토스의 방식에 대한 확신을 갖고 스스로 노력하면서 열정을 갖고 임하는 강사를 찾는 편입니다. 스스로의 실력을 향상시키기 위해 노력하고, 항상 아이들을 열정적으로 대할 자세를 갖춘 강사, 즉, 교육에의 열정과 아이들에 대한 사랑을 마음에 품고 영어학습의 기본 메커니즘을 이해하려고 애쓰는 강사야말로 우리가 찾는 인재이지요."

칭찬은 교사도 춤추게 한다

하지만 그렇게 선발과정에서 신경을 썼음에도 불구하고 현장에서는 각종 문제들이 발생하곤 한다. 토스에서 가르치는 영어방식은 특별하다. 토스는 영어를 공부하여 습득하는 것이 아니라, 연습과 훈련을 통해 발달시키는 것이라고 생각하고, 현장에서 이러한 생각을 교육으로 실천할 수 있는 강사를 선발하고자 애쓴다. 하지만 그 강사가 토스의

교육방식을 체화하는 데는 시간이 소요되는 편이다. 기존의 영어 교수법과 관련한 고정관념이 뿌리 깊이 박혀 있기 때문이다. 그래서 토스에서는 학생뿐만 아니라 강사에게도 필수적으로 교육을 시행한다.

수업내용을 동영상으로 만들어서 시청한 다음, 강사들이 다 같이 모여 토론하는 시간을 갖기도 하고, 서 부원장이 불시에 수업을 참관하고 수업의 질에 대해 평가하는 경우도 있다.

"이런 식으로 강사들을 교육시킬 때 항상 주의해야 할 점이 있습니다. 바로 '비난' 보다는 '칭찬'을 더 많이 해야 한다는 겁니다. 정곡을 찌르는 비판이나 비난보다는 칭찬이 강사들에게 바람직한 행동을 하게 하고, 토스의 정신을 보다 알차게 교육할 수 있게 만들어줍니다. 그러면 강사들은 자연스럽게 더 노력하게 되지요. 실망스러운 실적 때문에 자신감이 저하되어 있는 강사라면 자신감을 회복하고, 업무 능률을 올릴 수도 있을 것입니다. 칭찬에는 그런 힘이 있거든요."

하지만 일반적으로 경영자의 입장에서는 항상 아랫사람들의 잘못된 부분이 먼저 보이게 마련이다. 그래서 자연스럽게 채찍질을 하게 되고, 잘못된 부분을 지적하기 십상이다. 채찍질과 질책을 통해 잘못이 시정되었을 때 더 큰 발전을 하게 된다고 믿는 사람들도 있을 것이다. 혹자는 칭찬을 해주고 싶어도, 다른 잘못들이 뻔히 보여서 차마 칭찬을 할 수 없다고도 한다. 하지만 서 부원장의 생각은 다르다.

「칭찬은 고래도 춤추게 한다」라는 베스트셀러도 있지 않은가? 칭찬은 그만큼 중요한 것이다. 서 부원장은 아무리 강조해도 지나치지 않는 칭찬의 중요성을 평소 행동으로 실천해 보인다고 한다.

"그리 어려울 것도 없는 일이 칭찬입니다. 진심에서 우러나오는 칭찬의 말을 하기 시작하면 저도 기분이 좋아져서 하루 종일도 교사들을 칭찬할 수 있을 정도니까요."

그렇다면 서 부장이 체험한 '칭찬의 힘'은 어느 정도일까? 이는 플라시보 효과와 비슷하다고 한다. 플라시보 효과란, 독은 아니지만 약도 아닌 증류수나 생리식염수 등을 약으로 속여 환자에게 투여하면 실제로 약을 투여한 것과 같거나 혹은 그 이상의 효과를 나타내는 것을 뜻한다. 사람에게는 직관적, 감정적으로 믿으면 그 기대대로 변하게 만드는 능력이 있다는 것을 증명해주는 셈이다.

또 다른 측면에서 칭찬을 계속하면 '피그말리온 효과'도 볼 수 있다. 피그말리온은 신화에 나오는 젊은 조각가이다. 그는 외모에 콤플렉스를 갖고 있어서 누구에게도 사랑받지 못할 거라고 생각해서 오로지 조각 작품을 만드는 데만 열중했다. 아름다운 여인의 모습을 조각한 피그말리온은 그 여인을 마치 살아 있는 사람처럼 사랑한다. 피그말리온은 신에게 그 여인과의 사랑을 이룰 수 있게 해달라고 간절하게 빌었다. 그러자 그 사랑에 감동한 신이 조각상을 사람으로 변하게 해주었다. 간절한 마음 하나가 한낱 돌덩이에 지나지 않았던 여인을 실제 사람으로 만드는 기적을 이루어냈다는 신화이다. 이 신화처럼 절대 불가능한 일이라 할지라도 마음으로 간절히 바라고, 믿는다면 그것이 현실로 이뤄질 수 있다는 것을 '피그말리온 효과' 라고 부른다.

 이 피그말리온의 기도를 이루어준 신처럼, 사람들이 품은 불가능한 기대를 이루게 해주는 것이 바로 칭찬이다.

 미국의 교육학자인 젠탈과 제이콥슨은 초등학교 학생들을 대상으로 피그말리온 효과에 관한 실험을 했다. 학자들은 초등학교 학생들을 대상으로 지능검사를 실시한 후, 무작위로 몇 명을 고른 다음, 이 학생들이 매우 지적 능력이 뛰어나다며 거짓 정보를 흘렸다.

그리고 얼마 후 다시 지능검사를 실시하자, 자신들이 무작위로 뽑았던 학생들의 지능이 실제로 높아져 있었다고 한다. 주변 사람들의 기대와 관심, 칭찬이 학

생들에게 자신감을 갖게 했고, 덕분에 학업 능력이 향상된 것이었다.

서 부원장은 직원이 한 일 가운데 칭찬하고, 인정할 만한 일이 발생하면 그 자리에서 곧장 칭찬을 한다. 시기를 놓치지 않고 긍정적인 피드백을 해주면 그것에 힘을 얻은 직원은 더욱 바람직한 행동을 하게 되고, 업무의 질이 향상되며, 사기가 충만해진다.

서 부원장이 칭찬을 할 때는 항상 구체적이고 명확한 표현으로 칭찬하려고 애쓴다. 모호하고 막연한 칭찬은 그저 스치는 말로 끝나지만, 정확한 표현으로 칭찬을 받으면 직원들은 자신의 어떤 행동이 칭찬받을 만한 것인지에 대해 인식하게 되고, 앞으로도 더욱 바람직한 행동을 하려면 어떻게 해야 하는지 생각하게 되기 때문이다.

칭찬을 할 때 유의해야 할 것은 진심에서 우러나와야 하는 것이다. 몸짓, 짧은 눈빛, 말투, 그리고 목소리의 톤에서 모두 진심이 묻어 나와야 한다. 말로는 칭찬을 하고 있지만 눈빛이나 몸짓이 전혀 다른 말을 전하는 건성으로 하는 칭찬은 아무짝에도 쓸모가 없다.

이렇게 직원들의 능력을 인정하고 칭찬해주고 나서는 기다려야 한다. 칭찬의 효과가 바로 나타나는 경우도 있지만, 대부분은 서서히 사람의 행동을 변화시키게 만든다. 그러므로 단기간에 효과가 나타나지 않는다고 해서 실망하고 다그칠 것이 아니라 믿음을 갖고 지속적으로 기대감을 유지하는 것이 중요하다. 그리고 부족한 부분을 보이는 사람들은 다른 우수 사례를 시범으로 보여준다거나, 간접적으로 문제점을 지적하려고 한다.

"그밖에 특별한 운영방법으로는 수업장면을 모두 공개한다는 것을 꼽을 수 있습니다. 토스잉글리시는 특성상 단기간에 수치화된 성과를 제시하기 어렵기에 그러므로 모든 수업장면 하나하나가 교사 평가의 자료가 되고 학생의 성적표가 됩니다."

그녀는 매 코스를 마칠 때마다 동영상을 만들어 학부모에게 전달하고, 코스 시작 때 동영상과 비교할 수 있도록 함으로써 아이들의 나날이 발전해가는 모습을 알 수 있게 했다. 강사를 평가할 때도 노고와 정성이 담긴 수업장면을 통해 자질과 가능성을 판단하려고 애썼다. 그러자 단기간의 성장을 수치로 보여주지 않았음에도 불구하고 조금씩 변화가 생겼다.

"이러한 변화를 이끄는 것은 강사의 힘입니다. 토스잉글리시는 본사 차원에서 강사관리를 위한 프로그램을 철저히 운영하고 있어요. 각 지사의 교수 부장과 원장단 회의가 매달 1회씩 열리고, 신규 채용 교사의 경우 1주일간 본사에서 교육받는 것을 의무화하고 있습니다. 또 지역별 강사관리를 꾸준히 시행하여 토스잉글리시를 가르칠 수 있는 역량을 갖추도록 만들고 있지요."

토스잉글리시는 원어민강사를 채용하지 않는다. 원어민강사가 발음 이외의 영역에서는 특별히 더 우월하지 않다는 판단 때문이다. 문제의 '발음'이라는 영역은 다양한 동영상 교재를 활용하면 얼마든지 커버될 수 있다는 것이 토스잉글리시의 지론이다.

그래서 가급적 외국에서 생활한 경험이 있는 한국인을 강사로 뽑아 자기 계발을 할 수 있도록 유도하며, 주기적으로 교재와 부교재를 바꾸어 매너리즘에 빠지기 쉬운 교수방법에 대하여 고민하고, 각성하도록 만들고 있다. 또 매월 강사 회의와 워크숍을 개최하여 강사가 수업 능력을 향상시킬 수 있는 바탕 환경을 만들어주고, 끊임없는 면담으로 강사의 자질을 북돋아 준다.

그밖에 재수강률을 평가해 인센티브를 주는 제도 또한 토스잉글리시만의 특별한 혜택이다.

솔선수범 경영

리더의 의무 중에는 '솔선수범'도 중요하다고 생각된다. 리더가 가장 먼저 솔선수범의 모범적인 행동을 보이면 직원들의 태도 또한, 자연히 바로 잡히게 되어 있다. 서 부원장 역시 솔선수범을 아주 중요한 경영 원칙으로 생각하고, 몸소 실천하고 있다.

"21세기에도 변하지 않을 최고경영자의 조건은 솔선수범입니다. 요즘

임직원들은 사장이 한 순간이라도 일 안 하고 놀면 즉각 알 정도로 매우 똑똑하고 영악합니다. 회사에서 가장 월급을 많이 받는 제가 먼저 솔선수범하고 일을 가장 많이 하면서, 직원들의 잘못에 대해 지적하기 때문에 직원들이 따라오고 있다고 생각합니다."

그녀는 원장실에 있기보다는 주로 교무실에서 시간을 많이 보내는 편이다. 강사들과 자연스럽게 접촉하고, 학원 전체의 운영상황이라든지 문제점을 한눈에 파악할 수 있기 때문이다.

강사 선발 시에 높은 선발 기준을 두다 보니 토스잉글리시에 채용된 강사들은 대부분 개성적이고, 자기주장이 뚜렷하며, 지적인 자존심이 높은 편이라고 한다. 이런 군단을 원만하게 이끌며 공존하려면 절대적인 공감과 신뢰가 필요하다. 그래서 서 부원장은 강사들에게 자신의 어려움을 상담하는 척하며 수업방법에 대한 토론을 시작하곤 한다. 그러면 자연스럽게 상대 강사가 가진 생각을 들을 수 있을 뿐만 아니라, 그녀의 생각도 전달할 수 있게 된다고 한다. 그리고 서 부원장은 6개월 정도의 간격을 두고 주기적으로 강사진을 칭찬하고 격려하는데, 이것은 6개월 정도가 지나면 강사들이 매너리즘에 빠지는 모습들이 눈에 띄기 시작하기 때문이라고 한다.

"학원사업이 비록 사교육의 영역에 있지만 교육이라는 활동 즉, 인간의 행동을 변화시키는 활동이 일어나는 장소라는 점에서는 공교육과 차이가 없다고 생각합니다. 그래서 언제나 학생들에 대해 많은 관심을 가지려고 노력하지요. 또 학부모와의 상담 역시 게을리해서는 안 되고요. 학생, 학부모, 교사의 삼위일체만이 성공적인 교육활동을 가능하게 하는 요소이니까요."

이런 교육 철학을 본보기로 보여주기 위해서 서부원장은 늘 스스로 솔선수범하는 모습을 보이려고 애쓴다.

그녀는 항상 강사들보다 먼저 출근하고 가장 늦게 퇴근한다. 거기에다 자신이 관리하는 모든 클래스의 원생 이름을 외우는 것은 기본이고 학부모들까지 파악하고 있다. 그리고 각 반의 수업 진도표도 기본으로 매일 체크한다. 학생이나 강사들에게 관심을 기울이는 일에도 소홀하지 않는다.

"학원은 별도의 돈을 지불하고 서비스를 제공받고자 하는 고객을 상대하는 서비스 산업이잖아요. 그러니까 학부모가 내는 돈이 아깝지 않다는 생각이 들만큼, 어떤 부분에서든 최고의 서비를 제공해야 한다는 게 제 생각입니다."

입소문만한 마케팅은 없다

학원 사업의 성공 여부는 궁극적으로 학생과 학부모의 입소문에 달려 있다. 영향력 있는 학부모의 자녀, 상위권 성적을 가진 학생 등을 학원으로 유치하는 일은 수만 장의 전단지를 뿌리는 광고 효과와 맞먹는다. 토스잉글리시는 이러한 입소문의 위력을 실제로 보여준 케이스다.

"서울의 북분당, 용인의 수지, 중계동, 순천 연향동에 처음으로 토스잉글리시 문을 열었을 때만 해도 모험이나 다름없었습니다. 개원할 당시만 해도 학생 수가 고작 38명밖에 되지 않고, 선생님도 한국인 5명뿐이었지요. 점차 학생 수가 증가할 수 있었던 건 학생이 학생을, 학부모가 학부모를 소개해서 데리고 오는 경우가 많았기 때문이었어요. 이게 다 학부모들이 새로운 영어교육에 관심을 기울인 덕이라고 할 수 있죠. 하지만 처음부터 마찰이 없었던 건 아니었습니다. 단적인 예로, 심화과정까지 공부를 꾸준히 해서 좋은 성과를 올리던 학생이 있었는데, 부모님께서 고학년이 되자 학원을 옮겨야겠다고 말하는 거예요. 성적과 직결되는 공부가 더 중요하다고 생각했던 거지요. 학생은 계속 토스잉글리시에서 공부하고 싶어 했지만, 결국 어머니 의견을 따르게 되었어요. 그런데 한두 달이 지난 뒤 아이가 다시 학원으로 돌아왔습니다. 도저히 암기식 수업방식에 적응할 수가 없었다는 거예요. 그래서 어머니와 결사 항쟁을 치루고 돌아온 것이라고 해요. 지금은 토스의 모든 과정을 마치고 영어로도 의사소통이 가능한 영어 인재가 되어 있어요. 지금은 그 어머니께서 가끔 학원에 들르셔서 안부도 전해주시고 다른 학부모들에게 토스를 소개해주시기도 하죠."

 토스잉글리시가 자리를 잡자, 토스에 자녀를 보냈던 학부모가 직접 지사를 차리고 싶다며 나선 경우도 있을 정도였다. 이러한 신뢰감을 바탕으로, 토스잉글리시는 나날이 번창해갔다. 우수한 교육방식이 거둔 결실이 그대로 입소문 마케팅이 된 것이었다.

 버즈에이전트의 '데이브 볼터'는 입소문을 이렇게 정의한다.

 "입소문(word of mouth)은 지구상에서 가장 강력한 미디어이다. 입소문이란 둘 이상의 소비자들이 어떤 제품이나 서비스에 관해 실제로 의견을 주고받는 것을 가리킨다. 입소문은 사람들이 자연스럽게 브랜드 전도사(brand advocates)가 될 때 비로소 발생한다. 입소문은 제품을 살릴 수도 죽일 수도 있기 때문에 마케터, CEO, 창업가들이 꿈꾸는 성배(聖杯, holy grail)와 같은 것이다. 입소문이 성공적으로 퍼지기 위해서는 무엇보다도 정직하고 자연스러워야 한다."

 이상의 정의에서 가장 중요한 부분은 '입소문은 사람들이 자연스럽게 브랜드 전도사(brand advocates)가 될 때 비로소 발생한다'는 것이다. 어떤 제품이나 서비스에 대해 의견을 주고받는 일은 소비자들 사이에 언제나 일어나지만, 기업들이 기대하는 '긍정적인' 입소문은 직접 또는 간접경험을 가진 소비자가 자발적으로 나서서 그 제품이나 서비스에 대해 자신의 경험, 의견, 열정을 나눌 때 비로소 널리 퍼진다.

결국, 토스잉글리시의 마케팅은 우직한 황소고집으로 우수한 교육 서비스를 꾸준히 제공하는 것이 전부였다고 해도 과언이 아니다. 그 외에는 양질의 서비스에 감동한 고객들의 입소문이었다.

하지만 이 입소문 마케팅도 어느 정도의 전략이 필요하다. 서화정 부원장 역시 입소문 마케팅을 의식하고 준비한 전략전술들이 있었다.

먼저, 매월 개최되는 생일 파티에 학원에 다니지 않는 친한 친구들을 모두 초청해서 파티를 열어주었다. 다른 아이들이 토스잉글리시를 손쉽게 체험할 수 있는 기회로 활용한 것이었다. 잠재 원생들을 자연스럽게 학원으로 초대함으로써, 자신들의 뛰어난 시설과 교육 환경을 아이들에게 직접 느낄 수 있게 해주었던 것이다.

그리고 가장 가까운 곳에서 입소문을 전파해줄 수 있는 자원을 확보한다. 이 자원은 정기적으로 학부모들에게 아이의 학업 성과와 행동발

달 상황에 대해 알려주는 피드백 기회를 활용하는 것이다. 이를 단순히 출석 상황을 점검하거나 시험점수를 알려주는 수단으로만 활용한다면 입소문이 전파될 수 있는 중요한 축을 놓치는 셈이다.

토스잉글리시는 개원 초기부터 이 점을 인지하고 매월 발생하는 학부모 피드백 기회를 가장 강력한 입소문 채널로 활용했다. 즉, 원장이 직접 학부모에게 전화를 걸어 아이의 교육과 성장에 대해 진실 된 대화를 나누면서, 학원에서 그 달에 발생한 일 가운데 입소문이 날 만한 '스토리'를 준비해 놓았다가 학부모들에게 직접 들려준다. 이렇게 원장에서 학부모로 전달된, 입소문을 낼 목적으로 의도적으로 주입된 (그렇지만 진실에 바탕을 둔) 스토리는 지역 엄마들 사이에 자연스럽게 퍼졌고, 이 이야기를 듣고 많은 엄마들이 토스잉글리시의 문을 두드리는 성과를 낳았다고 한다.

결국 토스잉글리시의 성공적 시장 진입은, 입소문 마케팅의 기본 원칙인 손쉬운 체험 기회의 제공, 영향력 있는 고객의 확보, 스토리 형태의 입소문 메시지 발굴, 효율적인 입소문 전파 경로의 활용이라는 측면에서 학원 경영자뿐만 아니라 다른 사업에 종사하는 사람들도 본받을 만한 아주 좋은 사례이다.

그러나 이러한 모든 노력도 토스잉글리시가 리마커블(Remarkable)한 교육 서비스를 제공하지 않았다면 아무런 효과를 발휘할 수 없었을 것이다. 아무리 소문을 듣고 관심을 가져 학원을 찾아왔다 하더라도, 실제 교육 서비스가 기대에 미치지 못한다면 학부모는 변심하게 될 것이다. 이때 돌아선 학부모의 마음을 돌이키는 것은 절대 불가능한 일이다. 토스잉글리시에서는 입소문이 날 만한 확실한 이유와 근거가 있었기 때문에 마케팅이 효력을 발휘한 것이다. 절대 그저 허튼 입소문이 불러온 요행이 아니라는 점을 기억해야 한다.

교육 콘텐츠의 내실화에 최선을 다하다

학원의 실질적인 승부수는 우수한 교육 콘텐츠에 있다. 그래서 서 부원장은 강사들이 사용하는 교육 콘텐츠에 신경을 각별히 쓰고 있다. 토스잉글리시 프로그램은 지속적이고 반복적인 노출을 통한 '체화(Acquisition)'가 기반이 되도록 훈련하면서 영어를 마치 모국어처럼 습득하게 하는 프로그램이다.

이 프로그램으로 교육을 받기 시작해 2년 정도가 되면 제2외국어로서의 기반이 확립되고, 이를 바탕으로 꾸준한 커뮤니케이션 연습과정을 거치고 나면 영어는 원어민과 자연스럽게 의사소통을 할 수 있는 수준으로 발전

하게 된다.

이는 새 정부의 영어정책의 방향에 부응하는 Immersion 프로그램으로서, 토스를 통해 영어를 '체화'한 학생들은 앞으로 바뀔 영어교육 과정에서 두각을 드러낼 수 있는 학생으로 성장할 것이다.

토스잉글리시 교육법은 각 원칙에 입각하여 학년별 수준에 맞는 인지능력을 배양하고, 다양하고 충만한 콘텐츠에 충분히 노출될 수 있도록 하는 것이다. 이를 위해 토스잉글리시에서는 최신영화와 애니메이션, 각종 교육용 다큐멘터리, 소설, 사회, 과학에 관한 책 등을 엄선하여 활용한다. 그리고 최신 교육 장비를 활용하여 DVD 미디어를 적극적으로 활용할 수 있게 한다. 수업에 제공되는 DVD는 최신영화는 물론, 유명 드라마, 애니메이션과 같은 motion DVD와 다큐멘터리 종류의 동영상

인 docu DVD, 자연이나 과학과 같은 교육적 내용을 담은 edu DVD 등이 다양하게 구성되어 있으며, 꾸준히 업데이트되어 제공된다.

그리고 이런 콘텐츠를 활용함에 있어서도 각별한 주의를 기울인다. 토스잉글리시에서는 강사들이 반복적으로 같은 교재를 사용해 매너리즘에 빠지는 것을 경계하기 위해 꾸준히 새로운 교재를 개발한다. 새로

운 교재를 접하면서 새로운 교수법을 고민하는 것이야말로 좋은 콘텐츠를 제대로 전달할 수 있는 방법이라고 믿고 있기 때문이다.

이렇게 양질의 콘텐츠를 고민하는 강사의 우수한 수업법으로 아이가 영어공부에 흥미를 갖게 하는 것 역시 중요한 관건이다. 아이가 영어에 관심을 갖기 시작하면, 체계적인 말하기와 글쓰기 훈련을 본격적으로 시작한다.

서 부원장은 논리적이고 체계적인 말하기와 글쓰기 수업의 토대는 충분히 체화된 영어와 스스로 학습하려는 의지, 자기주도 학습능력이라고 말한다.

"좋은 결과를 얻기 위해서는 아이들의 영어 능력 향상 정도에 따른 정확하고 적절한 방향 설정과 전문적인 콘텐츠가 필수 불가결한 요소예요. 이러한 과정에 따라 공부한 학생들은 스스로 영어공부를 하는 방법을 터득할 뿐 아니라, 곧 IBT 형식의 영어 능력 평가시험도 자연스럽게 준비할 수 있게 되죠."

교사나 주변의 도움을 적게 필요로 하는 학생 중심의 수업은, 결코 쉽지 않은 과정이지만 오히려 아이들을 더욱 적극적으로 만든다. 스스로 탐구하고자 하는 적극성을 가진 아이에게 양질의 교육을 제공하게 되면 그 수준은 눈부시게 발전할 것이 자명한 일이다.

성공 요인 분석 success point  토스잉글리시
북분당점

성공 포인트 하나 01

찰떡궁합을 자랑하는 프랜차이즈를 선택하다

프랜차이즈 학원은 초기에는 붐처럼 일었다가, 2~3년이 지나면 인기가 시들해져서 실패하는 사례가 많다. 실패 요인에는 여러 가지가 있겠지만 무엇보다도 학원 경영자와 해당 프랜차이즈의 궁합이 중요하다고 본다. 보통 프랜차이즈들이 성공 모델을 시스템화시켜서 프랜차이즈화하는 경우가 대부분이다. 하지만 프랜차이즈 지점의 입장에서는 지역적 차이, 개인적 차이 등 여러 가지가 다르다고 할 수 있다. 그러므로 해당 프랜차이즈의 교육 이념이나 방법에 대해 지점 경영자의 깊은 이해가 필수적이다.

피상적으로 교육방법을 들여오는 것을 뛰어넘어 그 프랜차이즈만의 고유한 특색을 완벽하게 이해해 자신의 것으로 소화해 개별 상황에 맞게 운용하는 능력이 프랜차이즈 지점 운영자에게 요구되는 것이다.

토스잉글리시 북분당점의 서화정 부원장의 가장 큰 성공 포인트도 자신과 궁합이 딱 맞아 떨어지는 프랜차이즈를 선택했다는 점이다. 본토에서 교사로 활동한 경험과 교육학을 공부하며 생각했던 교수법과 토스잉글리시의 교수법이 그대로 맞아떨어졌던 것이다. 따라서 토스잉글리시 방법을 현장에서 적용하는 과정에서 학부모나 학생의 저항이 있었어도 뚝심 있게 토스잉글리시만의 방법을 고수할 수 있었고, 결국 그런 일관성이 성공의 비결이었던 것이다.

제아무리 좋은 교육방법과 운영체제가 있다고 하더라도 실제로 그걸 운영하는 학원장이 그 내용에 대한 깊은 이해가 없다면 제대로 시행할 수 없는 노릇이다. "구슬이서 말이라도 꿰어야 보배"라는 말이 있다. 아무리 좋은 구슬이 많아도 꿰어 놓지 않으면 그 값어치가 없듯이, 프랜차이즈가 아무리 좋아도 쓸모 있게 끝을 맺어 놓아야만

가치가 있는 법이다.

프랜차이즈 창업에서 '구슬을 쓸모 있게 맺어 놓는 일'이란 것은 결국 프랜차이즈가 되는 학원 경영자와 프랜차이즈가 서로 궁합이 맞아 윈-윈(win-win) 효과를 일으킬 수 있는 상황을 말한다.

그렇다면 나와 궁합이 맞는 프랜차이즈 학원은 어떻게 찾아야 하는 것인가? 먼저, 자신이 어떤 유형의 사람인지, 어떤 교육법을 선호하는지 아는 것이 필요하다. 그런 다음 자신의 교육 철학이나 교수법과 가장 유사한 것을 찾아야 한다. 기존 프랜차이즈 학원들 나름의 교육방법과 시스템 내용을 파악하고 자신에게 가장 걸맞은 것을 찾아보자.

세계적 경영 사상가 '말콤 글래드웰'은 「아웃라이어(Outliers)」라는 저서에서 뛰어난 성공을 위해서는 특정 분야에 최소 일만 시간(하루 3시간씩 10년) 이상을 투자해야 한다고 말했다.

학원 창업 준비 역시 10년 정도는 투자해야 성공할 수 있는 일이다. 학원 창업에 성공하고자 한다면 최소 10년 정도는 그 분야에서 일한 경험이 있어야 한다는 말이라 하겠다. 하지만 현실적으로 어렵다면 창업자 자신의 능력 향상을 위해서 만이라도 최소한 1년은 투자해야 한다.

'지피지기면 백전백승'이라는 말이 있듯이 현실적으로 자신이 어느 정도의 능력이 있는지 알고 창업에 적임자라는 확신이 섰을 때 창업을 하는 것이 바람직할 것이다.

성공 포인트 둘 02

칭찬 경영

신경전달물질인 도파민은 어떤 성취나 인정을 통해 쾌감 또는 행복감을 얻을 때 분비된다. 칭찬을 받을 때, 인정을 받을 때, 노력을 통해 무언가를 이루고 성취감을 느낄 때에도 이 '도파민'이라는 물질은 우리 몸 안에 조용히 퍼지며 짜릿한 감정을 선사한다고 한다.

따라서 늘 도파민이 적절히 분비될 수 있는 업무 환경을 만드는 것은 업무 효율과 업무 수행자의 역량 강화를 위해 중요한 관건이다. 도파민이 적절히 분비될 수 있는 업무 환경이란 비생산적인 '채찍질' 대신 진심 어린 '칭찬과 인정'을 해주는 곳, 시간과 노력을 투자해 무언가를 성취했을 때에 그에 대한 '적절한 보상'이 따르는 곳일 것이다.

토스잉글리시의 서화정 부원장은 강사를 관리할 때 칭찬을 도구로 사용한다. 부정적인 말보다는 긍정적인 말, 칭찬을 주로 사용해 강사들을 독려하고, 기운을 북돋게 만든다.

그렇게 '채찍보다는 당근이 앞서는 경영'은 직원들에게 도파민이 분비될 수 있는 근무 환경을 만들어주고, 더욱 열정적으로 일에 임할 수 있는 원동력을 제공한다. 이때 서 부원장은 절대 조급하게 굴지 않는다. 즉각적이고 구체적으로 칭찬하고, 칭찬의 결과가 나올 때까지 인내심을 갖고 기다렸다.

많은 학원 경영자들이 고민하는 인력관리를 서 부원장은 이렇게 실천했고, 덕분에 오늘날의 토스잉글리시를 만드는 데 혁혁한 기여를 했다.

독립 학원 창업이냐, 프랜차이즈 창업이냐

전문가들에 의하면 학원 사업은 국내외 자본이 잇따라 사교육 시장으로 유입되는 추세에 따라 불경기 속에서도 성장이 기대되는 유망 사업이라고 전망하고 있다. 이 때문에 많은 창업자들이 학원 창업에 높은 관심을 보이고 있는데, 문제는 어떤 형태로 창업하느냐가 될 것이다. 꼭 창업의 경우가 아니더라도 학원을 현재 경영하고 있는 원장들 중에서도 프랜차이즈 시스템 도입에 대하여 한번쯤 고민하지 않은 분은 아마 거의 없을 것이다.

일단 창업에 관한 전체적인 대세는 프랜차이즈 창업인 것으로 보인다. 국세청에서 2007년에 발표한 학원 사업자 현황 자료를 보면 프랜차이즈 학원 사업자 수와 수입액 모두 꾸준히 증가했음을 알 수 있다. 학원 업계 종사자들 역시 "학원 시장의 급격한 성장은 프랜차이즈 시스템의 확산이 일등공신"이라고 분석하고 있다.

프랜차이즈 학원 창업의 장점은 실패의 위험성이 상대적으로 낮다는 것이다. 주먹구구식의 학원 운영에서 벗어나 조직적이며 체계적인 운영체계와 학원 운영 노하우를 본사가 지원하기 때문에 개인이 단독으로 창업하는 경우에 비해 상대적으로 실패의 위험성이 적을 수 있다. 본사에서 마련한 검증된 프로그램을 이용하여 원생관리부터 교재 선정의 문제까지 모두 해결할 수 있기 때문이다. 또 학원장이 학원 경영에 대한 지식이 없어도 창업입지·경영·학원생 및 학부모관리 등에서 전문적이고 체계화된

TIP

매뉴얼을 얻을 수 있고, 본원의 경영지원도 받을 수 있다.

또한, 프랜차이즈 시스템을 이용하면 일정한 교재를 일정한 방식으로 가르치기 때문에 잦은 강사 교체와 같은 문제가 발생했을 때도 일정한 수업 수준을 유지할 수 있는 강점이 있다.

그리고 경험과 노하우가 축적된 프랜차이즈 브랜드의 높은 인지도가 맹점에 경쟁력을 더하는 요소가 된다. 프랜차이즈의 경우 이미 시장에서 알려진 상품을 취급하기 때문에 별다른 광고·홍보 전략 없이도 고객들에게 높은 인지도를 얻을 수 있기 때문이다. 공중파와 신문 등의 매체를 통한 홍보 효과를 함께 누림은 물론, 전국 가맹점의 입시 성과를 공유해 홍보할 수 있다는 장점이 있다.

하지만 학원 창업 시장에 프랜차이즈가 도입된 기간이 그리 길지 않으므로 피해 사례가 있을 수 있다. 따라서 가맹 계약 전 정보공개서 요구, 입지 현장 답사, 기존 가맹점 방문 등 피해를 예방할 수 있는 사전조치를 충분히 해야 한다. 특히, 가맹점만으로 이익을 창출하는 회사는 피하는 것이 좋다. 이런 회사는 수익구조가 모두 가맹점 가입비로 이뤄져 프랜차이즈의 양적 팽창에만 관심을 갖게 된다. 가맹점 수가 본사의 관리 능력을 벗어날 정도로 늘어나면 교육서비스의 질이 떨어지기 십상이다.

또 독립적인 학원 경영이 어렵다는 단점이 있다. 프랜차이즈는 본사에 의해 기본적인 틀에 따라 사업을 추진해야 하기 때문에 독립적인 운영 노선을 갖기가 힘들다. 특히, 학원 경영자의 독특한 아이디어를 실현시키기 어렵다. 거기에 지속적으로 로열티를 지출해야 하는 부담도 있으며 일정 지역 이상으로 학원 영업의 영역을 확장시키기도 어려운 일이다. 프랜차이즈 본사는 여러 프랜차이즈들과 사업을 하므로 영업 지역을 제한하는 것은 어찌 보면 당연한 것이다. 따라서 학원 창업 후 예상외로 많은 학생들이 몰리고 넓은 지역까지 소문이 난다고 해도 임의로 영업 지역을 확장할 수는 없다.

한편, 독립 학원 창업의 경우는 소자본 창업이 가능하다는 이점이 있다. 프랜차이즈는 가맹비만 해도 평균 2억 원에 달하는 등 초기투자 규모가 크다. 과목별 전문화 바람으로 요즘은 단일과목, 1억 미만의 자금으로 학원을 차리는 독립 창업 형태가 프랜차이즈 창업에 비해 크게 불리하지 않을 수 있다. 학원 입지의 경우도 A급 입지보다 주택가, 학교 인근 등 점포비가 저렴한 입지가 가능하다는 것도 창업자들에게 어필하는 부분이다.

하지만 이 경우 학원이 전문화되는 추세여서 전문성, 차별성을 얻지 못하면 고전할 수도 있다. 창업 후 6개월 이후에는 운영비가 충당될 정도의 수익이 나야 하고, 1년 내에 손익분기점을 넘지 못하면 폐업하게 되는 경향이 있다.

또 독립 창업의 경우에는 학원 사업이 교육 콘텐츠 연구 및 개발이 지속적으로 이루어지지 않으면 도태되므로 전문성이 필수적이다. 교육 상품의 질이 떨어지거나 새로운 수요에 부응하지 못하면 학원을 제대로 운영하기 어렵다. 학생들의 수요를 꾸준히 파악해 이를 상품 개발에 적용하는 업무를 담당하는 부서를 가진 회사가 그렇지 못한 회사보다 더 신뢰도가 높은 것은 당연하다.

그러므로 독립 창업의 경우는 창업 전 강의 경력을 쌓아두면 실제 학원 경영에 많은 도움이 될 수 있다. 또 창업할 입지의 경쟁 학원들에 대한 사전 조사를 철저히 해서 지역의 특성을 파악하고 그에 상응하는 전략을 세우는 등의 준비 작업을 철저히 해야 한다.

성공학원들의
core of management

••• '강사'가 아니라 '선생님'이다

어느 학원의 경우, 학원 내에서 '강사'라는 말을 쓰지 못하게 한다. 물론, '강사'라는 말 자체가 틀렸다는 뜻은 아니라고 한다. 단지 이 학원에서 이러한 생각을 갖게 된 것은 그저 강의를 하는 사람이라는 뉘앙스가 강한 '강사'라는 말 대신에 '선생님'이라는 호칭을 사용하게 해서 학원생들에 대한 인성적인 교육에 대한 책임까지 강조하고자 하는 의미라고 한다.

사실, 요즈음 초등학교 고학년 반이나 혹은 중학교 학원의 경우에는 학교 못지않은 시간들을 학원에서 보내는 경우가 적지 않다. 단지, 강의만을 하는 사람들이라는 생각은 학생들과의 관계에 있어서도 그만큼 신뢰를 저하시키게 됨으로써 교육의 효과가 낮아질 것이다. 진정한 교육효과나 성적의 향상은 학원에 대한 절대적인 신뢰와 학원 선생님들에 대한 절대적인 신뢰를 가진 학생들에게서 훨씬 크기 때문이라는 것이다.

앞으로 한국의 사교육기관도 일본의 경우와 같이 자연스럽게 아이들 교육의 한 축을 담당하게 될 것이다. 따라서 이젠 단순한 강사라는 이미지나 자세를 벗어나 아이들의 미래를 같이 고민하는 사람, 때로는 선배처럼, 때로는 형이나 누나처럼 아이들이 믿고 따르고 어려움을 털어

놓을 수 있는 선생님이라는 이미지나 자세를 만들어가는 것이 필요할 것이다.

 특히, 저학년 전문학원의 경우 강의의 내용보다 원생들의 생활관리가 더욱 중요하다. 어쩌면 학부형이나 학교 선생님보다 학생의 학습 습관이나 나아가 계발해줘야 할 재능까지 더욱 정확하게 알고 있을 수 있다.

 스스로 강사가 아니라 선생님이 되려고 노력할 때 진짜 선생님으로서 존경받는 위치가 될 수 있을 것이다.

섬세하고 꼼꼼한 경영으로 내실을 다져가는 유학원

(주)미라클에듀-  예스유학

최 선 남 대표

예스유학은 직원들이 각자의 업무를 수행할 때 자유롭게 일을 처리할 수 있도록 직원에게 전권을 위임하는 스타일의 조직관리를 시행하고 있다. 이러한 조직관리 제도의 바탕에는 조직의 사명과 목표에 관한 절대적 공유가 있어야 한다. 회사와 전 직원이 합일하여 공동의 목표를 갖고, 그것을 달성하기 위한 계획을 추구해야 하는 것이다. 예스유학의 직원들은 자신들의 목표와 회사의 목표가 같고, 자신이 목표한 바를 이루자 그것이 곧 회사의 발전으로 연결되며 자신의 능력을 인정받는 대가로 되돌아온다는 것을 경험하고, 회사를 한 몸처럼 여기는 애사심을 갖게 되었다고 한다.

미라클에듀-예스유학은 교육이 미래를 좌우한다는 믿음으로 청소년들에게 글로벌 교육 현장을 접할 수 있는 기회를 제공한다. 미국 공·사립 교환 학생 프로그램을 선두로 캐나다, 영국, 호주, 뉴질랜드 등 각 선진 교육권 국가의 교육 프로그램을 유아는 물론 성인과정에 이르기까지 두루 경험할 수 있도록 기회를 제공한다. 영미문화권의 다양한 유학연수 교육 프로그램을 엄선하여 양질의 교육 기회를 제공해온 예스유학은 2008년, 법인으로 전환하여 여러 곳에 지사를 두었으며, 현재 눈부신 발전을 도약하는 중이다.

예스유학

미라클에듀의 최선남 대표는 H 신문사에서 첫 사회생활을 시작했다고 한다. 그러던 중 우연한 기회에 신문사의 교육 사업 지사장을 맡게 되었고, 3년 정도 유학 사업을 관장하는 경험을 쌓게 되었다.

처음 그 일을 맡게 되었을 때만 해도 최 대표는 자신이 직접 유학원을 운영하게 될 것이라고는 생각지도 못했었다. 그런데 결혼 후, 국제학 공부를 하게 되면서 그녀의 생각은 조금씩 바뀌었다. 또 자녀의 교육과 관련하여 구체적인 필요를 느끼고, 고민하면서 점차 많은 사람들이 자신처럼 새로운 교육에 대해 원하고 있다는 것을 절감하게 되었던 것이다.

그녀를 사업 전선으로 끌어들인 것에는 여러 가지가 있지만, 무엇보다 자녀와 함께 한 해외 체험 활동이 큰 계기였다고 한다. 그 경험을 통해 최 대표는 우리나라에 필요한 유학원이 어떤 것인지에 대해 구체적으로 구상하게 되었다는 것이다.

실패는 성공 진로를 알려주는 나침반

최 대표는 유학원과 학원을 함께 병행하여 운영해 보기로 마음먹었다. 그래서 기존의 학원 한 곳을 인수한 다음, 한꺼번에 두 가지 사업을 시작했다. 하지만 학원 경영은 생각처럼 잘 이루어지지 않았다.

처음부터 학원 운영을 너무 만만하게 보고 시작했던 것이 실패를 불러온 것이다. 학원 운영에 대해 자세히 몰랐던 최 대표는 학원에 늘 상주해 있기는 했지만 수업과 상담을 동시에 맡아하다 보니 마케팅은 전혀 신경을 쓰지 못했다. 그러다 보니 학원생들이 점차 줄어들게 되었다고 한다.

　게다가 최 대표는, 학원과 유학원이라는 성격이 다른 두 가지 사업을 벌이는 데 있어서 입지 전략을 고려하지 않았었다.

　학원의 입지를 결정할 때는 먼저 주위에 동일 계통의 학원이 있는지 살펴봐야 한다. 동일 계통의 학원이 없다면 경쟁하기가 비교적 편리하고, 수강료 조절이 용이할 것이다. 매도할 때 권리금을 확보하기 쉬워진다는 장점도 있다. 하지만 다른 경쟁업체가 들어서면 독점 상태가 깨지기 때문에 만약의 사태에 대비한 경쟁력을 길러야만 하므로 각별한 주의가 필요하다.

　학원이 없는 곳에 새로이 경쟁 학원이 생긴다면, 그곳은 아무래도 외형이나 인테리어 면에서 기존의 학원보다 앞서게 될 것이기 때문에 이러한 업체가 생겨났을 때 어떤 식으로 대처할 것인지에 대해 수시로 점검하고, 대비책을 마련해둘 필요가 있다. 그런데 최 대표는 이러한 준비도 없이 그저 입지만 생각하고 두 가지 사업을 동시에 시작했던 것이 문제였다.

　"일반적으로 유학원은

젊은이들의 출입이 잦고 유동인구가 많은 대로변에 위치해야 하는 반면, 학원은 아파트와 주택 밀집지역과 같은 지역이 선호되며, 기존 학원가나 학생들이 자주 이용하는 상권 근처가 유리하지요. 이렇게 상반된 입지조건을 가진 두 가지 사업을 사전 조사 없이 주먹구구식으로 한 곳에서 시작한 것부터 잘못이었어요. 시작할 때의 마음과는 달리 경영은 점점 힘들어졌고, 결국 학원과 유학원 중 하나만을 선택해야 하는 기로에 서게 됐어요. 그때 어떤 것을 선택할지에 대해 고민하면서, 진정으로 내가 다른 사람들에 비해 경쟁력을 갖춘 일이 무엇일지 생각해보게 되었습니다. 그랬더니, 이전에 신문사에 재직하면서 익힌 다양한 업무 스킬이나, 아이들을 데리고 해외 생활을 해본 경험이 떠오르더군요. 그런 경험들을 잘 살리려면 유학원 사업이 낫겠다 싶었지요."

최 대표는 주변 사람들에게 창업을 할 때 늘 신중하고, 조심성 있어야 한다고 강조한다. 창업이란, 자본과 아이디어만 있다고 해서 언제든 쉽게 시작할 수 있는 것이 아니기 때문이다.

학원 창업이 성공하느냐, 실패하느냐는 정보를 어떻게, 얼마나 수집하고 활용하느냐에 따라 달라진다고 볼 수 있다. 특히 주변의 권유나 광고를 보고 학원 사업을 결심할 경우 성공 가능성이 있기는 하지만, 대체로 주위환경이라든지 운영 방침, 원생 수준 등에 차이가 날 수 있다. 그러므로 자신에게 주어진 정보를 무조건 받아들이려고 할 것이 아니라 그것이 사실인지 아닌지 꼼꼼히 따져 보고 신뢰의 정도를 판가름해야 한다.

그리고 자신의 잣대로는 판단이 안 될 때 전문가로부터 조언을 받는 것도 좋다. 요즘은 창업 전에 수요층이라든지 입지 요건 등을 미리 분

석해주는 곳도 있다. 이런 곳에 투자하는 것은 적은 비용을 들여 큰 손해를 막을 수도 있다. 또한 인터넷이나 각종 연수 프로그램, 동영상이나 서적 등도 지식을 습득할 수 있는 방법이다.

또 최 대표는 자신이 선택한 계열이 자신에게 적절한 것인지 아닌지 신중히 따져 보아야 한다고 강조한다. 가능한 생소한 분야보다는 경험이 있고, 관심 있는 계열을 선택하는 것이 좋다. 전혀 모르는 분야를 선택해서 처음부터 익혀 나가기란 결코 쉽지 않은 일이기 때문이다.

"처음 창업을 준비하는 과정에서 들려오는 여러 가지 소문이나 정보를 접할 때 정말 그러한지, 그것이 누구에게나 해당되는 것인지 등을 판단하고 자신의 경우에 맞춰 보면서 차분히 분석했어야 했어요. 그걸 모르고 무턱대고 창업을 했으니 모래 위에 집을 지은 것이나 마찬가지인 셈이 되어 버렸지요."

성공적인 학원 창업을 위해서는 교육 서비스의 경쟁력도 중요하지만 그에 못지않게 상권도 경쟁력을 갖추고 있어야 한다. 예비 학원 창업자들 중에는 사업 아이템을 선정하는 데는 신경을 쓰면서도 상권에 대한 관심은 별로 없는 경우도 있다. 상권 분석은 예상 매출을 추정하는 데 필수적인 것은 물론, 보다 많은 고객을 유도하기 위한 운영 전략을 세우는 기초가 되는 것이다.

고객 만족 경영

최 대표는 자신이 잘할 수 있는 일에 집중하기로 하고 유학원 일에 최선을 다 하기로 마음먹었다. 목동의 중심지로 자리를 옮기고, 본격적인 유학원 운영에 들어간 그녀는 자신이 하는 일에 대한 어떤 사명감을 가질 수 있었다. 중하위권 학생들이 입시전쟁에 시달리고, 좌절하는 모습을 지켜보면서 보다 좋은 교육의 기회를 제공해주어야겠다는 생각을 갖게 되었던 것이다.

"한국의 교육 상황 때문에 본인의 의지만으로 성공하기 힘든 학생들이 있어요. 그런 학생들

에게 새로운 기회를 제공할 수 있는 것이 바로 유학이에요. 학원은 학생들의 학업 성적 향상이라는 단면적인 성장을 돕는 기관이지만, 유학원은 학생들의 전반적인 성장을 도울 수 있는 프로그램을 제공할 수 있어요. 그러니까 좋은 교육 프로그램을 준비하고, 다양한 계층의 학생들이 용이하게 이용할 수 있도록 준비한다면 그 또한 학생 교육에 공헌하는 것 아니겠어요?"

이렇게 많은 생각 끝에 본격적으로 유학원 사업에 매진하게 된 최선남 대표는 먼저 고객의 니즈를 파악하고 고객 만족을 위해 일하는 것을 최고의 목표로 삼았다. 각 학생별로 유학을 통해 얻고자 하는 바가 달랐기 때문에 각각의 요구사항에 맞는 최적의 프로그램을 제공해주는 것이 바로 유학원의 존재 이유가 될 수 있기 때문이다.

최 대표는 반드시 국내에 이름이 알려진 명문대에 진학할 수 있는 프로그램에만 집착하지 않았다. 학생을 해외 명문대에 진학시키는 것만 성공의 능사가 아니라고 생각했기 때문이다. 각 학생의 특성에 따라, 진정으로 필요한 교육을 시킬 수 있는 다양한 교육 프로그램

을 찾고, 그것을 지원해줄 수 있는 교육 환경을 물색하고, 그것을 보다 편리하게 누릴 수 있도록 연결해주는 것도 중요한 일이다. 최 대표는 유학원이 연계 교육을 할 수 있는 영어권 국가의 상황을 자세히 파악하고, 협업하고자 하는 현지 학교나 파트너들을 찾아가 상황 분석에 들어갔다.

"정말 꼼꼼하게 협업 업체나 파트너들을 선정했습니다. 선택의 기준을 분명하게 세우고 그 기준에 부합되지 않는 면이 하나라도 발견되면 즉시 협력관계를 취소하는 단호함을 보이기도 했어요. 유학원의 서비스 품질을 높이기 위해 이런 식의 엄격한 현지 기관관리는 필수라고 생각했기 때문입니다."

또, 다양한 니즈를 지닌 학생과 학부모를 만족시켜주기 위해 가능한 한 다양한 학교와 새로운 프로그램을 확보하는 데도 주력했다. 그렇게 확보한 학교 리스트를 고객 즉 학생과 학부모들에게 주고 각각의 학교와 프로그램에 대한 자세한 정보를 제공한 다음 최종 선택은 언제나 고객의 몫으로 남겨 두었다.

유학원이 정보를 더 많이 가지고 있다는 이유로 중요한 인생의 선택을 대신해줄 수는 없는 일이라는 생각 때문이었다. 하지만 그 선택에 필요한 상세한 안내와 조언은 늘 아끼지 않았다.

지금도 예스유학으로 세계 각지에서 수많은 프로그램 제안서가 날아온다. 하지만 최 대표는 절대 그들의 제의를 경솔하게 수락하지 않는다. 몇 번의 검증을 거쳐 확신이 들 때만 제안을 수락하고 연결 프로그램을 준비한다는 것이 그녀가 세운 원칙이기 때문이다.

한번은 한 학부모가 찾아와 이런 요구를 했다. 돈이 아무리 많이 들어도 좋으니 미국의 소위 잘 나가는 대학에 아이를 꼭 보내게 해달라는 것이었다. 아이비리그의 학생을 꿈꾸었던 것. 하지만 최 대표가 학생을 만나보니 그런 명문 대학에 가서 치열하게 경쟁을 벌일 준비가 안 된 상태였다. 영어실력도 부족하고, 기초 학습상태도 부실했으며, 무엇보다 자신감과 목표의식이 없었다. 그저 부모가 시키는 대로 유학을 준비하는 것 같아 보였다.

최 대표는 이렇게 준비되지 않은 도피성 유학은 100% 실패한다고 생각했다. 그래서 학부모를 붙잡고서 장시간 설득에 들어갔다.

"학생을 억지로 명문학교에 입학시킬 수는 있을지 모르지만, 그것이

장기적인 관점에서 자녀에게 도움이 되지 않는다는 점을 최대한 상세하게 설명을 드렸어요. 처음에는 막무가내로 부모의 체면을 위해서라도 명문대학에 입학을 시켜야겠다고 우기던 어머니가 자녀의 수준에 맞추어 실력을 키운 다음, 유학을 보내겠다고 동의하셨지요."

이후, 그 학생은 얼마간의 준비과정을 거친 후 자신의 적성에 맞는 교육 프로그램을 가진 학교에 진학할 수 있었고 그 학교에서 우수한 성적을 올리는 등 유학생활에 성공적으로 적응해 그의 어머니와 학생으로부터 감사의 편지를 받았다고 한다.

최 대표는 흔히들 비용이 많이 든 유학은 성공할 것이라고 생각하는데, 그것은 실제와는 아주 다를 뿐만 아니라, 위험한 생각이라는 것을 강조한다. 유학은 제대로 된 프로그램과 위기 대처 능력이 있는 전문가를 갖춘 유학원과 부모의 헌신, 아이의 열정 이 세 박자가 골고루 갖춰져야 성공할 수 있는 것이기 때문이다. 최 대표는 유학원이 제대로 된 프로그램과 위기 대처 능력을 갖추려면 무엇보다 철저한 사후관리와 피드백 체계가 이루어져야 한다고 말한다.

특별한 사후관리

유학원은 특성상 사후관리를 철저히 해야만 고객을 만족시킬 수 있다. 그러므로 현지에서 학생들을 관리하는 사람들에게 주기적인 보고를 받을 수 있는 시스템을 구축해 놓아야 하고, 담당직원과 유학생 사이에 항상 소통이 가능한 연결채널이 필요하다.

최 대표는 이러한 소통을 위해 24시간 촉각을 곤두세운다. 심지어 잠을 잘 때도 전화벨 소리 한 번에 눈을 번쩍 뜰 정도라고 한다. 언제 어디서 유학원의 학생이 도움을 요청해올지 모르기 때문이라고 한다.

이렇게 세심한 배려는 홈스테이 가정 등의 학생을 보호하는 기관과 관련에도 철저하게 해당된다.

최 대표는 연간 2, 3회 해외 출장길에 오른다고 한다.

현지 가디언들의 학생 관리상황을 파악하고, 참가 학생들의 학교를 방문하여 학교장 미팅을 통하여 학교생활 및 성적 상담을 하며, 홈스테이 가정에도 방문하여 학생들의 현지적응 및 유학생활에 불편함이 없는지 세세하게 살핀다.

이것이 최대표 본인이나 현지인들에게는 다소 불편할 수 있는 일이지만 자녀를 맡겨 놓고 있는 학부모들의 노심초사하는 마음을 생각한다면, 그런 불편 정도는 감내해야 한다는 것이 그녀의 생각이다.

2008년, 법인으로 전환한 뒤 지사를 여러 곳에 둔 바쁜 경영인이 되었지만 최 대표는 여전히 전체 운영 상황을 파악하는 일에 조금도 소홀하지 않다. 이렇게 철저하고 엄격한 관리와 운영을 하다 보니, 현지에서 예스유학을 바라보는 시선이 좋아지고, 신임을 얻게 되었다.

"한번은 홈스테이 가정에서 유학원에 대한 칭찬을 들은 적이 있어요. 호스트(Sue, Earl)가 예스유학의 관리 프로그램을 경험하고 큰 감명을 받았다며 입이 마르도록 얘기했지요. 이웃 등 주변의 만나는 사람들한테도 칭찬하고요. 집을 옮겼을 때 예스유학에서 호스트한테 전화로 이런저런 관리도 부탁하고 걱정도 해주셨다면서, 여태껏 집 옮긴 애들 많았는데 이렇게 기관에서 신경 써준 건 처음이라고 하면서 엄청 놀라워한 거예요."

빡빡한 경영 일정을 소화하면서 유학생들의 사후관리까지 완벽하게 처리하기란 여간 힘든 일이 아니다. 일회성이 아니라 지속적으로 관리를 해야 하는 것이기 때문에 상당한 시간과 노력이 든다. 그래서 많은 유학원들이 사후관리를 약속하지만, 지속적이고 제대로 관리를 하지 못해 나쁜 평판을 얻게 되는 것이다.

하지만 최 대표는 눈에 보이는 효과를 노리고 사후관리를 한 것이 아니라, 진짜 학생들을 걱정하고 위하는 마음으로 사후관리를 한다. 그러한 노력이 고스란히 예스유학의 경쟁력이 된 것이다.

타고난 경영자 vs 훈련으로 다져진 경영자

2003년 2월 10일, 해발 5천8백95미터를 자랑하는 아프리카의 최고봉 킬리만자로 정상에서 믿기 어려운 광경이 벌어졌다. 두 팔이 없는 사람과 두 다리가 없는 사람이 서로 부둥켜안고 감격의 눈물을 흘리고 있었다. 한 사람은 6년 전 등산을 하다가 바위에 깔려 두 다리를 절단한 호주인 워랜 맥도널드였고, 또 다른 한 사람은 태어날 때부터 두 팔

이 없는 장애인 탄자니아인 하미시 루곤다였다. 두 사람은 서로 도와 가면서 킬리만자로에 오르기 시작한 지 2주 만에 최고봉을 정복할 수 있었다. 최고봉에 도착한 그들은 소감을 묻는 기자들에게 이런 대답을 했다.

"꿈은 이루어집니다. 오늘의 이 쾌거가 다른 사람들에게도 본보기가 되었으면 합니다."

노력하는 자에게 꿈은 그저 먼 미래에 대한 공상이 아니다. 노력하는 자에게 꿈은 선명한 색깔을 가진 내일이며, 손에 거머쥘 수 있는 뚜렷한 형체를 가진 별이다. 최 대표는 예스유학을 오늘에 이르도록 한 것은 끊임없이 꿈을 꾸었고, 그것을 위해 노력했기 때문이라고 말했다.

원래 그녀는 직접 경영을 할 수 있을 거라고는 생각하지 못했던 평범한 사람이었다고 한다. 게다가 내성적인 성격의 소유자여서, 남들에게 목소리를 높이며 살아본 적이 없는 터였다고.

그런 그녀가 많은 사람들 앞에 나서서 설명회를 개최한다거나, 학생이나 학부모를 상담하는 일이 처음에는 상상조차 못했던 일이었다.

"저는 원래 살림만 전업으로 하는 주부로 살고 싶었어요. 그런데 남편이 그동안 공부하고 익힌 재주를 썩히는 일은 국가적인 인력낭비라며, 제가 잘할 수 있는 일을 찾으라고 응원해주었어요. 농담 삼아서, 나를 일터에 보내 놓고 '마누라 덕에 먹고 사는 셔터맨이 되려는 거 아냐?'라고 너스레를 떨었지만 내심 그렇게 자극을 주며 생산적인 일을 하도록 배려해주는 남편이 무척 고마웠습니다."

최 대표는 남편의 격려에 힘입어 유학원을 시작하기는 했지만, 내향적인 성격 때문에 설명회를 개최하고, 학부모 간담회를 진행하는 것이 보통 힘든 게 아니었다고 한다. 대중들이 많이 모이는 자리에 나갈 일이 생기면 우황청심환까지 먹어야 했을 정도였다.

최 대표와 마찬가지로 초보 학원장이라면 학부모 상담이나 설명회를 할 때 두려움을 느낄 것이다. 자식을 교육시키고자 하는 열의에 가득 찬 학부모들은 칼날처럼 예리한 질문을 쏟아낼 것이다. 이때 만약 학부모가 궁금해하는 점에 대해 즉시 대답을 못하면 학부모들은 학원에 대한 신임을 잃고 만다.

"처음에는 상담하는 게 너무 힘들고 피곤

해서 스트레스를 상당히 받았어요. 하지만 여기서 물러서면 안 된다고 생각했지요."

그래서 최 대표는 상담을 위한 만반의 준비를 시작했다. 팔도 없고, 다리도 없는 두 장애인이 노력만으로 높은 킬리만자로를 정복한 것처럼, 아무것도 갖추어지지 않은 최 대표 자신도 노력하다 보면 성공의 고지를 정복할 수 있으리라고 믿으면서.

상담을 할 때는 신임을 줄 수 있는 진심 어린 자세가 무엇보다 중요하다. 상담에 임하는 사람은 무엇보다 소신 있고 자신감 있는 교육관을 보여주어야 한다. 이때 가장 중요한 것이 바로 전문성이다.

예스유학의 홈페이지에는(www.yesuhak.com) 각 나라의 다양한 정보들로 가득하다. 진행하는 국가의 학교 하나하나에 모두 이메일을 발송해 가장 최근 자료로 업데이트하고 있으며 조기유학 전문 업체 중 가장 많은 학교 정보를 보유하고 있다. 그리고 각 국가를 담당하는 직원들 역시 현지 대학을 졸업한 우수한 실력파들로 구성되어 있다.

또한, 최 대표는 학생 및 학부모상담을 할 때 보다 전문적으로 다가가기 위해 성격유형검사(MBTI)와 직업흥미도검사(STRONG) 등 전문가 과정을 이수하여 학생들에게 맞는 공부하는 방법을 제시해주고 적성에 맞는 진로 및 진학상담 컨설팅을 제공해주고 있다.

"부모를 떠나 독립된 유학생활을 한다는 것은 학생 스스로 모든 것을 해결해야 하기 때문에 내향적인 학생들에게는 좀 더 적극적인 행동으로 교우관계나 호스트가족 구성원과의 원활한 소통을 할 수 있도록 유도해야 해요. 스스로 정리 정돈하는 습관이 되어 있지 않거나 계획적이지 못한 학생에게는 타인과 함께 하는 공동생활에서 지켜야 할 일과 규

칙을 잘 따를 수 있도록 조언해줍니다. 이것이 유학생활을 간접적으로 돕는 일이지요."

또 상담을 할 때는 신뢰할 수 있는 자료를 비치해 두는 것이 좋다. 열 마디 말보다 눈으로 확인할 수 있는 한 가지 요소를 보여주는 것이 더욱 효과적이다. 이를 테면 언론에서 논평한 교육관련 자료나 각종 유학 자료, 학습 성적 향상표, 활동사진 등을 보여준다면 상담은 더욱 효과적일 것이다.

유학의 경우 대부분 결정권은 부모가 가지고 있으므로, 학생의 마음을 사로잡는 것도 중요하지만 비전에 대해 알려주고, 부모의 마음을

사로잡는 것이 중요하다. 학부모가 학원을 처음 방문했을 때 좋은 이미지를 심어주지 못한다면, 그 학부모의 마음은 두 번 다시 돌이킬 수 없을 것이다.

"때때로 학부모들은 돌발적인 질문을 할 때가 있어요. 저는 이럴 경우를 대비해서 당황하지 않고 능숙하게 답변할 수 있도록, 학부모가 할 질문에 대한 예상 답안을 미리 만들어 놓았어요. 그게 상담을 할 때 큰 도움이 됐었지요."

상담하는 학부모의 수가 늘어나고, 설명회 횟수가 거듭될수록 최 대표는 점점 자신감을 얻었다. 그리고 최 대표의 도움을 받아 성공적인 유학생활을 보낸 학생들의 케이스가 늘어나면서 점차 그녀의 목소리에는 힘이 실리게 되었다. 지금 그녀의 모습을 보면 과거의 서툰 모습이 짐작도 되지 않을 정도이다.

"내성적인 성격이기는 하지만, 강단도 있는 편이고 매사가 꼼꼼한 편이라서 유학원 업무가 제게는 더 잘 맞았던 것 같아요. 유학생활을 하는 학생들을 꼼꼼하고 철저하게 관리할 수 있었으니까요."

구성원과 함께 성장하는 조직을 만들다

최선남 대표는 리더십이란 것이 타고날 때부터 갖고 태어나는 선천적인 것인가, 아니면 후천적으로 계발되는 것인가라는 질문을 스스로에게 해보았다고 한다. 사실 이 문제에 관해서는 전문 연구자들 사이에서조차도 리더는 선천적으로 타고 나는가(Leaders are born, not made.) 또는, 학습과 훈련을 통해 후천적으로 길러지는 것인가(reborn)라는 논란이 있어 왔다.

리더란 완전히 선천적인 것도 아니고, 완전히 후천적인 것도 아닌 절충형의 입장을 취하는 연구자들도 있다. 어느 정도 리더로서의 재능과 자질을 가진 사람이 학습과 훈련을 통해 리더로 발돋움할 수 있다는 주장이다.

최 대표는 자신의 경험으로 보아 이런 절충형의 유형이 설득력이 있지 않겠느냐고 말한다. 또한, 리더는 리더가 된 뒤에도 장기적 관점에서 지속적으로 끊임없는 자기 계발을 하고 새로운 환경에 도전하려는 의지를 갖추어야 하는 것이 기본이므로 타고난 선천성에만 의존하는 것은 리더십의 한계를 드러내게 되는 일이라고 말한다.

사람은 교육과 훈련, 학습을 통해 얼마든지 지식을 습득하고 기술을 배울 수 있다. 거기에 리더만의 고유한 성격적 특성과 타고난 재능을 잘 융합해내는 것이 성공적인 리더십의 완성이 될 것이다.

하지만 제아무리 대단한 리더십을 지닌 지도자가 있는 기업이라고 해도 기업은 수많은 인적 자원이 얽혀 만들어진 유기체이다. 그런데 여기서 중요한 것은 기업을 구성하고 있는 유기체, 즉 사람은 서로의 이익을 추구하기 위해 만났다는 것이다. 그러므로 서로의 뜻이 맞지 않다면 헤어지는 것이 당연한 일이다.

하지만 직원의 변동이 잦은 유학원은 여러 가지 문제점을 일으키게 되고, 그것은 곧 외부에서 바라보는 신뢰도 저하로 연결된다. 그러므로 내부 직원을 얼마나 잘 관리하느냐가 경쟁력을 갖추느냐, 그렇지 못하느냐를 결정하는 중요한 요인인 셈이다.

그렇다면 직원들은 어떨 때 불만을 품고 이직을 결심할까? 이직의 원인 중 한 가지는 자신이 일한 만큼의 대가가 따르는가 하는 문제이다.

물론 처음에 적정한 합의 금액을 찾아 계약을 하지만, 이것이 노동의 강도나 일하는 양이 점점 늘어나고 있음에도 불구하고 변하지 않는다면 내부 직원은 불만을 품게 될 것이다. 운영하고자 하는 목표를 초과 달성했다면, 그에 대한 보상을 지급해야 하고, 사정이 어렵다고 해서 그것을 내부 직원의 책임으로 전가해서는 안 된다.

마지막으로 경영자가 가장 주의해야 할 것은 권위 의식이다. 보수적이고, 고지식한 성격을 가진 경영자들은 권위 의식에 젖어 직원에게 갖추어야 할 예의를 무시하기 쉽다. 이럴 경우 아무리 훌륭한 대우를 해주고, 충분한 수준의 급여를 지급한다 해도 내부에서 불만이 쌓이기 마련이다.

미혼인 직원들의 경우 부양가족이 없기 때문에 부담스러운 책임감을 질 필요가 없다. 그래서 인격적으로 대우를 받지 못한다고 생각되면 곧장 이직을 결심하기도 한다. 이런 문제를 해결하기 위해 가장 좋은 방법은 칭찬을 하는 것이다. 적절한 급여를 지급하고, 업무 시간을 효율적이고 능동적으로 분배해주고, 직원을 대할 때 늘 진심어린 마음으로 칭찬하고, 배려한다면 모든 직원이 회사를 하나의 공동체로 여기고, 공동의 목표를 향해 나아가고자 노력하는 기적을 보게 될 것이다.

그래서 최 대표는 어떤 일을 시작할 때 항상 직원들에게 왜 이 일을 해야 하는지, 그리고 이 일을 마치면 어떤 보상이 주어지며, 어떤 발전을 얻게 될 것인지에 대해 명확히 이야기한다. 그리고 너무 힘든 업무를 부과한다든지 파편적인 업무 진행을 맡기지 않고, 직원 스스로 전체 업무를 두루 책임지고 수행할 수 있도록 지원을 아끼지 않는다. 그러면 전권을 사용할 수 있게 된 직원은 자신이 맡은 일을 자신의 성장처럼 중요하게 여기며 매진한다는 것이다.

물론 전권을 위임하고, 직원이 자기가 가진 역량을 전부 발휘할 수 있

게 하려면 조직의 사명과 목표에 관한 절대적 공유가 선행되어야 한다. 회사의 목표점을 전 구성원에게 확산하여 공감대를 형성하고 새로운 목표를 달성하기 위한 계획을 마련하고 추진하여 달성하는 것이다.

"다가서기 힘들고 추상적인 목표를 직원들에게 강조하기보다는, 중장기적인 계획 아래 각 구성원이 실천할 수 있는 단계별 소 목표를 정해주는 것이 좋아요. '이것만은 해보자'라는 의지로 힘을 하나로 모아 노력하는 과정에서 목표가 이루어지는 것을 경험한 직원들은 자연스럽게

회사와 합일하여 공동의 목표를 꿈꾸게 되지요."

또 직원들이 보다 일에 집중해서 몰두할 수 있도록 다양한 복리후생 제도 및 지원 시스템을 마련하는 것은 당연한 일이다.

"아직 유학원 사업은 소규모 운영에서 벗어나지 못한 수준인 경우가 많습니다. 그러다 보니 학부모들이 유학원을 신뢰하지 못하는 경우도 비일비재하지요. 그래서 우리처럼 탄탄한 유학원까지 억울한 일을 당하는 경우도 많습니다. 학생들을 위해 최선이라고 생각되는 프로그램과 유학방법을 안내했지만 도무지 신뢰하지 않는 학부모를 만날 때가 바로 그런 경우지요."

최 대표는 예스유학에서 일하는 모든 직원들은 강사만큼이나 깊이 있는 정보력과 다재다능한 능력이 있어야 한다고 주문한다. 그리고 무엇보다 하루에도 수백 가지씩 쏟아져 나오는 정보들을 재빨리 소화해낼 수 있어야 한다고 강조한다.

유학 환경은 하루가 다르게 변화하고 있다. 이러한 변화를 주도하지 못하고, 정보에 능통하지 못하면 그 피해를 고스란히 유학을 떠난 학생들의 몫으로 돌아온다. 최 대표는 학생들에게 돌아가는 피해를 막기 위해서 때때로 직원들을 긴장시킨다.

하지만 긴장하고, 노력한 만큼 보상이 뒤따르기 때문에 대부분의 직원들은 즐거운 마음으로 주인의식을 갖고 정보관리에 힘쓴다고 한다.

"일을 하면서 가장 즐거울 때는 우리 유학원 소개로 유학을 떠난 학생이 덕분에 잘 될 수 있었다는 감사의 이야기를 들을 때예요. 이 한 마디의 말이 열 가지 부정적인 일을 모두 잊게 만들어줍니다."

최 대표는 평범한 주부였던 자신이 학부모의 마음을 사로잡는 유학원

의 대표가 될 수 있었던 것을 꿈 덕분이라고 말했다.

"마음속에 품은 꿈을 무의식의 세계에 둔 채 실천하지 않는 사람들은 평생 그것을 현실로 이룰 수 없습니다. 꿈은 그저 꿈이 될 뿐이지요. 하지만 마음의 속삭임에 귀를 기울이고, 그것을 소중히 여기는 사람은 꿈을 삶의 한가운데로 끌어당기게 됩니다. 누가 뭐라고 하든 마음속에 또렷하게 떠오르는 꿈을 추구하십시오. 그렇게 십 년, 이십 년 노력하다 보면 그 대가로 꿈이 이루어지는 순간을 맞보게 될 것입니다."

최 대표는 이렇게 마음속에 꿈을 품고 유학원 경영에 최선을 다해 노력하며, 한결 같은 마음으로 정직하고 성실하게 학생들을 관리한다. 그것이 현재의 예스유학을 만든 비법일 것이다.

성공 요인 분석 success point 콕!콕!콕! **(주)미라클에듀 −예스유학**

성공 포인트 하나 01

실패를 실패로 남겨두지 않는다

흔히들 '실패는 성공의 어머니'라고 말한다. 하지만 실제 상황에서는 실패를 성공의 어머니로 삼는 것은 어렵다. 사람들은 실패를 경험하면 심적으로 위축되고 낙담하여 성공에 관한 비전을 잃기 쉽다. 또 실패를 인정하고 훌훌 털고 다시 일어나는 것 역시 만만치 않은 일이다. 사람들은 흔히 자신이 실패했다는 것을 부정하고 고집스레 잘못된 일을 진행시키다가 돌이킬 수 없을 정도로 처참한 실패를 맞이하는 미련한 짓을 저지르기도 한다. 적절한 타이밍에 실패를 인정하고 그것을 발판으로 삼는다는 게 말처럼 쉬운 일은 절대 아니기 때문이다. 하지만 예스유학의 최선남 대표는 실패를 실패로 남겨두지 않았다. 학원과 유학원을 동시에 창업했다가 입지 선정이나, 사전준비 미비로 학원 경영에서 고배를 마셨다. 하지만 실패 요인을 냉정하게 분석하고 자신의 실패를 인정하는 지혜를 발휘했다. 그리고 자신에게 더 적합한 유학원 사업에 매진했다.

결국 최 대표의 성공 비결은 '변화에 대한 확신'이었다. 인생의 진로를 변경할 때마다 반드시 성공하는 것은 아니다. 하지만 변경 시기에 확신을 갖고 도전하는 일이 있다면, 그 일은 보다 높은 성공 가능성을 갖게 되기 마련이다.

성공한 사람들은 시대가 요구하는 인물이 되기 위해 기꺼이 자신을 변화시킨다. 한 길만 고집하며 달려온 사람이라 할지라도 생존을 위해, 또 성공을 위해 새로운 기술과 정보가 필요하다면 누구보다 적극적으로 시대의 니즈를 수용한다.

그리고 어떤 길을 가든 자기계발을 위한 투자를 아끼지 않고 남들 보다 한 발 앞서 시대 변화를 예측하고 준비하고, 전략적이고 계획적으로 삶을 설계한다. 그리고 흔들리지 않는 성공에 대해 뚜렷한 철학과 소신을 가지고 변화에 능동적으로 대처한다. 성공은 누구의 잣대도 아닌, 스스로 원하는 인생을 만들어가는 과정이라고 생각하는 것이다.

성공 포인트 둘 02

후천적 리더십을 획득하다

리더십은 타고날 때부터 가지고 태어나는 선천적인 것인가? 초기(1940~1950년대)의 리더십 연구자들은 조직원들과 리더를 구별할 수 있는 특성이나 자질이 선천적으로 존재한다고 보고 성공한 리더들이 가지고 있던 특성을 찾아내려 했다. 이러한 특성 이론에 따르면, 리더는 대체적으로 목표 달성에 열정적이며 자신감과 책임감을 가진다. 또한 원만한 대인 관계를 유지하며 위기 상황을 극복하는 데 필요한 지구력과 인내력이 상대적으로 크다는 것이다. 그런데 특성 이론은 능력의 후천적인 계발 가능성을 인정하지 않았으며, 리더에게 미치는 구성원의 영향력과 조직의 제반 상황적 조건을 반영하지 못했다는 점에서 비판을 받게 되었다. 최근에는 리더십은 선천적으로 타고나는 능력이 아니라 누구나 교육과 훈련으로 충분히 계발할 수 있는 것이라는 주장에 무게가 실리고 있는 추세다.

실제로 리더십을 갖추는 데 필요한 스킬도 다른 스킬과 마찬가지로 훈련을 통해 습득할 수 있다는 것이다. '기업경영의 살아있는 신화'로 불리는 잭 웰치 전 제너럴일렉트로닉(GE) 회장 또한, 그의 선대 회장인 레그 존스에 의해 발굴돼 다양한 상황을 맞닥뜨리며 경험을 쌓으면서 만들어졌던 것처럼 말이다.

예스유학의 최선남 대표의 경우도 이런 주장을 뒷받침해주고 있다. 타고난 도전정신과 꼼꼼함에 후천적으로 키운 리더십이 더해져서 성공의 중요한 요인이 되었던 것이다. 내성적인 성격이나 사람들 앞에 잘 나서지 못했던 성향을 노력을 통해 수정하고 유학원을 운영하는 데 필요한 자질을 갖추도록 훈련했다는 점에서 최 대표를 후천적인 리더라 볼 수 있을 것이다. 리더십은 결코 하늘에서 떨어진 선천적인 자질이 아니라 후천적인 노력으로 습득할 수 있는 소양이라는 점이다. 그렇다면 그런 훈련 방법은 어떻게 해야 하는 것인가? 최 대표의 경우에서도 볼 수 있듯이 우리가 상식적으로 생각할 수 있는 방법을 제대로 실천하는 것으로도 충분히 리더십을 키울 수 있다. 자신의 부족한 점을 고치고 비전을 세우려고 노력하는 데서 리더십이 시작되는 것이다.

> TIP

교육 사업 중의 하나
유학원 사업, 그것이 궁금하다!

지난 몇 년간의 불황 속에서도 오히려 지출이 늘어난 분야가 바로 교육비라고 한다. 불황은 계속되지만 자녀교육에 대한 높은 관심으로 교육 사업의 열기는 쉽게 시들지 않을 전망이다. 특히 특목고 확대 등의 교육 여건 변화로 영어교육 사업은 여전히 강세를 보이며 불황 민감도가 낮은 듯하고, 환율이 높아지는 등의 악조건에도 불구하고 유학원 사업은 지속적으로 늘어날 것으로 전망되고 있다.

대한민국의 높은 교육열은 폭발적인 유학 수요를 창출하였으며 그 규모는 30년 전부터 축소된 적이 없었다고 한다. 교육과학기술부에 따르면 1995년 235명에 불과했던 초등학생 유학생은 2006년 1만 3,814명으로 60배 가까이 늘었다, 같은 기간 중학생 유학생(1,200명→9,246명)과 고등학생 유학생(824명→6,451명)도 7~8배씩 증가했다. 업계에서 추산하는 한국 유학시장 규모는 7조 원대다. 비공식 통계로 매년 백만 명의 인구가 유학을 하고 있다고 한다. 물론 장기 유학 외에 단기로 여행 겸 하게 되는 유학도 포함되어 있겠지만 백만 명의 유학 인구라고 하면 이제 더 이상 일부를 대상으로 하는 사업이라 치부할 수 없는 일이다. 이렇게 유학 사업의 규모가 커지면서 관련 서비스도 점차 다양해지는 추세다. 수요가 늘어난 만큼 유학 지망생의 요구가 많아지고, 이를 충족시키려는 업체들의 경쟁 역시 그만큼 치열해지고 있기 때문이다.

TIP

하지만 글로벌 교육 사업은 국내 교육 비즈니스 로드맵 중 아직까지 시작에 불과한 블루오션 영역이라고 볼 수 있다. 게다가 글로벌 교육 사업은 영어 콘텐츠 개발 및 서비스, 진학 컨설팅, 출판 유통, 온오프라인 강의, 온라인 테스트, 학원(직영 및 프랜차이즈 사업 등), 관리형 기숙학원 운영 등 사업 분야가 다양하며 타 비즈니스와의 전략적 제휴가 유연한 가장 확장성이 뛰어난 사업 영역이다.

입소문이 난 업체는 1년 365일 문전성시가 따로 없다고 한다. 종합상품을 두루 갖춰 입맛에 맞는 프로그램을 선택하게 해주는 대형 유학업체도 있고, 국가별, 상품별로 세분화된 카테고리 영역을 강조하는 전문 유학업체도 있다.

미국 일색이었던 유학 대상 국가도 1990년대 초반 캐나다를 시작으로 호주와 뉴질랜드까지 개방됐다. 2000년대에 들어서는 필리핀, 싱가포르 등 영어를 사용하는 아시아 국가까지 유학 대상국이 됐다. 지금은 영어권 국가라면 세계 어디든 유학생이 분포돼 있는 상황이다.

예스유학 최 대표는 "유학 국가 선택권이 넓은 경우는 대부분 조기유학이고, 이때 주로 국가 선택은 부모의 경제적 형편에 따르는 게 일반적"이라고 한다.

유학생 연령이 점차 낮아짐에 따라 요즘 유학의 대세는 단연 '관리형 유학' 이다. '목적형 유학' 이라고도 불리는 관리형 유학은 단순히 현지 학교와 숙소를 정해주는 예전 유학과 달리 학교수업은 물론, 방과 후 교육과 숙소생활 전반에 관한 모든 것을 맡아 관리하는 형태로 일종의 유학 사후관리 프로그램을 말한다. 일종의 애프터서비스로 단순 알선 업무를 넘어선 고차원적 프로그램이다. 과거처럼 비행기만 태워 보내서는 나날이 업그레이드되는 고객 욕구를 채울 수 없다는 필요성이 낳은 상품이라 하겠다.

초등학생이나 중학생 중 사정상 부모가 함께 떠나지 못하는 유학생이 관리형 유학 프로그램을 선호하는 것으로 알려져 있다. 유학생활은 학생과 학부모 모두에게 불안하

고 낯설기 마련이다. 특히 조기유학을 떠난 어린 학생들의 스트레스는 대단하다. 조기유학의 그늘이 치명적인 까닭이다. 하지만 초기에만 잘 적응하면 문제없다는 게 전문가들의 의견이다. 바로 이점에서 초기 적응기에 도움이 되는 관리형 유학이 각광을 받게 되는 것이다.

유학을 간 후 서비스는 현지 지사가 거의 도맡는다. 따라서 현지 지사의 역할이 중요한 포인트가 된다. 이때 현지 지사는 단순히 국내 유학 회사와 파트너십만 맺은 경우가 아니고 확실한 연계망이 구축되어 있어야 한다. 그래야 제대로 된 사후관리가 가능하기 때문이다. 최근 유학업체의 현지 지사는 나날이 증가 추세다. 예스유학의 경우도 완벽한 사후관리를 위해 24시간 긴급 전화를 운영할 만큼 고객 만족에 심혈을 기울이고 현지 지사 관리에도 만전을 기하고 있다.

관리형 유학에도 '소극적 관리형 유학'과 '적극적 관리형 유학'의 두 종류가 있다. 전자가 숙소별로 관리인을 두고 기본적인 생활관리에만 주력한다면 후자는 유학의 목적을 '특목고 진학'이나 '국내 명문대 진학' 등으로 구체화한 후, 학교수업이 끝나면

> TIP

유학 목적에 부합하는 별도의 학습계획을 짜 그에 맞춰 학생을 지도한다.

그리고 최근의 유학 시장에서 가장 두드러지게 나타나고 있는 현상은 양극화다. 관리형 유학이 과열되면서 고소득층은 차별화된 고급 프로그램으로 눈길을 돌리고 있고, 가격에 부담을 느끼는 학부모들은 저렴한 실속 유학 상품을 찾고 있다. 유학 업체들은 경쟁적으로 상위 10% 시장을 선점하기 위한 고급 상품을 출시하고 있다.

반면, 보급형 유학 시장을 잡기 위한 업체들의 움직임도 활발하다. 기존의 공립학교 교환학생과 일반적인 사립학교 유학의 중간 성격을 지니는 프로그램으로, 공립학교에 다니면서 홈스테이를 하는 것이다.

또한 환율이 급등함에 따라 유학, 어학연수 등의 대안으로 저렴한 비용으로 연수할 수 있는 단기 어학 캠프가 각광받고 있다. 주로 초중학생들이 장기 어학연수를 가는 대신 방학에 단기 어학 캠프에 다녀오는 것이다. 하지만 이러한 트렌드에 따라 단기 어학 캠프가 급증하면서 우후죽순 해외 캠프 주관업체가 생겨났고, 영세한 업체들이 난립하지만, 관련 법규조차 없어 캠프를 준비하는 학생과 학부모 사이에 안전문제 등이 대두되고 있다.

〈weekely chosun 2008. 8. 25일자 참고〉

성공학원들의
core of management

••• 학원의 확대성장 전략과 축소성장 전략의 선택

　학원의 성장 전략에는 크게 두 가지, 확대 전략과 축소 전략으로 나누어 생각해 볼 수 있다. 식당의 경우에도 발 디딜 틈 없이 잘나가던 식당이 옆 건물로 확장 이전하였는데 그전까지 오던 손님들조차 발길이 뜸해지고 급기야 운영난에 빠지는 경우가 있다고 한다. 학원업의 경우에도 무조건 규모를 키운다고 잘되는 것은 결코 아니다. 학원의 성장도 치밀한 전략이 전제될 때에야만 가능한 것이다.

　우선 확대 전략부터 생각해 보자. 5~6평 정도의 강의실이 5개 정도 있는 소형학원을 예로 든다면, 설립초기 이 학원의 최대 목표는 인원을 마감시키는 일이다. 순조롭게 일이 진행되어 인원이 마감되고 포화상태에 이르게 된다고 가정해 보자. 물론, 즐거운 비명을 지르는 상태인 것이다. 이때 경영자는 학원의 면적을 넓히거나 타 지역에 분원을 내는 것이 올바른 판단일까? 아주 냉정한 판단을 해야 하는 시점이다.

　이 경우, 두 가지로 나누어 생각해 볼 수 있을 것이다. 만약 동일 건물 내에 추가로 확보할 수 있는 공간이 있다면 시도해 볼 만한 일이다. 지나치게 포화상태가 되어서 학부형과 원생들에게 충분한 서비스를 제공할 수 없게 되면 자칫 위험한 상황에 빠질 우려가 있기 때문이다. 그러나 이때 동일 건물 내에서 충분한 공간을 확보하지 못할 경우에는 타

성공학원들의 core of management

지역으로의 분원 설립보다는 과감한 축소 전략을 선택해야 한다. 즉, 성적 상위권 학생들로 타겟층을 정하고 분위기를 흐리는 학생들이나 성적향상이 이루어지지 않는 학생들을 정리하고 입학자격을 엄격하게 유지시키는 것이다. 학원의 브랜드 이미지를 고급화시키는 전략이다. 더불어 강사나 프로그램 등을 보완하고 그에 맞는 적절한 광고 전략을 세워 실행한다.

이렇게 되면 몇 개월 후 학원에 입학하기 위해서는 입학시험을 치르거나 대기표를 받아야 한다는 등의 소문으로 고급 이미지가 형성되게 된다. 이렇게 고급 브랜드 이미지가 형성된 이후에 비로소 타 지역으로의 분원설립을 고려해 볼 수 있을 것이다. 물론, 이 경우 반드시 그에 걸맞은 관리조직이 따라주어야 함은 물론이다.

또, 어느 경우에는 동일 건물 내에서 적절한 공간을 확보하지 못하고 길 건너에 있는 건물에 공간을 확보하여 강의실을 늘리는 경우를 생각해 볼 수 있을 것이다. 그러나 이때 반드시 고려해야 할 것은 그렇게 늘어난 강의실 숫자만큼 수익이 늘지 않는다는 것이다. 그 이유는 그 건물에 추가적인 관리조직이 배치되어야 하기 때문이다. 그러나 그것보다 더욱 위험스러운 것은 이렇게 건물이 떨어진 경우 제대로 관리가 이루어지지 않아서 자칫 학원의 브랜드 이미지가 추락될 위험이 있다는 것이다. 이러한 위험을 막기 위해서는 가까운 길 건너의 넓은 빌딩을 임대 내어 완전히 이전하는 방안이 훨씬 효율적일 것이다.

 이때 또 한 가지 고려할 사항이 있다. 오늘날 경기 순환 시기가 무척 짧아졌다는 사실을 생각할 필요가 있다. 호황이다 싶으면 어느새 경기가 하강국면으로 치달으며 투자와 소비가 얼어붙곤 한다. 이러한 상황에서 해당지역에서 확고한 1위를 점하고 지속적인 경쟁력을 가질 수 있다는 확신이 들기 전까지는 확대 전략은 자칫 위험할 수 있음을 명심해야 한다. 확대 전략을 통해서 새롭게 투자되는 자금을 6개월 내지 1년 안에 회수할 수 있는 방법이 아니라면 좋은 결과를 내기가 어려울 수도 있다는 얘기다.

 이 경우 차분히 축소 전략을 고수하며 브랜드 이미지를 쌓는 편이 사업적으로도 훨씬 현명할 것이다. 따라서 무조건 확대 전략만이 능사가 아님을 알아야 한다. 학원뿐만 아니라, 다른 일반 기업들에서도 이러한 전략 선택을 잘못한 경영자들이 겪는 어려움을 타산지석으로 삼아야 할 것이다.

성공학원들의
core of management

••• 교육 사업에서 수요의 가격 탄력성

　가격 탄력성, 즉 어떤 물건의 '가격의 변화'에 따른 '수요량의 변화'를 말한다. 커피값을 100원 올리게 되면 당연히 일정 정도의 수요는 변화할 수밖에 없을 것이다. 학원 사업에서의 이러한 가격 탄력성은 어떨까? 다시 말해 수강료를 일정 금액 인상하거나 혹은 인하했을 때 과연 등록생들의 변화는 어느 정도일까?

　IMF 당시, 많은 학원들이 등록생들의 감소에 직면하여 수강료를 인하하기도 하였다. 그러나 결론부터 말하자면 그러한 전략은 실제 학원의 운영에 큰 도움이 되지 못한 방법이었다. 물론, 전 국민적인 어려움을 같이 나누자는 의미였다면 모르지만 수강료의 인하를 통하여 학원생 감소를 막겠다는 의미였다면 그다지 도움이 되지 못했다는 얘기다. 오히려 당당히 종전의 수강료를 받으면서 강의의 질을 유지할 수 있었던 학원들의 성장 가능성이 훨씬 높았다고들 한다.

　그만큼 교육 사업에서 수요의 가격 탄력성은 결코 크지 않다는 말일 것이다. 다시 말해 수강료를 적게 받겠다며 어설픈 프로그램을 운영하는 것보다 적절한 수강료를 받으면서 양질의 프로그램을 통하여 학부형과 학생들의 선택을 받도록 하는 것이 훨씬 현명한 전략이라는 말이다. 기존 학원생들의 퇴원 숫자가 늘기 시작하고 신규 입원생들이 줄어

들게 되면 언뜻 수강료를 할인해주거나 인하해야 하지 않을까 하는 충동에 휩싸이곤 한다. 그러나 이러한 생각은 자칫 되돌아올 수 없는 다리를 건너는 꼴이 될 수 있음에 주의할 필요가 있다.

주변의 학원들보다 턱없이 비싸게 받는 것이 아니라면, 이렇게 학생 수가 줄어드는 이유를 기존 프로그램이나 관리상의 실수들을 먼저 짚어보아야 할 것이다. 또한, 무턱대고 추가 강의 프로그램들을 늘려 이것저것 끼워주기 식의 땜질 처방도 결코 경영에 도움이 되지 않는다.

학원 사업, 가격으로 경쟁하지 말고 프로그램과 학생관리의 질로 경쟁의 우위를 점해야 한다. 제대로 받고 제대로 가르쳐야 한다.

2부
학원 경영의
성공 전략을 찾아라

- 1장 학원 경영자의 핵심역량 강화 전략
- 2장 학습 시스템의 구축 전략
- 3장 강사 및 직원관리 전략
- 4장 학부모·학생관리 전략

전략? 전략! 영어로 전략이라는 의미를 지니는 Strategy란 단어는 그리스어 Strategos에서 나온 것으로 이 말은 군대를 의미하는 Stratos와 이끈다(lead)는 의미를 가진 -ag가 합쳐진 용어이다. 전략이란 말은 군사학의 영역에서 확장돼 기업을 위한 경영전략으로서 현대 경영학의 중요한 일부분이 되었다. 하지만 이 전략이라는 말처럼 사업 경영상의 다양한 영역에서 폭넓게 쓰이는 표현도 없다. 또 그 '함의' 역시 매우 자의적이다. 그러나 여기서는 맥킨지가 규정하는 성공적인 전략의 개념을 기준으로 학원 경영의 성공 전략을 찾아보려 한다.

맥킨지는 전략을 "경쟁이 이뤄지는 시장, 상품영역, 지역 등에서 사업상의 획기적이고 지속가능한 성장과 경쟁력을 확보하기 위한 총체적 방법론의 집합체"라고 보았다. 이는 곧 산업 환경을 어떻게 분석할 것인가, 어느 영역에서 어떠한 수단으로 경쟁할 것인가, 주어진 조건에서 어떻게 혁신을 주도할 것인가 등의 일상적이면서도 핵심적인 질문에 대한 해답을 담고 있어야 한다는 의미다. 보다 궁극적으로는 결국 내가 운영하는 학원이 언제, 어디서, 무엇을, 어떻게, 누구를 상대로 해서 경쟁해서 성공하도록 할 것인가에 대한 개념을 명확히 해야 함을 말하는 것으로 볼 수 있다.

자, 그럼 지금부터 학원 경영의 성공을 위한 전략에 대해 구체적으로 생각해 보자. 일단 학원 경영의 영역을 크게 학원 경영자의 역량 강화, 학습프로그램관리, 강사 및 직원관리, 학생·학부모관리로 나누어 각각에 걸맞은 성공 전략을 찾아보도록 하겠다.

1장 학원 경영자의 핵심역량 강화 전략

　국경을 뛰어넘어 기업 간 경쟁이 치열해지는 것은 물론, 불확실하고 급변하는 시장 상황으로 말미암아 한 치 앞도 예상하기 힘든 글로벌 경쟁 시대인 오늘날, 기업의 흥망은 경영자의 능력과 역량에 따라 달라진다. 어떤 마인드를 가진 경영자가 어떤 방식으로 기업을 운영하느냐에 따라 성패가 달라지듯이, 학원 경영 역시 어떤 경영을 하느냐에 따라 경쟁력을 갖추느냐, 그렇지 못하느냐가 결정된다.

　서비스 업종에 해당하는 학원 경영은 양질의 교육 서비스 콘텐츠를 전달하여 고객을 만족시켜야만 한다. 그러기 위해서는 우수한 인력, 양질의 프로그램 등을 조화롭게 운용할 수 있는 경영자의 역량 및 리더십이 무엇보다 중요하다. 그러므로 학원장에게는 더 큰 역량이 요구된다.

　그렇다면 학원장이 반드시 갖추어야 할 역량에는 어떤 것이 있을까? 학원 경영자의 업무에서 요구되는 역량의 원천은 다음의 네 가지라고 할 수 있다.

　(1) 지식 (Knowledge)
　(2) 노하우(Know how)

(3) 관리 능력(Process Management)
(4) 전략적 리더십(Strategic Leadership)

 지식 (Knowledge)

   핵심역량의 구성 요소 중 첫 번째 지식(Knowledge)은 형식지(形式知) 또는 명시지(explicit knowledge)를 지칭한다. 보통 이 지식을 이론 또는 근대적 지식, 추상적 지식이라 한다. 그러나 이것이 곧 핵심역량은 아니다. 학교에서 누구나 배우는 지식 또는 책을 통해서 누구나 얻을 수 있는 그런 일반적 지식을 말하는 것이 아니기 때문이다. 특정 분야 또는 특정 주제에 관한 독특한 지식을 지칭하는 것이다.
   즉 다시 말해 학원 경영을 위해 필요한 다양한 정보들을 소화하여 체계적으로 분류와 가공이 용이한 지식으로 창출해내는 것을 의미한다.
   지식경영의 세계적인 대가 노나카 이쿠지로(野中 郁次郞)는 지식을 객관적으로 측정할 수 있고 관찰할 수 있는 명시지(형식지 ; Explicit Knowledge)와 개개인의 독특한 노하우와 주관적인 경험으로 구성되어 있어 외연적으로 표현하기 어려운 암묵지(묵시지 ; Tacit Knowledge)로 나누었다. 명시지는 언어적으로 쉽게 표현할 수 있는 학습 시스템, 데이터베이스, 매뉴얼, 컴퓨터 프로그램 등의 형태로 지식 창고에 저장할 수 있는 지식이다. 논리적이고 기계적인 지식, 참과 거짓, 수단과 목적을 쉽게 구분할 수 있으며 기업에서의 업무로 말하자면 회계 서류작성, 문서관리 창구업무 등 좌뇌의 영역에 해당하는 지식이다. 체계적이고 쉽게 문서화할 수 있는 지식으로 회계규칙, 간단한 수학과 언어능력 등은 일종의 형식지 즉 명시지다. 이러한 지식은 경험이 많은 직원 또는 그 밖의 전문가들이 가지고 있을 문서나 다른 매체에 명문화할 수 있다. 형식지는 체계적이기 때문에 전자우편, 책, 텔레비전 프로그램을 통해 한 사람에게서 다른 사람으로 쉽게 전달된다. 그렇다면 이런 종류의 지식을 경영자가 반드시 직접 챙겨야 할까?

바람직한 지도자와 바람직하지 못한 지도자의 모습을 네 가지로 구분하는 재미있는 분류법이 있다. ①똑똑하지만 게으른 사람, ②똑똑하면서 부지런한 사람, ③멍청하면서 게으른 사람. ④멍청하면서 부지런한 사람, 이중 똑똑하지만 게으른 사람이 가장 바람직한 지도자이고, 똑똑하면서 부지런한 사람이 그 다음으로 바람직한 지도자이며, 멍청하면서 부지런한 사람이 가장 바람직하지 못한 지도자라고 한다.

지도자가 아니라 단순한 일꾼이라면 똑똑하고 부지런한 사람이 가장 바람직하고, 멍청하면서 게으른 사람이 가장 바람직하지 못할 것이지만 지도자라는 위치 때문에 평가가 다르게 되는 것이다. 똑똑하면서 게으른 상사는 조직 운영 즉 학원 운영 및 경영의 전반적인 움직임을 꿰뚫고 있지만, 일은 아랫사람을 시키기 때문에 직원들의 능력을 계발하고 적극성을 심어줄 수가 있다.

결국, 중요한 점은 내가 직접 하지 않아도 전체 운영이 어떻게 돌아가고 있는지 세심하게 살필 수 있는 능력이 자신에게 있어야 한다는 말이다.

학원의 직원들이나 강사들은 그 특성상 자신의 실적을 과시하거나 과오를 숨기기 위해 사실과 다르게 보고하는 경우가 있다. 영업담당자는 매출을 부풀리는 경향이 있고, 강사는 학생, 학부모의 불평불만을 되도록 상부에 보고하지 않고 자기 선에서 처리하고자 하는 경향이 있다. 또 강사들은 각자 자기의 교수법만이 최고라고 생각해 현실적인 피드백을 받지 않은 채 기존 교수법을 고수하기도 한다.

따라서 학원의 최고 경영자가 조직 일선 활동에서 관심을 보이지 않으면 언젠가 학원 운영 전체가 위기에 내몰릴 수도 있게 된다. 누구든지 아는 만큼 볼 수 있게 마련이다. 결국 학원 운영 전반에 걸쳐 필요한 명시지를 확보하는 것이 중요하다는 것이다. 학원 운영 현황을 정확하게 파악해야 한다. 이러한 학원 경영자라면 강사들이나 직원들이 다음과 같이 말할 것이다.

"우리 원장님은 말이야, 어떻게 학원이 돌아가는 사정을 그렇게 속속들이 잘 알지? 원장님에게는 도저히 거짓말을 못 하겠어. 정말 무서운 사람이야!"

이번에는 좀 더 구체적으로 학원 경영자가 알아야 할 명시지에는 어떤 것들이 있는지 알아보자

먼저 사업전략 구상에 필수적인 환경적 요인 분석에 관한 지식이 필요하다.

주기적인 시장조사를 통해 학원에 필수적인 정보를 수집하는 일에 게을러서는 하루가 다르게 급변하는 사교육 시장에서 살아남기 어렵다. 학원 내부 환경 즉 조직원의 근무 태도나 불만사항, 재원생과 재원생 학부모 현황과 불만사항 등의 내용을 면밀하게 파악하고 있어야 한다.

또한, 학원 경영과 관련된 법률, 재무, 세무, 노무관리에 대한 지식과 학원 외부 환경과 사회 전반에 걸친 환경 변화에 주의를 기울여야 한다. 공교육 정책의 변화나 경쟁 학원들의 동향, 전반적인 사회적 교육 수요와 추세를 파악하고 있어야 함은 물론 국내정세와 세계정세를 파악하는 능력이 절실히 요구된다.

다음으로 생각해 볼 것은 학원의 학습 시스템에 관한 지식이다.

학원 경쟁력에서 가장 중요한 위치를 차지한다고 볼 수 있는 학습 시스템을 통해 강사와 직원들이 학생을 체계적으로 가르치고 관리해야 하기 때문이다. 이때 학원장 또는 학원 경영자는 학습 시스템 전체를 이해하고 그것을 바탕으로 지속적으로 강사, 직원들을 교육하고 훈련시킬 수 있을 정도의 지식을 갖추어야 한다. 학원장이 직접 강의를 하지 않는 경우에도 이는 반드시 필요한 지식이다. 학습 시스템은 학원의 기둥이 되는 것이므로 학원장이 그 내용을 완전히 이해하고 설계할 수 있을 정도의 실력을 쌓아야 한다. 프랜차이즈를 하는 경우에도 본사에서 제공하는 학습 시스템에 관해 정확하게 이해하고 그 내용을 유지할 뿐만 아니라 더욱 발전시킬 수 있어야 성공을 기대할 수 있다.

이런 명시지의 습득은 책과 학습이라는 활동을 통해 얻을 수 있다. 시중에 나와 있는 다양한 도서와(이때 도서는 반드시 학원 경영이라는 타이틀이 없어도 경영에 관한 책이라면 모두 섭렵할 필요가 있다.) 사설 기관이나 협회에서 마련하는 학원장 전문교육 프로그램을 활용해 이론적인 배경을 마련하는 것도 좋은 방법이다.

하지만 현실세계는 지극히 복잡하고 복합적이기 때문에 이론만으로 현실세계를 정의하는 것은 불가능하다. 카오스이론이나 프랙탈이론 등의 등장도 이런 연유에서다. 그러므로 현실을 지식적 대상 즉 학습의 대상으로만 파악할 수는 없다. 오히려 현실과 나를 일체화하는 노력이 더 절실하다. 즉 현실을 내 속에 내재화하여 이론적 한계를 극복할 필요가 있다는 말이다.

2 노하우 (Know how)

그런 맥락에서 핵심역량의 두 번째 요소인 노하우의 의의를 생각해보자. 앞서 말했듯이 노하우는 암묵지라고 말하는 것으로 자(自)와 타(他)를 분리하지 않고 내재적으로 파악하는 체험적 지식을 말한다. 다시 말하면 현실세계를 통째로 내 안에 넣어 나와 현실세계를 일체화하여 터득하는 체험적 지식이다.

암묵지는 '학습과 체험을 통해 개인에게 습득돼 있지만 겉으로 드러나지 않는 상태의 지식'을 말한다. 사람의 귀와 귀 사이(between ears) 즉 머릿속에 존재해 있는 지식으로 언어나 문자를 통해 나타나지 않는 지식이다. 또한, 암묵지는 대개 시행착오와 같은 경험을 통해 체득하는 경우가 많다. 달리 말하면 체험을 통해 본인이 자각의식으로 알고 있다고 생각하는 이상의 것을 알고 있는 지식 즉 "말로 표현할 수 있는 이상의 지식"을 암묵지라고 한다. 따라서 암묵지는 현장에 존재하는 지식이고 현장에서 계속적으로 발견되는 지식이다. 현장이야말로 암묵지의 원천이다.

요즘 텔레비전에 흘러넘치는 음식 관련 프로그램마다 빠지지 않고 등장하는 게 하나 있다. 맛있는 음식의 '요리비법'이 뭐냐는 질문에 요리사가 '절대 비밀'을 고집하는 장면이다. 그 비밀을 말이나 글로 표현할 수도 있겠지만 그것만으론 어림도 없다는 게 요리사들의 한결같은 주장이다. '손맛'이라는 게 있기 때문에 오랜 기간 옆에서 시중을 들면서 지켜봐야만 그 비법을 제대로 전수받을 수 있다는 것이다. 이 '손맛'이야말로 대표적인 암묵지다. 바로 '나만의 성공 노하우'라 할 수 있다.

소위 말하는 성공한 학원의 원장들에게도 이런 '암묵지' 즉 노하우가 있다. 각자가 처한 상황에서 열심히 노력하는 과정에서 얻게 된 내재화된 말로 표현하기 어려운 지식이다. 제아무리 많은 책을 읽고 많은 교육을 받아 경영의 원칙과 세무관리나 노무관리 또는 강사관리에 관한 형식지를 많이 알고 있다고 해도 그것을 현실에 적용하는 노하우가 없다면 성공할 수 없는 것은 자명한 이치다.

장자의 「천도 편」을 보면 '책은 성인의 찌꺼기'란 얘기가 나온다. 전국시대 춘추오패 가운데 한 명인 제나라 환공이 책을 읽고 있을 때였다. 그것을 본 목수 윤편이 수레바퀴를 깎다 말고, 환공에게 물었다.

"무슨 책을 읽고 계시옵니까?

"돌아가신 성인들의 책을 읽고 있느니라."

"거기에 쓰인 것은 성인의 찌꺼기 같은 것이옵니다."

윤편의 말에 환공은 벌컥 화를 냈다. 하늘 같은 성인들의 말씀을 찌꺼기라고 말한 이유가 무엇인지 묻자, 윤편은 이렇게 설명했다.

"수레바퀴를 만들 때 굴대와 구멍을 잘 맞춰야 하는데 그 비결은 말로 하기가

> 매우 어렵습니다. 자식에게 비결을 깨우쳐 주려 하나 좀처럼 안 됩니다. 성인도 참으로 중요한 것은 글로 표현하지 못한 채 돌아가셨을 것입니다. 그러니 성인의 말씀이 담긴 책도 성인의 찌꺼기인 게 분명합니다."

하지만 이런 암묵지를 얻는 것이 쉬운 일은 아니다. 형식지의 형태를 체험적으로 사용함으로써 그 밑바탕에 깔린 암묵지를 터득하는 경우, 체험을 통해야 하기에 오랜 기간이 소요된다. 물론 단시일에 알아내는 경우도 있지만, 그것은 전적으로 우연 즉, 운이 좋아서 그런 것이지 일반적으로는 장구한 시일에 걸친 체험과정에서 체득되는 것이다.

따라서 학원 경영의 노하우를 갖고자 한다면 학원 사업 분야에서 이런저런 경험을 하는 것이 무엇보다 중요하다. 현장의 직접 체험을 통해 감각적인 지식을 갖추는 일이 필요하다.

그러나 무조건 경험한다고 아무나 같은 암묵지를 얻을 수 있는 것도 아니다. 특별히 뛰어난 암묵지의 소유자를 명인이나 장인이라고 부른다. 보통 작업자가 모두 명인이 될 수는 없다.

성공 노하우를 터득하는 방법에는 경험 이외의 다양한 경로가 있다. 앞서 말한 시장 조사나 여러 교육기관에서 시행하는 교육 프로그램 이수, 성공한 학원에서 직접 근무해 보는 방법, 전문 컨설턴트에게 컨설팅을 받는 방법 등을 들 수 있다.

하지만 이런 식으로 노하우를 찾아내는 것만으로는 부족하다. 다양한 방법을 통해 학원 경영의 다양한 노하우를 체득한 다음 그 내용을 기반으로 자신이 경영하는 학원에 가장 적합한 '나만의 노하우'를 다시 세

워보는 일이 중요하다. 성공한 학원들의 노하우를 자기 것으로 만들기 위해 끊임없이 노력하는 것이야말로 성공적인 학원 경영자가 해야 할 일이다.

벤치마킹을 통해 단기간에 노하우를 습득해 보자

기업경영에서 벤치마킹이란 좋게 말해서 '창조적인 모방'이며, 새로운 경영 전략으로 각광받고 있는 경영혁신 용어이다. 벤치마킹에 대한 학자들의 견해가 다양하나 벤치마킹은 한마디로 '자사의 혁신대상 분야에서 최고의 기업과 비교하여 창조적 모방을 통해 그 차이(gap)를 뛰어넘는 경영혁신 기법'이다. 다시 말하면 자신보다 뛰어난 업체나 상품, 기술, 경영 방식 등을 배워 자사의 경영과 생산에 합리적으로 응용하는 것을 뜻한다. 단순한 모방과는 달리 우수한 기업이나 성공한 상품, 기술, 경영방식 등의 장점을 충분히 배우고 익힌 후 자사의 환경에 맞추어 재창조하는 것이다.

경기침체와 과다경쟁으로 학원들이 다들 어렵다고 한다. 그러나 학원가를 자세히 들여다보면 위기상황 속에서도 여전히 성장하는 학원들은 분명 존재한다는 것이다. 오히려 잘 되는 곳은 더 잘 되고, 안 되는 곳은 더 어려워지는 극단적인 양극화가 나타나고 있다.

그렇다면 주변에 잘 되는 학원들의 비결이 도대체 무엇인지 연구하고 직접 찾아가 배우면서 자신의 학원에 적용해 보는 것도 좋은 생존 전략이 될 것이다. 밖에서 보기에는 우리 학원과 다른 점도 모르겠고 잘 되는 특별한 이유도 없어 보일 수 있지만, 직접 가서 살펴보고 원장과 대화를 해보면 분명 다른 뭔가를 발견할 수 있을 것이다. 하다못해 2평짜리 포장마차도 이유 없이 그냥 잘 되는 곳은 없으니 말이다.

　도대체 그 학원이 우리 학원보다 어떤 점이 더 특별한 것인지, 잘하는지 알아보고 그 학원의 장점을 배우기 위해 노력해야 한다. 주변에 성공하는 학원들이 급격하게 성장하는데도 아무런 마음의 동요가 없다면, 혹은 단지 속상하기만 하고 부럽기만 할 뿐 도대체 그 학원이 왜 성장하는지 그 비결이 무엇인지 배우려들지 않는다면 시간이 흐를수록 성공 학원과의 격차는 점점 커질 뿐이다.

3 관리 능력 (Process Management)

　학원 경영자의 업무에서 요구되는 역량을 구성하는 세 번째 요소는 관리 능력이다. 여기서 말하는 관리 능력이란, 사업 목표를 달성하도록 만드는 기술을 말한다. 흔히 기술이라고 하면 제조 기술이나 과학 기술을 떠올리는데, 경영 능력 또한 기술에 속하는 것이다. 다른 기술자들은 새로운 상품을 만들어내고, 그것을 보다 편리하게 사용하는 기술을 개발하지만, 경영자는 고객이 새로운 만족을 느끼도록 만든다.

　경영자는 여러 복합적인 경영 자원(돈, 물자, 사람, 시간 등)을 동원해, 고객 만족을 창출한다. 이것은 학원 경영에서도 마찬가지이다. 학원을 경영하는 학원장은 학원의 조직관리, 상담관리, 임차관리, 셔틀버스 노선관리, 학습 시스템관리, 교구·교재관리, 학사 일정, 커리큘럼, 강의 내용관리, 인사관리 등등 매니지먼트 전반에 걸친 관리를 통해 고객인 학생과 학부모의 만족을 창출한다. 그렇다면 학원 사업에서 가장 중요한 관리 영역은 무엇일까? 그것은 사람을 관리하고, 그것으로 인해 만족할 수 있게 하는 것이다. 학원은 크게 3가지 관리 요소를 갖고 있다.

첫째는 강사, 그리고 둘째는 행정 업무를 맡고 있는 직원, 셋째는 학생과 학부모이다. 이 모든 것은 서로 다른 요소들 같아 보이지만, 결국 모두가 고객이라는 점에서 같다. 조직관리의 대상인 강사와 직원은 1차고객, 즉 내부고객이며, 학생 및 학부모는 2차고객, 외부고객이 된다. 결국 학원 사업은 고객을 관리하고 만족을 이끌어내는 데 성패가 달려 있다.

그러므로 학원 경영자가 내부고객인 강사와 직원을 소홀히 한다거나, 외부고객인 학생 및 학부모에게 최상의 서비스를 제공하지 못한다면 결코 성공을 얻을 수 없을 것이다. 학원의 성공을 위해서는 통합적으로 고객관리 전략을 수립하고 내부고객과 외부고객을 체계적으로 관리하는 것이 필요하다.

학원을 경영하고 관리해야 하는 학원장의 입장에서 내부고객과 외부고객을 대상으로 어떤 업무를 해야 할지 살펴보자.

✱ 학원 구성

구분	경영자(학원장)	강사, 직원	학생	학부모
목적	학원 사업의 성공 수익 창출 교육 사업으로 사회공헌	높은 급료 자아 성취	성적 향상	학생 성적 향상
주요업무	학원운영 전반관리	강의 및 상담 행정업무	충실한 학습 강의 참석	수강료 납부 학생 결강 방지
관리	자기관리	평가, 인사	상담, 진단, 평가	상담, 진단, 평가

4 전략적 리더십 (Strategic Leadership)

학원 경영자에게 요구되는 또 다른 능력은 리더십이다. 학원 경영자에게는 경영 이념 또는 비전·전략 등을 책정하는 능력, 고객의 만족을 위한 가치 창출을 위한 방안을 결정하고, 구체적으로 조직을 이끌어 나가고, 인사관리를 통해 조직의 결속력을 다지는 능력, 즉 리더십이 필요하다.

리더십이란, 다른 사람을 자기가 바라는 방향으로 행동하도록 유도하는 행위로 정의된다. 리더십이 중요한 것은 기업의 흥망성쇠가 거기에 좌우되기 때문이다. 학원 경영에서도 리더십이 경영자의 중요한 자질로 평가되고 있다.

경영 목표를 어떻게 책정할 것인지, 각종 경영 기능 간 상호작용을 어떻게 조정할 것인지, 직원 개개인의 역량을 최대로 이끌어내기 위해 어떤 방법을 구사할 것인지, 직원의 능동적 참여를 위해 어떤 범위까지 권한을 위임할 것인지, 개인 및 조직의 유대 관계를 유지하기 위하여 어떤 방법을 펼칠 것인지, 조직 와해를 방지하기 위해 어떤 전략을 구사할 것인지를 결정하고 적절하게 정책을 펼칠 것인지를 고민하고 실천하는 능력이 곧 리더십이다.

그러므로 학원장이 갖추어야 할 리더십은 경영의 필수 조건이라고 할 수 있으며, 학원 경영의 성패는 최고 경영진 등 관리자의 리더십에 달려 있다고 해도 과언이 아닐 것이다. 그도 그럴 것이 학원만큼 모든 조직의 요소들이 사람의 행동을 중심으로 하는 업체는 드물기 때문이다.

그렇다면 어떤 것을 리더십이라고 하고, 또 어떻게 행동해야 리더라고 할 수 있는 걸까?

리더십을 다른 말로 특정한 가치가 있는 매우 높은 수준의 여러 가지 능력의 '조합체'라 부를 수도 있다. 가치관, 용기, 책임감, 판단력, 결단력, 추진력, 솔선수범, 수완 등 존경할 만한 가치가 있는 능력 있는 사람을 리더십이 있다고 평가한다. 리더십은 보통 지도력, 통솔력으로 해석되고 그것을 발휘하는 사람을 리더라고 한다.

국가나 조직이 전쟁 같은 위기적 상황이나 대변화에 직면할 때 세상은 리더를 갈망한다. 이때 리더는 그를 따르는 사람들보다 솔선해서 앞으로 나아간다. 경우에 따라서는 모두를 위해 목숨도 던질 각오가 필요하다. 중세 유럽의 기사나 십자군의 수도기사단에 부과된 노블레스 오블리제(Noblesse Oblige: 높은 사회적 신분에 상응하는 도덕적 의무)가 전형적인 사례이다. 역사적인 사상가, 정치가, 군인, 현대의 산업계 또는 스포츠계를 이끈 세계적 리더들이 가진 공통점을 살펴보면 다음과 같다.

① 팀원에게 비전을 제시한다.
② 비전을 실현하기 위한 올바른 방향을 선택하고, 긴밀한 전략과 체제를 구축한다.
③ 팀원들에게 비전을 이루고자 능동적으로 나서는 동기를 부여한다(모티베이션).

💡 **그렇다면 성공적인 학원 경영을 하기 위해 필요한 리더십은 무엇일까?**

먼저, 인사컨설팅 전문업체인 헤이그룹이 조사한 조직 풍토 조사(Organizational Climate Survey)를 살펴보자.

헤이그룹은 이 조사를 통해 '높은 성과 풍토(high performance climate)'를 만드는 리더와 '사기 저하 풍토(de-motivating climate)'를 만드는 리더의 스타일을 구분했다. 리더들을 유형별로 분석해 보면 '지시형, 비전형, 친화형, 민주형, 솔선형, 육성형'의 6가지로 구분할 수 있다.

각 유형별 리더들이 이끄는 조직의 업무 성과를 살펴보았을 때 '높은 성과'를 이룬 리더들은 위의 6가지 유형이 골고루 번갈아 나타났다. 높은 성과 리더는 맡은 업무 처리가 긴급한 것인지, 또 부하 직원의 상태와 역량 수준 등에 따라 서로 다른 유형의 리더십을 발휘했던 것이다.

하지만 직원들의 사기를 저하시키는 리더들은 6가지 유형 가운데 지시형과 솔선형 등 한두 가지 유형만 눈에 띄게 나타나는 특징을 보였다. 그리고 자신들이 편리하게 생각하는 한두 가지 유형대로만 직원들을 대한 리더들은 조직의 사기를 떨어뜨리고, 직원들의 반발을 샀다.

여기서 흥미로운 사실은 솔선형 리더십이 조직 풍토에 부정적 영향을 미친다는 점이다. 솔선형 리더는 자신이 직접 나서서 문제를 해결한다. 그런데 문제를 신속히 해결할 수 있다는 장점은 있지만, 부하 직원이 능력을 펼칠 수 있는 기회가 줄기 때문에 업무 능률이 현저하게 떨어지고, 오히려 결과적으로는 부정적인 결과를 초래하기 쉽다. 또 솔선형 리더십을 너무 자주 발휘하는 리더 밑에 있는 부하 직원들은 상사에 대한 의존도가 높고, 책임감과 업무 몰입도가 떨어지는 편이었다. 그러므로 솔선형 리더십은 꼭 필요한 상황에서만 단기적으로 사용해야 한다.

헤이 그룹은 이 조사를 통해 발표한 리더십의 유형 외에, 하버드 비즈니스 리뷰에 기재된 리더의 유형도 있다. 여기서는 리더의 유형을 목표를 향한 태도에 따라 '전략형과 실행형'으로 나누었고, 업무 진행 스타일에 따라 '추진형과 참여형'으로 나누었다.

전략형은 미래 지향적이며, 성장에 초점을 맞추고, 미리 계획하며, 혁신과 신개념을 끊임없이 강조하는 리더로 한마디로 큰 그림을 보는 리더다. 반면에 실행형은 단기적 결과에 집중한다. 성과를 강조하며 비용 절감과 우선순위 결정에 민감하다.

업무 진행 스타일에 따라 구분되는 추진형 리더는 스스로 업무에 먼저 뛰어드는 타입이며, 그때그때 자신의 의견을 내세우고, 부하들에게 높은 기대를 갖는 사람이다. 그리고 결과가 나왔을 때 그 잘잘못을 직원에게 따져 묻는 스타일이다. 이럴 경우 리더가 강압적으로 행동하면 단기적으로 보아서는 생산성이 향상될 수는 있으나, 장기적으로는 조직의 응집력은 떨어져 사기가 저하되고, 궁극적으로 생산성마저 저하된다. 또 추진형 리더는 부하 직원들을 결집시키는 능력이 부족하기 때문에 내부에서 갈등이 일어날 수 있다.

참여형 리더는 부하 직원들의 직접적 참여를 유도해 업무를 위임하고, 권위와 자유를 허용하면서 피드백에 귀를 기울이고, 칭찬과 감사를 전달하는 리더다. 리더의 성향이 이러할 경우, 의사 결정을 할 때 팀원들을 참여시켜 많은 사람들의 동의를 얻어내려고 하기 때문에 업무의 진행이 다소 지연될 수 있다. 또 상사가 부하 직원에게 많은 권한을 위임하게 되므로 조직의 응집력과 활력은 강해질 수 있으나, 추진력이 약하기 때문에 생산성이 약화되고 궁극적으로 조직의 사기까지 저하시킨다. 또 이런 유형의 리더는 조직 내의 공감대 형성에 주력하기 쉽기 때문에, 얼핏 보기에는 이상적인 조직을 꾸려나가는 것 같아 보이지만,

자칫하면 팀원들에게 우유부단한 모습으로 비쳐질 수 있다. 그러므로 참여형 리더십으로 직원을 인솔할 때는 힘있게 밀어붙이는 추진력과 명쾌한 결단력까지 반드시 접목시켜야 한다.

그밖에도 리더십의 유형을 구분하는 다양한 방법들이 있다. 하지만 어느 한 가지 스타일이 절대적으로 옳고 그르다고 말할 수는 없다. 그러므로 어느 한쪽에 극단적으로 치우치지 않고 최대한 균형을 유지할 수 있도록 노력하는 것이 진정한 리더의 모습일 것이다.

강사와 직원들의 능력을 최대한 발휘하게 하기 위해 필요한 리더의 유형은?

① 학원 유형에 따른 리더십 유형의 변화

학원장으로서 성공하려면 교육자적 자질과 사업가로서의 자질이 필요하다. 또 학원의 유형(대상 학생의 연령대, 학원의 성격)에 따라 요구되는 리더십이 다르기도 하다. 예를 들어 어린 아이들(유아부터 초등학생까지)을 대상으로 하는 학원의 경우 그 조직의 특성상, 학원장이 섬세하고 자상하게 모두 챙겨 줄 필요가 있다. 이런 경우에는 '친화형' 리더십을 펼치는 것이 가장 적절할 것이다.

반대로 초등학교 고학년에서 중학생 이상의 학생을 대상으로 하는 학원이라면 성적 향상을 최고의 목표로 삼아야 한다. 그러기에 전문성을 갖춘 강사들의 실력을 발휘할 수 있도록 자극하고 유도할 수 있는 리더십이 필요하다. '비전형, 육성형' 리더십이 강조된다고 할 수 있다.

② 학원 성장주기에 따른 리더십 유형의 변화

학원 성장주기에 따라 리더십의 유형이 바뀌는 것 또한 좋은 방법이다. 예를 들어서, 학원 창업 초기에는 아무래도 소규모 조직이어서 학원장의 능력이 그대로 조직의 성과로 나타나게 된다. 특히 조직 전체의 의견을 수렴하고 일을 전적으로 위임하는 등의 활동을 할 만한 기간이나 대상이 부족하기도 하다. 이럴 경우에는 얼마나 빠르고 정확하게 의사결정을 내리고 정책을 시행하느냐가 경영의 성패를 좌우할 수 있다. 그러므로 학원 초기에는 강력한 리더십이 필요하다. 이 경우, '지시형' 리더십이나 '솔선형' 리더십을 발휘해 업무를 추진하고, 실행하면 좋을 것이다.

그러나 이러한 리더십을 무조건 강조해서는 안 된다. 학원이 성장기에 들어서면 상황이 달라지기 때문이다. 초기 창업 시기를 벗어나 어느 정도의 성장 단계에 접어 들어간 시점에서는, 일방적인 리더십은 문제를 야기시킬 수 있다. 초기에는 인원이 적고, 목표 의식이나 결속력이 비교적 강하기 때문에 리더가 의사를 결정하면, 그것이 학원 조직 내에서 실천되는 것이 쉬운 편이지만, 조직 구성원(강사, 직원)의 수가 늘어나면 리더의 일방적인 결정에 반발을 할 우려가 있다. 또 초기부터 고생을 같이 해온 강사나 직원들은 학원이 성장했음에도 불구하고 자신에게 돌아오는 성과가 적을 경우 갈등을 일으키게 된다. 이럴 경우에는 합리적이고, 유동성 있는 리더십을 발휘해야 한다. 보다 큰 비전을 제시하여 직원들에게 업무에 대한 동기를 부여하기 위해서는 조직의 구성원들이 직접 운영에 참여할 수 있도록 기회를 주는 일이 중요한 시점이기 때문이다. 따라서 '전략형' 리더십과 '참여형' 리더십을 적절히 구사하는 것이 좋다. 비전형, 친화형, 민주형, 육성형 리더십에 대한 고민도 함께 이루어지는 것이 좋다.

 학원이 성장기를 넘어서 인지도를 쌓고 지역에서 인정을 받기 시작하는 단계를 성숙기라고 한다. 이 시기에 접어들면, 도태되지 않기 위해 노력해야 한다. 또한 기존 구성원들 중에 핵심역량을 갖춘 이들을 관리하는 데 소홀해서는 안 된다. 실력이 뛰어난 강사 같은 경우, 늘 주변 경쟁 학원으로부터 스카우트 제의 등을 받게 된다. 또 우수한 성적을 거두고 있는 학생의 경우에도 주변 학원의 공략 대상이 된다. 그러므로 학원의 성장이 곧 개인의 성장과 직결된다는 생각을 심어줘야 한다. 그리고 조직 구성원들이 주인의식을 갖고 자발적으로 조직의 대소사에 참여하도록 유도해야 한다. 그러기 위해서는 전략형 리더십과 참여형 리더십을 더욱 극대화할 필요가 있으며 비전형, 친화형, 민주형, 육성형 리더십으로 조직원을 이끌어야 한다.

경영자, 최고경영자가 된다는 것은 어떤 의미일까?

 학원 경영을 시작하는 다수의 사람들은 대체로 학원 사업에 종사한 경험이 있는 사람들이다. 그들 가운데는 잘나가는 강사였을 수도 있고, 유능한 상담원이었던 경우도 있을 것이다. 또 과외나 공부방의 형태로 소규모로 아이들을 가르치다가 규모를 늘려 학원을 개원하는 경우도 있을 것이고. 그밖에 자녀의 학습을 돕다가 준전문가가 되어 학원 사업에 뛰어드는 경우도 간혹 있다. 어떤 경우를 통해 학원 사업에 첫발을 들였건, 그것은 중요한 것이 아니다. 문제는 이전의 생활 패턴, 행동방식, 사고방식을 과감히 버리고 새로운 마인드로 학원 경영을 위한 학습을 할 수 있어야 한다는 것이다.

경영자의 자리는 외롭고 고독한 자리다. 오죽하면 "경영자가 되고 싶다면 외로움의 내성을 키워라"라는 말이 있을까. 경영자는 기본적으로 '외로운' 의사 결정권자이다. 조직의 운영은 결단의 연속이다. 그 결정은 오로지 경영자의 의사에 따라 이루어지며, 그 책임 또한 경영자가 지게 된다. 학원을 경영하는 사람도 마찬가지다. 일단 학원장이 된 다음에는 모든 의사결정에 대한 책임을 져야 한다. 누구도 도와줄 수 없고, 누구도 책임으로부터 자유로울 수 없는 자리. 그것이 경영자의 자리다.

처음 학원을 개원하는 사람들은 이러한 의사결정이 어려워서, 꼭 해야 할 결정인데도 불구하고 차일피일 미루는 경우가 있다. 그러다 보면 학원은 어느새 경쟁에서 뒤처지고 퇴보하게 될 것이다.

학원 경영자를 꿈꾸는 사람이라면 결단의 외로움을 충분히 경험해야 한다. 외로움을 겪지 않고 손쉽게 경영자의 자리에 오른 사람은 결코 행운아가 아니다. 당장 그러한 어려움들을 경험하지 않는다면, 매우 혹독한 대가를 치르게 될 것이기 때문이다. 그러나 여기서 분명히 알고 넘어가야 할 것은 경영자의 외로운 선택과 투쟁이 얼마나 값진 것이냐 하는 것이다. 올바른 선택과 결정을 내리고 실행력을 갖추어 추진하여 얻은 성과를 바라보면서 느끼는 성취감은 일개 직원이 일할 때와는 비교할 수도 없는 일이다. 결국, 큰 것을 얻기 위해서는 많은 노력이 따라야 한다는 평범한 진리를 되뇌어야 한다는 말이다.

마지막으로 최고 경영자로서 갖추어야 할 덕목을 소개한다.

●● 불안해도 웃고, 기분이 나빠도 웃어라

경영자는 항상 마음을 감추는 능력이 필요하다. 자신의 감정을 솔직하게 드러내는 경영자는 경쟁에서 승리할 수 없다. 감정을 보인다는 것은 쉽게 경쟁 비법을 노출시키는 것이나 마찬가지라는 점을 기억해야 한다. 경영자가 되고 싶다면, 속을 알 수 없는 사람이 되어야 한다.

●● 자신감을 가져라

경영자라 해서 어떻게 두려움을 느끼지 않을 수 있을까. 새로운 일을 시작할 때는 누구나 마찬가지로 무섭고, 두려운 감정을 갖게 된다. 하지만 자신 있는 것처럼 행동하고 스스로 자신 있다고, 할 수 있다고 믿으면서 머릿속으로는 끊임없이 성공하는 나의 모습을 그려 보자. 그러면 자기도 모르는 사이에 진짜 자신감이 생기게 되고, 그 자신감은 놀라운 기적을 불러올 것이다.

●● 냉혹한 인간이 되어라

경영자는 인정에 연연해서는 안 된다. 예를 들어, 직원을 해고 하는 것도 비즈니스다. 누군들 개인의 사정을 봐주고, 이해해주고 싶지 않겠는가. 하지만 개인의 사정 보다 중요한 것이 조직 전체를 지키고 관리하는 일이다. 그러므로 때에 따라서는 지나칠 만큼 냉철하고 냉혹하게 업무를 추진해야 하는 것도 경영자가 갖추어야 할 덕목이다.

●● *우유부단은 금물*

경영자가 가장 두려워해야 할 것은 우유부단해지는 것이다. 이것은 자신뿐만 아니라 조직 전체를 위태롭게 만드는 일이다. 어려운 결정을 해야 하거나, 먼저 꺼내기 힘든 말을 해야 한다면 우유부단하게 행동하지 말고 결단을 내려야 한다. 경영자가 우유부단하게 낭비하는 시간은 조직의 생명을 쥐고 흔드는 것이나 마찬가지다.

●● *외로움, 고독에 견디는 법을 익혀라*

외로움은 경영자가 친구처럼 수반해야 하는 병이다. 오죽하면 외롭지 않고서는 경영자가 아니라는 말까지 있을까. 경영자에게는 친구도 없고, 적도 없다. 경영을 할 때 필요하다면 어제의 적이라도 친구로 받아들여야 하고, 그 결정으로 인한 야유와 비난을 감내해야 한다. 경영자에게는 자신을 이해해주는 친구보다 자신의 명령에 충성하고, 능동적으로 행동하는 조직원이 더 필요한 법이다.

●● *기다림의 여유를 즐겨라*

조직 운영에 실패한 경영자들의 특징을 살펴보니, 대부분 어떤 지시사항을 내린 다음 그것이 시행될 때까지 참지 못해 안달하는 성격을 가졌다는 것이다. 급기야 결과가 나오기도 전에, 자신이 직접 나서서 일을 처리하는 경우도 다반사였다. 물론 경영자의 입장에서 조직원들의 행동이 굼뜨고, 어수룩해 보일 수도 있을 것이다. 자기가 직접 하면, 하루면 족할 일을 일주일 넘게 끌고 있는 조직원들의 모습을 보면 복장이 터질 만도 할 것이다. 하지만 그렇다 하더라도 참고 기다려야 한다. 그 여유가 전체 조직을 성장시켜 줄 것이기 때문이다. 선장은 비상시가 아니면 직접 키를 돌리지 않는다. 선장의 말에 따라 키를 돌리는 것은 선원의 몫이다. 항해를 하는 도중에 선장이 할 일은 배가 순조롭게 나가고 있는지 살펴보고, 키가 바로 잡혀 있는지 지키는 것일 뿐이다.

●● '솔선'의 어려움과 '수범'의 고통을 즐겨라

대부분은 어려운 일에 나서길 꺼려하고, 힘든 길을 먼저 가는 것을 피한다. 남이 하고 싶어 하지 않는 일을 자기가 하고, 자기가 하기 싫은 일을 남에게 시키지 않는 것이 얼마나 괴롭고 힘든가? 하지만 그 힘든 일을 할 수 있어야 성공한 경영자가 될 수 있다.

'솔선'이라는 것은 앞서나간다는 것이다. 남이 가지 않는 길을 처음으로 가야 하기 때문에 힘이 들고 사람들의 투덜거림까지 받아줘야 한다. 그 모든 일에도 불구하고 솔선은 반드시 필요한 경영자의 덕목이다.

〈사장으로 산다는 것〉(서광원지음, 흐름출판사)

이상으로 학원장 즉, 학원 경영자가 갖추어야 할 주요한 역량에 대해 개괄적으로 알아보았다. 이제는 구체적으로 학원 경영에 필요한 개별 전략들에 대해 알아보도록 하자.

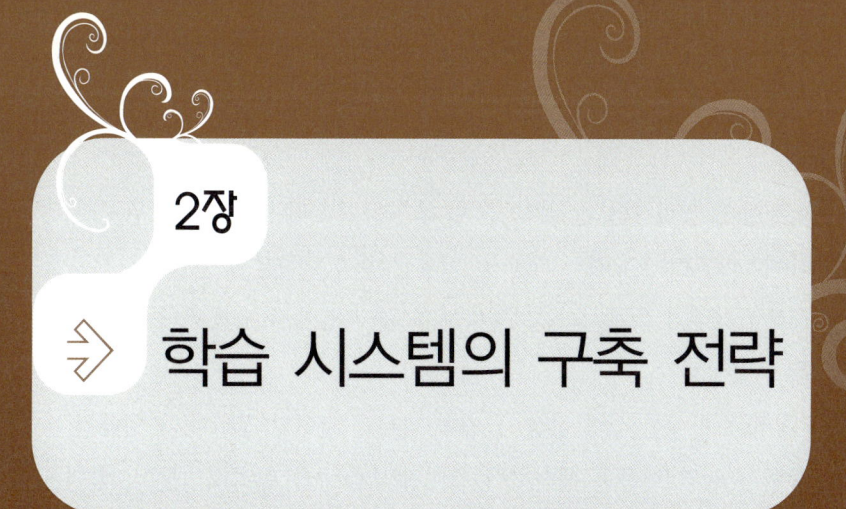

2장
학습 시스템의 구축 전략

1. 학원의 존재 이유

　기업이 존재하는 이유는 무엇일까? 대부분의 사람들은 이 질문에 대한 답을 이익 창출이라고 생각할 것이다.

　그러나 이익을 창출한다는 것은 궁극적인 기업의 존재 목적이 될 수 없다. 기업이 오로지 이익만을 위해 존재한다는 것은, 정부 조직이 '공무원'이라는 일자리를 창출하기 위해 존재하는 것이라고 말하는 것이나 마찬가지다. 정부 조직은 국민의 행복과 안녕을 위해 존재한다. 그리고 기업은 사회 구성원들의 필요를 충족시키고, 욕구를 해소시키기 위해 존재한다. 이러한 활동을 위해 기업은 시장을 만들고, 제품을 생산하며, 경제활동을 통해 이윤을 창출한다. 이것은 개인의 소득으로 연결되며, 가계가 유지되고, 경제활동을 할 수 있게 하는 수익 창출로 이어진다.

　이 개념을 학원으로 옮겨서 생각해 보자. 학원은 왜 존재하는 것일까?

학생들의 성적 향상을 위하여? 아니면 공교육의 문제점을 보완하기 위하여? 학원이 존재하는 가장 큰 이유는 학생과 학부모의 필요와 욕구를 충족시켜주기 위해서다. 그렇다면 학원 사업에서 고객의 필요와 욕구는 무엇일까?

첫째는 확실한 실력 향상 및 진학 입시율 관리일 것이다. 기업체가 우수한 품질의 제품을 생산하여 소비자의 욕구를 만족시키듯이, 학원은 우수한 학습 시스템을 개발하고 제공하여 학생의 실력을 향상시켜줘야 한다. 그리고 상급학교로 진학시켜주는 것이 궁극의 목표이다.

현대는 품질 경쟁의 시대이다. 근간 교육 서비스 산업의 흐름 역시도 이런 시대 풍조에서 크게 벗어나지 않는다. 예를 들어, 어떤 한 학원에서 교육 서비스의 품질을 경쟁자만큼 올려놓으면, 또 다른 경쟁자들은 그 내용을 다시 정의하고 확대 해석해 새로운 프로그램을 만들어낸다. 학원 사업 종사자들의 엄청난 연구를 통해 고객들이 감동할 만한 교육 서비스 프로그램을 만들려고 노력한다. 그리고 고객의 욕구를 꾸준히 개척함으로써, 경쟁자가 제공하는 교육 프로그램이나 현재의 고객 기대를 능가하는 프로그램을 창출하는 경우도 있다.

이러한 경쟁에서 살아남으려면, 앞서 가는 학원들의 교육 프로그램에 대해 분석하고, 파악해야 한다. 그들은 고객에게 직접 듣기보다는 자신들의 고객의 행태를 관찰함으로써, 고객의 니즈를 파악한다. 그리고 고객의 기대에 근거하여, 단순히 욕구 충족이 아니라 보다 가치 높은 상품을 만들어낸다.

잘나가는 학원을 살펴보면, 대학 입시에 관한 방대한 자료와 학습에 필요한 모든 정보들이 구축되어 있는 것을 알 수 있다. 이들은 다년간의 교육 경험을 토대로 구축된 과학적인 학습 시스템을 이용해 고객, 즉 학생의 성적을 놀라우리만큼 높이 향상시킨다. 그렇게 일류대학에 갈 수 있는 높은 합격률을 보장하게 된 학원은 그만큼 경쟁력이 높아지고, 신뢰까지 얻게 된다.

 학원은 학생 때문에 희로애락을 맛본다. 오직 학생으로부터 그 성과를 확인받게 되므로 학생이 학원에 왜 오는지 생각해 봐야 한다. 학생은 학원에 공부하러 온다. 성적을 향상시키고자 온다. 좋은 상급학교에 진학하고자 온다. 선생님이 친절하고 학원 시설이 좋고 집에서 가까워 접근성이 좋다 등등 나름대로 학원 선택의 이유를 여러 가지로 답변할 수도 있겠지만, 가장 큰 이유는 '이 학원에 다니면 내 성적이 오르고 좋은 상급학교에 진학할 수 있겠지' 라는 생각 때문일 것이다.

 학원의 경쟁력 및 차별화를 꾀하는 데 있어서도 우선적으로 생각할 것이 바로 학습 시스템이다. 교재, 교구재, 강사수준, 학습방법, 학사일정, 커리큘럼, 각종 평가 등이 타 학원과 차별화가 돼야 지속적으로 경쟁력을 갖추며 생존할 수 있다. 학원의 학습 시스템이 뚜렷하지 않으면 결국은 색깔을 잃게 되고, 지역시장에서 존재가치를 잃게 된다. 다시 강조하지만 학원은 학생을 상대로 교육 상품을 판매하는 일을 하는 곳이다.

 학원의 고유 업무인 학습 지도는 반드시 독자적인 정립과 체계화가 선행되어야 한다. 학습지도에 대한 독창적인 노하우가 줄기차게 쌓이지 않으면 절대 학원 사업에 성공할 수 없다고 해도 과언이 아니다. 물론, 학생의 실력과 성적을 향상시키기 위해서는 학습관리와 더불어 생활관리가 유기적으로 결합되어야 한다. 하지만 이런 일련의 활동들이 선후가 바뀌어서는 안 된다. 학생을 잘 가르치고 나서 학생이나 학부모 관리가 이루어지는 것이 상식이다.

그런데 교육시장 변화에 따라서 유행하는 학습법을 마구잡이로 접목시켜 운영하다 보면 타 학원과의 차별화를 잃어버리는 경우도 많다. 바람직한 방향은 기본적인 학습 시스템을 유지하면서 교육시장 변화에 따라 핵심적인 부분을 강화하는 방법으로 지속적인 변화를 이뤄야 할 것이다.

강사가 주도하는 수업방식이나 강사 개인기에 의존한 교수법은 학원 경영 전체를 놓고 볼 때 큰 의미가 없다고 볼 수 있다. 한 명의 인기강사에게만 의존하는 학원이라면 그 미래 전체가 한 사람의 능력에 매달리기 쉽다. 오히려 학원 차원에서 어떤 강사가 오더라도 금방 익숙해질 수 있는 '교육 시스템'을 꾸준히 개발하는 것이 중요하다. 학원의 모든 에너지를 학생에게로 향해야 한다는 논리다. 심지어 강사나 직원들에게 더 나은 대우를 하고 그들을 대상으로 내부 마케팅을 해야 한다는 것도 궁극적으로는 학생들에게 보다 나은 '교육 서비스'를 제공하여 실력향상을 할 수 있게 해주라는 무언의 요구에 다름 아니다.

일단 학원은 학생의 성적으로 말해야 한다. 하위권 학생은 중위권으로, 중위권 학생은 상위권으로 향상시키는 것만이 학원의 존재 이유다. 학원은 학생의 실력 향상에 지속적으로 관심을 가져야 한다. 학습 시스템 품질에 대해 좋은 평가를 얻으면 재수강 및 구전을 통한 원생의 확대 같은 고객충성행위가 학원 운영의 활성화에 큰 영향을 미칠 것이 분명하다. 결국 학생, 학부모의 요구를 정확히 파악해 이를 학습 프로그램 품질 개선에 최대한 적용해 학생·학부모가 만족을 하도록 최선을 다해야 한다.

2. 학습 시스템의 기본 요소

 우리가 무슨 일을 할 때는 나름의 순서를 정하고, 계획한다. 학생이 혼자 공부를 할 때도 마찬가지다. 하물며, 다수의 학생을 지도하는 학원에서 학습 시스템이 건재하지 못하면 안 될 일이다.

 학습 시스템이란 교사가 학생을 지도, 관리하는 방법과 관련된 요소를 적절하게 구성하는 방법을 말한다. 제대로 된 학습 시스템은 학습 지도를 현장에서 구현하는 큰 그림으로, 시스템의 구성 요소를 면밀히 이해하고 실천할 수 있는 가능성을 염두에 두고 밑그림을 그려야 한다.

 일반 학원의 학습 시스템의 기본 요소는 학습 목표, 학습 이론, 교육 과정, 학습방법(학습 프로그램), 학습 콘텐츠(교재, 커리큘럼 등), 학습 일정(학사일정) 등이 있다.

 이 가운데, 가장 중요한 요소 세 가지를 뽑으라면 '교육과정, 학습방법, 학습 콘텐츠'를 꼽을 수 있다. 이 세 가지 요소가 명확하고 품질이 우수한 학원은 보다 우월한 경쟁력을 가질 수 있게 된다. 그러면 하나씩 그 내용을 살펴보자.

✱ 교육과정

 일명 '학습 흐름도'라고도 불리는 교육과정은 교사가 학생을 지도, 관리하는 순서를 체계화시킨 것을 말한다. 학원에서 일반적으로 사용하는 교육과정은 다음과 같다.

> 진단(입학상담과 진단테스트)→ 학습(수준별 반편성에 따른 본 학습 및 예습-강의-복습/과제) → 평가(학습평가 : 수시평가, 정기평가, 단원평가, 학력평가, 모의고사 등) → 피드백(오답노트 정리학습, 보충학습 및 반복학습), 자율학습, 학습 변화관리(성적표 안내, 학습상담)

물론, 세부적으로 더 많은 항목이 있겠지만 대체로 위와 같은 구성이 일반적이다. 이 과정은 학생들을 학습시키고 관리하는 핵심 요소이다. 각 과정들은 유기적인 관계로 이루어져 있지만, 반드시 순차적으로 진행되지 않을 수도 있다. 본 학습 중간에 평가를 하고 피드백 내용으로 다시 본 학습을 할 수도 있고, 피드백 과정이 그대로 본 학습이 될 수도 있다. (오답노트 학습의 경우가 그러할 것이다.) 또 특정한 시험을 대비하는 경우는 평가인 모의고사 실행이 곧 본 학습이 될 수도 있다. 중요한 것은 이 과정 가운데 하나라도 소홀히 한다면 학원의 교육과정 전체가 흔들리게 되고, 학원생들로부터 신임을 잃게 된다.

그러므로 과정 하나하나를 충실하게 준비하고, 지속적으로 유지하고자 노력하는 자세가 필요하다. 다음은 이 과정을 준비하기 위해 필요한 사항들을 정리한 것이다.

① 진단

병원에 환자가 찾아와 가장 먼저 하는 일은 자신이 느끼는 증상을 이야기하고 불편한 점을 토로하는 일이다. 의사는 그 내용을 바탕으로 환자의 상태를 판단하고, 부위를 진단하며, 병의 유무를 알아낸다. 그리고 환자의 상태에 알맞은 처방을 한다. 학원도 마찬가지다. 학원을 찾은 학생에게 먼저 그가 느끼는 문제점이나 고민하는 부분, 또는 학원에 기대하는 바를 듣고, 학생의 학력 상태를 파악해야 한다. 학원이 준비하고 있는 어떤교육 과정을 이수할 것인지를 판단하는 것이다. 그런 후에 적절한 학습 수준을 가진 반에 배정하여, 학생의 수준에 맞는 진도를 진행할 수 있도록 조정해주어야 한다.

근래에 들어서는, 단순히 학력, 성적만 판단하지 않고 각 개인별 특성까지 고려해 학습 유형과 집중도를 정확히 파악한 다음 반을 배정하고, 그에 맞는 학습방법을 제시해주는 학원이 늘고 있다. 이러한 학원들은 교과 과정에 대한 테스트 이외에도 학생 심리유형, 심리상태, 뇌파 등의 학습 능력과 연관된 다양한 부분을 테스트하고, 진단하여 학생을 분석하고 있다.

명문기숙학원 고시원아카데미 이웅렬 원장은 이러한 시스템을 적극적으로 도입한 학원장 가운데 한 사람이다. 그는 많은 학생들이 그저 공부를 열심히 하기만 하면 성적이 오를 것이라 생각하지만 사실 중요한 것은 학습 스타일과 집중력을 분석해, 가장 자신에게 알맞은 학습방법을 선택하는 것이라고 조언했다. 환부를 정확히 파악한 의사가 적절한 처방을 내리면, 환자의 병은 빨리 완치될 수 있다. 마찬가지로 학생의 상태를 정확히 파악한 학원에서 적절한 교육방법을 제공해준다면 성적이 보다 빨리 향상될 수 있을 것이다.

② 학습

학습을 할 때는 제일 먼저 예습을 해야 한다. 요즘 학원들은 예습을 시킬 때 주로 과제물이라든지, 온라인 콘텐츠를 활용한다.

그리고 본 학습의 경우, 대부분은 강사가 일방적으로 강의를 이끌어 나가는 방식을 취하고 있지만, 일부 학원에서는 전통 방식을 탈피하여 학생들이 주도적으로 참여하는 토론 수업, 소규모 학생들이 그룹을 짜서 정해진 양을 공부하는 그룹 수업 등을 하기도 한다.

본 학습이 끝나면, 학원에서는 학생들이 자기 주도적으로 학습할 수 있게 과제를 정해주고 관리해준다. 학습 과제는 학생의 주도적 학습 능력을 향상시키기 위한 목적 과제를 부여하는 것이 바람직하다. 사전에 구체적으로 계획을 수립하고 학생에게 과제를 부여해서 스스로 과제를 해결하고 선생님께 점검받는 절차를 진행시키는 것이다. 그래서 일부 학원에서는 수업시간표에 자습시간을 배정하고 그 시간에 진행할 과제를 내주기도 한다. 정확한 과제 내용이 계획에 따라 부과되고 선생님은 감독을 하고 추후 점검하는 것으로 '학원에서의 과제 완수'라는 본 학습이 시행되기도 한다.

또, 최근 학원가에서 널리 활용되고 있는 것이 바로 본 학습 이후 학생 스스로 가정에서 복습할 수 있도록 하는 온라인 콘텐츠 및 평가 시스템이다. 우수한 강사나 특정과목 강사를 확보하기 어려운 학원일 경우에는 인터넷 동영상강의를 통해 예습 및 복습을 실시할 뿐만 아니라 학원에서 부족하다고 느끼는 과목에 대한 보충 강의까지 한다.

이러한 온라인 콘텐츠 활용의 좋은 예가 영어전문 학원에서 시행하고 있는 '영어 첨삭 시스템' 이다. 영어 첨삭 시스템은 학생이 복습을 할 때 온라인에서 Writing을 하면 외국기업의 영어 전문가들이 학생이 작성한 문장에 대하여 온라인으로 첨삭을 해주는 것이다. 이외에도 전화라든지 인터넷 화상 채팅 등을 통해 학생들의 복습을 지원해주는 학원이 늘고 있다.

성공한 학원을 살펴보면, 예습과 본 강의, 그리고 복습에 대한 체계적인 프로그램을 구축하고, 다양한 콘텐츠를 활용하여 학생들이 반복학습, 확인학습, 단계별 선행학습을 할 수 있게 하고 있다는 것을 알 수 있다.

③ 평가

평가는 교육활동의 결과를 일정한 기준에 따라서 파악하는 과정이다. 이것은 하나하나의 교육활동에서 교육 목적이 얼마나 달성되었는지를 파악하고 앞으로 교육 계획을 수립하는 데 필요한 것이다. 그러므로 평가를 목적으로 삼기보다는, 하나의 학습 도구로 생각해야 한다. 이때 중요한 것은, 학원의 시험은 어디까지나 학생의 학습을 제대로 하도록 유도하기 위한 수단이라는 점이다. 결과를 분명히 하여 학생의 수준을 파악하는 것은 학교에서 치르는 시험으로 족하다. 강사는 학원에서 치르는 시험을 통해, 수준을 파악하려고 하기보다는 학생들이 무엇을 어떻게 학습하고 있는지에 대한 공식적·비공식적 정보들을 수집하려고 애써야 한다. 단순히 순위를 매기고, 학생의 수준을 파악하는 정도로 시험을 활용하지 말고, 학생의 교육 상태에 관련된 정보를 체계적으로 수집하는 도구로 시험을 활용한다면, 학생들은 보다 능률적인 학습을 할 수 있게 될 것이다.

특히, 형성평가(formative assessment)는 학생에게 자신이 학습 프로

세스 전반을 어떻게 수행했는지에 대한 피드백을 제공할 수 있는 기회이다. 총괄평가(summative assessment)는 학습 단원 또는 프로젝트가 마무리되는 시점에 학생이 성취한 능력과 지식에 대한 정보를 다시 한 번 알려주고, 다져주는 것이다.

그러므로 강사는 학습 사이클 전반에 걸쳐 보다 다양한 범주의 평가를 지속적으로 수행할 필요가 있다. 평가의 종류는 기간으로 구분하면 일일, 주간, 월간, 분기, 학기 등으로 나누어 볼 수 있으며, 취지에 따라 나누어 보면 학습 성취도 확인, 과제수행정도 파악, 반편성, 학교시험이나 입시시험 대비를 위한 모의고사 등이 있을 수 있다.

④ 피드백

피드백은 평가 결과를 토대로 하여 학생의 부족한 부분을 지적해주고 잘한 부분에 대해 보상해주는 것이다. 피드백을 할 때는 오답노트를 작성하게 하고 그것을 활용해 학생이 완전학습을 할 수 있도록 도와야 한다. 이 과정에서, 우수한 평가 결과를 보인 학생은 좀 더 수준 높은 심화학습이나 선행학습이 가능해진다.

피드백을 할 때는 상벌을 분명히 해야 한다. 상으로는 학생에게 상품을 주거나 하는 등의 보상 방법도 사용할 수 있을 것이다. 그리고 성적이 부진하게 진단된 학생의 경우에는 보충수업을 실시하거나 별도의 과제를 벌의 형식으로 더 부과해 반복학습을 할 수 있게 해야 한다.

보충수업은 수업내용을 이해하지 못한 학생들에게, 다시 한 번 학습 내용을 각인시켜주는 안정장치이다. 보충수업은 학습 부진 학생을 위한 보충, 진도 보강을 위한 보충, 정상수업과 별개로 진행되는 특강 형식의 보충(주제특강, 시험대비 학교별 또는 교과서별 보강 등), 복습위주의 정리 보충, 예습 위주의 순수 선행수업 등 다양한 과정이 있을 수 있는데, 이것은 모두 학생을 더욱 잘 가르치고자 하는 학원의 노력이다.

정해진 수업, 과제, 평가만으로는 뒤떨어지는 학생을 향상시키는 데 한계가 있다고 생각한다면, '밑 빠진 독에 물 붓는 심정'으로 학생에게 보충학습을 제공해야 한다. 이 과정이 계속 되다 보면, '밑 빠진 독'에도 물이 차오르기 마련이다. 끊임없이 반복하여 학습하는 과정에서 학생은 자기도 모르는 사이 학습내용을 각인시키게 될 것이기 때문이다.

피드백 과정에는 성적표 등의 결과 보고와 그 내용을 토대로 학생이나 학부모와 상담하는 내용도 포함된다. 계속 이어진 다양한 평가 결과를 누적해 놓고 그 변화 추이를 분석하면서 학생 실력이 어떻게 향상되고 있는지 파악한 내용을 성적표로 만드는 일은 평가 결과를 보다 효율적으로 사용하는 데 많은 도움이 된다. 누적된 결과를 학생과 함께 보며 상담을 하면 어떤 과목과 어느 범위, 학습생활 등에서 그 학생의 장단점에 대해 서로 쉽게 소통할 수 있게 된다. 학원에서는 학생에게 새로운 목표를 제시할 수 있고, 학생은 결과를 인지하고 부여받은 목표를 달성하겠다는 합의를 해준다. 구체적으로 특별한 보충수업이 제안될 수도 있고 추가 자습이 권해질 수도 있다. 이런 과정에서 누적된 학습결과 자료는 학생의 반응을 신속히 유도할 수 있다. 그냥 말만 하는 상담은 긍정적 변화를 도출하는 데 큰 도움이 안 될 수도 있다.

✪ 학습방법

학습방법은 학습 이론과 밀접한 관계로 구성된다. 즉 학습 이론 및 학습방법 연구, 설계를 통해 학원만의 차별화된 경쟁력 요소를 확보해야 하는 것이다. 차별화된 경쟁력이라는 것이, 무조건 확보해야 한다고 말할 수는 없다. 하지만 시장에서 성공한 대형 학원들은 모두 자기 학원만의 학습방법을 확보하고 있다는 것은 예비학원장들에게 시사하는 바가 크다고 할 수 있다.

과거에는 대다수가 명강사의 명강의를 일방적으로 전달하는 경향이 많았다면 요즘에는 강의내용을 다시 확인하기 위해 토론식 수업을 시도하는 경우도 많다. 고시원 아카데미 이웅렬 원장은 토론식 수업의 중요성을 강조하고 있는 사람 중의 한 명이다. 그의 교육 철학은 'teaching & feedback'으로 집약된다. '모르는 부분을 가르치는 것으로 공부가 끝나지 않는다. 모르는 것을 알았으면 그걸 응용하고 토론할 수 있어야' 그게 진짜 공부라는 것이다. 고시원 아카데미에서는 유사한 문제점을 가진 학생들에게 공통적으로 필요한 과제와 학습내용을 제시하고 토론·질문·발표하는 과정을 통해 학습의 벽이 하나하나 허물어지게 한다. 또한, 이 과정을 통해 가장 효율적인 학습 능력을 자신의 것으로 만들게 된다.

하지만 핵심내용을 정확히 집어주고 효과적으로 내용을 전달하는 데는 여전히 강의식 학습이 유효하다. 많은 학습내용을 적은 시간 안에 소화해야 하는 경우 강의식 학습이 더욱 효과적이다.

또 여러 명을 한꺼번에 지도하는 방식이나 개별지도를 하는 과외식

지도 방식도 있다. 그리고 학생 스스로 학습하도록 환경을 제공하고 방법을 제시해주는 자기주도 학습방법도 요즘 들어 각광을 받고 있는 추세다. 또한 온라인 강의와 오프라인 강의로 구분해서 학습방법을 생각해 볼 수도 있다.

일선 학원가에는 시험, 성적, 학습강의까지 모든 학습관리를 인터넷상에서 한 번에 해결할 수 있는 온라인 학습관리 시스템(LMS)이 뜨고 있다. 온라인 학습관리 시스템(LMS, Learning Management System)이란 강의계획의 수립, 공고, 동영상강의, 시험출제, 성적관리와 통계, 과제물관리 등 학습에 관련된 모든 학원 업무를 온라인상에서 구현할 수 있는 시스템을 말한다. 예를 들어, 학원 홈페이지에 강사로 접속하면, 동영상 강의를 올리거나, 온라인 시험출제, 평가 및 반성적관리가 가능하고, 학부모로 접속하면, 자녀의 과제물이나 성적 등을 조회하며, 학원장은 전체적인 학습운영에 대한 관리를 하거나, 강의계획을 설정하는 식이다.

대표적인 학원관리 시스템 개발업체 '학원사랑(www.hakwon-sarang.com)'의 이철훈 대표는 최근의 이러한 현상은 메가스터디와 같은 초대형 온라인 학습회사의 등장에 따른 오프라인 대형 학원들의 위기감과 더불어 좀 더 효율적이고 체계적인 학원관리에 대한 일선 학원들의 요구에 부응한 것이며, 앞으로 온라인 학습관리 시스템이 일선 학원에, 하나의 필수적인 트렌드로 자리 잡을 것이라고 전망했다.

특히 영어학원에서는 오프라인 강의와 온라인 강의를 조합해서 사용하는 경우가 많다. Off-Line 교재 및 학습관리가 ON-Line을 통한 평가 및 관리 시스템으로 연결되는 것이다. 강사 및 직원이 직접 온라인을 통해서 TEST 및 과제물을 부여하고 인터넷을 통하여 지속적으로 보충학습 자료를 제공하여 학생의 학업성적과 학원생활 평가내용을 확인할 수 있게 한다.

글맥학원에서는 '자기주도형 학습'을 강조하고 있다. 공부를 왜 해야 하는지, 학생 개개인에게 정확한 학습동기를 부여해 스스로 면학 분위기를 이끌어가도록 만드는 것이다. "오랜 경험을 통해 자발적인 학습 능력 없이는 절대 경쟁력 있는 교육이 이루어질 수 없다는 것을 확인했다"고 한다. 글맥학원의 자기주도형 학습관리 시스템은 자율학습과 연계된 과목별 클리닉 및 첨삭교사 제도, 수업 전후 관리 시스템, 체계적이고 지속적인 밀착관리, 자습시간을 이용한 각종 특강 및 보강, 매일 이루어지는 점검학습 등으로 짜여 있다.

또 '과외식 수업'이라는 새로운 수업방식을 도입해 재수학생과 학부모의 관심을 받고 있는 남양주 정일학원이 있다. 기숙학원인 이 학원은 오전에는 정규수업으로 진도를 나가고 오후엔 학생들의 실력에 따라 소그룹으로 보충수업을 진행한다. 정규수업 이후 이어지는 과외식 보충수업 시간에는 강사가 학생 개개인을 꼼꼼히 지도하기 때문에 실력이 뒤처졌던 학생들도 일정 수준 이상으로 성적을 끌어올릴 수 있다. 이때는 개념원리 설명부터 문제풀이 과정 첨삭까지 꼼꼼한 지도가 이뤄진다. 다른 학생들과 풀이방법을 비교해 보며 더 효율적인 방법을 찾는 '토론식 수업'도 진행된다.

그리고 학사관리를 담당하는 강사와 생활관리를 담당하는 강사를 이중 담임으로 두고 체계적으로 성적을 관리해주고 있다. 학사관리를 담당하는 강사는 학생의 과목별 성적 및 성격, 학습 스타일을 정확하게 분석한 뒤 학생이 실천 가능한 학습계획을 세우도록 지도한다. 과목별 구체적인 학습방법은 물론, 시간관리 노하우까지 상세히 알려준다. 오전 2시까지 이어지는 심야자율학습 시간에도 영어, 수학 전담강사가 교무실에 상주하며 학생들의 궁금증을 신속히 해결해준다.

하지만 그 어떤 학습방법을 사용하든 가장 중요한 것은 학습방법을 활용해 수업을 이끌어가는 강사의 자질일 것이다. 충실한 교재 연구와 프로그램 연구를 통해 사전에 철저한 준비를 한 강사가 충실한 강의를 진행하는 것이 모든 학습방법의 기본에 깔려 있어야 한다. 강의를 진행함에 있어서도 교과 내용 교수, 출석 점검, 과제 처리, 평가를 포함한 확인학습, 핵심 요약정리 등의 사항을 반드시 완수해야 한다. 더불어 학생들을 집중시킬 수 있는 시기적절한 유머 코드 등도 필요하다. 그리고 무엇보다 강의와 학생 사이에 커뮤니케이션이 형성되어 우호적인 파트너십이 형성되어야 한다. 한마디로 학생이 강사에 대해 호감을 가져야 한다는 말이다. 질 높은 강의를 하는 동시에 강의 전후로 학생들과 언어, 비언어적 방법을 사용해 적합한 관계를 형성하는 것이다. 성공적인 강의를 위해서 학생들과 좋은 관계를 유지하는 전술을 구사해야 한다. 이런 강의의 구성 요소를 제대로 이해하고 효과적으로 수행한다면 학습 시스템 전체가 완전해질 수 있을 것이다.

✸ 학습 콘텐츠

많은 학원장들이 경쟁력 있는 학습 콘텐츠를 확보하기 위해 본사에서 실시하는 다양한 학원프랜차이즈 사업설명회에 참석하고 있다. 또한 지역총판(교재 대리점)에서 홍보하는 다양한 교재 등을 살펴보고 사용여부를 결정한다.

  경쟁력 있는 학습 콘텐츠를 준비하기 위해서는 우선적으로 학습흐름도 즉, 교육과정과 학습방법이 결정되어야 한다. 이 두 가지 요소가 결정되면 자연스럽게 학습 콘텐츠를 온라인 콘텐츠로 할지, 일반교재로 할지를 결정하게 되고, 그에 따라서 어떠한 회사(본사)제품을 사용할 것인지를 선택하는 일이 남는다. 하지만 학원 사업을 처음 접해 보는 학원장의 입장에서는 위에서 제시한 교육과정, 학습방법, 학습 콘텐츠 등을 학원장 혼자서 연구하고 설계하기란 불가능할 수도 있다. 학원장이 학원강사 출신이거나 동업자가 학원출신일 경우는 다소 문제 해결이 쉬울 수도 있겠지만 그렇지 않을 경우에는 상당한 어려움이 따른다. 그렇기 때문에 초보학원장들은 특정 브랜드에 가맹비를 납부하고 특정 브랜드의 학습흐름도, 학습방법, 학습 콘텐츠를 사용할 수 있는 권한을 받아 가맹학원으로 사업을 시작하게 되는 경우가 많다.

  성공 학원들의 학습 콘텐츠와 커리큘럼을 알아보고 각자의 콘텐츠와 커리큘럼에서 취할 수 있는 것이 무엇인지 찾아보는 것도 많은 도움이 될 것이다.

♥ 하이스트 학원

  각 특목고별 맞춤교육과 패키지상품이 있다는 것이 하이스트 학원의 가장 큰 특징이다. 맞춤교육 시스템이 있다 보니 학생들의 전략적 입시지도가 가능하고 프로그램의 데이터베이스화를 했기 때문에 준비하는 학생들도 많은 준비를 할 수 있어 다양한 전략구사가 가능하다. 하이스트에서 제공하는 다양한 전략들은 다음과 같다.

① 시험 치는 기술
② 노트필기 방법
③ 오답노트의 작성과 활용법
④ 심리 안정 프로그램
⑤ 시간활용법
⑥ 건강관리법
⑦ 컨디션 조절방법

♥ **정일학원**

이 학원은 3월부터 11월까지 약 9개월 동안 수능 전 과목 요점정리 및 문제풀이 과정을 세 번 이상 반복한다. 기초부터 응용, 심화 수준까지 단계별 수업이 계속 반복되기 때문에 취약 부분으로 인한 성적의 '빈틈'을 줄이는 데 도움이 된다. 정규수업 이후 이어지는 과외식 보충수업 시간에는 강사가 학생 개개인을 꼼꼼하게 지도하기 때문에 실력이 뒤처졌던 학생들도 일정 수준 이상으로 성적을 끌어올릴 수 있다.

이때는 개념원리 설명부터 문제풀이 과정 첨삭까지 꼼꼼한 지도가 이뤄진다. 다른 학생들과 풀이방법을 비교해 보며 더 효율적인 방법을 찾는 '토론식 수업'도 진행된다. 학생들은 매일 저녁 실시되는 영어, 수학시험을 통해 그날 배운 내용을 정확히 이해하고 넘어간다. 또 주간, 월간 평가시험을 통해 스스로 실력 향상 정도를 확인할 수 있다. 이 학원은 시험에 여러 번 통과하지 못한 학생을 정기휴가에서 제외하는 '벌

점제'를 도입해 학생들이 긴장감을 유지하며 공부할 수 있도록 한다.

♥ 조일외국어학원

조일외국어학원은 학습자별 맞춤학습 프로그램과 철저한 학생관리 시스템을 자랑하고 있다. 신규 회원은 입학 시 영어능력 진단평가를 통하여 능력별로 반편성이 되며 Daily Test, Monthly Test 등의 학력평가를 통하여 각 학생들의 영어학습의 부족분을 파악해 집중적인 학습관리가 이루어진다. 학생들이 잘 모르는 부분은 알 때까지 가르치고 꼭 확인하여 나머지 공부를 시킨다.

무엇보다 이곳에서는 학생과 교사 간의 실시간대응(Feedback)이 가능해 학습과정에서 오는 어려움을 쉽게 상담이 가능하도록 하고 있다. 모든 평가는 성적 처리하여 가정과 학원이 연계된 교육을 통한 부모님의 협조를 구하며, 자기 주도 학습을 위해 온라인 학습은 필수며, 스쿨매니저를 통해 누적된 성적관리를 하고 있다.

♥ 노량진 마이티학원

30년 동안 입시 재수 전문학원으로 명성을 쌓아온 특별한 노하우에 '1대1 맞춤학습관리'로 수험생의 학습효과를 최대한 끌어올리고 있다. 능력별로 학급을 구성해 전문 담임선생이 학생들을 맞춤 관리하는 것이 가장 큰 특징이다. 개인별·수준별·대학별 맞춤학습을 하고 실전 문제풀이를 하는 과정에서 고득점 향상을 한다는 것이다. 또 매월 실전 모의고사를 통하여 완벽한 실전 수능훈련을 시키고 있다.

노량진 마이티학원만의 특별한 학사관리 시스템은 타의 추종을 불허

할 정도로 엄격하고 세밀하다. 정규수업을 시작하기 전에 학원 자체 입시연구소에서 만든 수학 강화전략 3515시스템으로 반복훈련과 확인학습으로 수능 비중이 큰 수리영역에 대한 자신감을 올리고 정규수업 후 과목별 특강 및 클리닉 수업으로 자신의 취약과목과 취약부분을 해결한다.

온라인 강의를 듣는 학생들에게는 학원 내 멀티미디어PC룸을 완비해 개인학습을 가능하게 하였다. 개인별 첨삭지도와 영어듣기 연습을 하며 수업 후에는 당직교사에 의한 엄격한 자율학습과 질의응답 활동이 이어진다.

♥ 비상 아이비츠

비상 아이비츠는 단계별, 수준별 맞춤학습이 가능한 진단학습 시스템과 비유와 상징의 학습교재 및 초중등 온라인 교육 사이트 '수박씨닷컴'과의 연계를 통한 전 과목 온-오프라인 통합 학습 시스템을 구축했다. 학원은 공간과 학습 자료를 제시하는 곳이고 공부는 학생이 해야 한다는 철학을 실현하고 있다. 이 학원이 제시하는 학습법은 다음과 같다.

① 교과서에 모든 해법이 있다.
② 외우려고 하지 마라.
③ 외울 것은 따로 있다.
④ 수업 시간에는 수동적으로 듣지 말고, 능동적으로 생각하며 들어라.
⑤ 의문이 없는 공부는 수능에 도움이 되지 않는다.

♥ 청솔학원

청솔학원 커리큘럼의 특징은 3회 반복학습에 있다. 1학기(2~6월)까지는 수능 전 과목 내용정리, 복습이 1학기 과정이다. 2학기(7~9월)에는 개념적용 및 실전 훈련, 3학기(10월~수능) 파이널 점검, 4학기(수능 후~대입)논·구술 배치상담의 과정으로 진행된다. 3학기 중에는 부족한 과목을 선택해 정리할 수 있는 파이널 무료특강도 실시한다.

오전 8시부터 시작되는 수업은 오후 3~4시쯤에 끝난다. 신청자에 한해 밤 10시까지 자율학습이 이어진다. 청솔학원 자습의 특징은 국어, 영어, 수학강사가 돌아가면서 학원에 남아 학생들의 질문에 응답해주는 점이다. 경쟁 학원들이 주5일 수업을 하는 데 비해 청솔은 토요일까지 주6일 수업을 한다.

청솔은 학원과 학생의 역할분담에 뚜렷한 선을 그어놓았다. 이재형 원장은 근본적으로 시험제도하의 공부는 학생과 학원의 몫이 따로 있다고 본다며 학원수업은 강의실을 확보해 자료를 제시하고 심화학습을 유도하는 데까지라는 것이다. 학생은 이를 바탕으로 사고하는 힘을 길러나가는 것, 즉 공부는 결국 스스로 해야 한다는 것이다.

이상 우리는 다양한 학원의 노하우와 교육 시스템, 관리방법 등을 살펴보았다. 가르치는 일도 되풀이하다 보면 일종의 매너리즘에 빠질 수 있다. 좀 더 학원생들에게 다양하고 새로운 지식을 전해주려는 노력이 희미해져 가게 된다. 이것이야말로 가장 경계해야 할 일이다. 일상처럼 반복되는 생활이지만 학원은 뭔가 정체되어 있는 듯한 느낌이 들기 시작하면 그때부터 침체되기 시작한다. 학원의 분위기가 하향되면 가르치는 선생님들의 의욕도 저절로 저하되기 시작하고 배우려는 학원생들의 의욕도 식는다. 그러면 그 결과는 불을 보듯 훤하다. 늘 연구하고 끊임없이 공부하는 자세를 견지해야 함을 잊지 말아야 한다. 언제나 살아있는 학원을 만들어가야 한다.

다시 강조하지만 학습 시스템은 학원의 핵심 경쟁력의 요소다. 하지만 체계적으로 잘 정립된 학습 시스템이라 하더라도 이것을 실행할 강사와 직원들이 훈련되어 있지 않다면 실행을 하면서 효과는 많이 절감될 것이다.

힘수학 학원의 김민환 대표는 강의, 상담, 기획, 업무지원, 마케팅 등 학원 운영 전반을 시스템화해 수학전문 학원 부문에서 국내 최초로 ISO 9001(품질경영시스템) 인증을 받은 바 있다. ISO 9001은 국제표준화기구에서 제정, 시행하는 국제규격이다. 2004년 힘수학 학원을 개원한 뒤 5년간 경험을 축적, 학습관리 시스템을 개발해 세계 표준으로 인정받았다. 김 원장은 "작은 학원일 때에도 시스템은 필요하다며 수업도 정규수업-보충수업-특별보충수업 등으로 나눠 진행하는 것처럼 학원 운영도 원칙을 만들어가는 것이 중요하다"고 설명하면서 학습 시스템을 강조하는 사람이다. 하지만 그런 그의 마지막 말은 언제나 '사람' 이다. "학원은 교육이 강조되는 교육 서비스업이라며 콘텐츠와 시스템도 중요하지만 교육전문가인 사람이 정말 중요하다"고 말한다.

즉, 강사 및 직원의 교육, 훈련 여부가 체계적으로 시행되어야만 학습 시스템이 경쟁력 요소가 될 수 있다는 말이다. 그래서 경쟁력이 높은 학원일수록 강사 및 직원에 대한 교육, 훈련, 평가, 보상, 지원 체계가 명확한 것을 볼 수 있다. 학원의 경쟁력 제고를 위해 강사 및 직원의 교육, 훈련의 중요성에 대해 다시금 생각해 봐야 한다.

 학습 시스템이 경쟁력이 있어야 학원의 핵심 경쟁력이 완성되고 그것이 학원 마케팅을 완성시키는 가장 중요한 요소가 되는 것이다. 그렇지만 다시 그 학습 시스템을 진정으로 완성하는 것은 '사람'이다. 결국, 학원 내부 마케팅 즉 내부고객 만족이 이루어지지 않은 상황에서 다음 단계의 마케팅을 진행하는 것은 '깨진 독에 물 붓기'나 마찬가지라고 볼 수 있다.

 결국, 학습 시스템을 완비했다면 그 다음 할 일은 강사, 직원들이 그 시스템을 완벽하게 이행해서 원활히 수행할 뿐만 아니라 진취적으로 활용할 수 있을 정도로 교육, 훈련하는 일이라 하겠다.

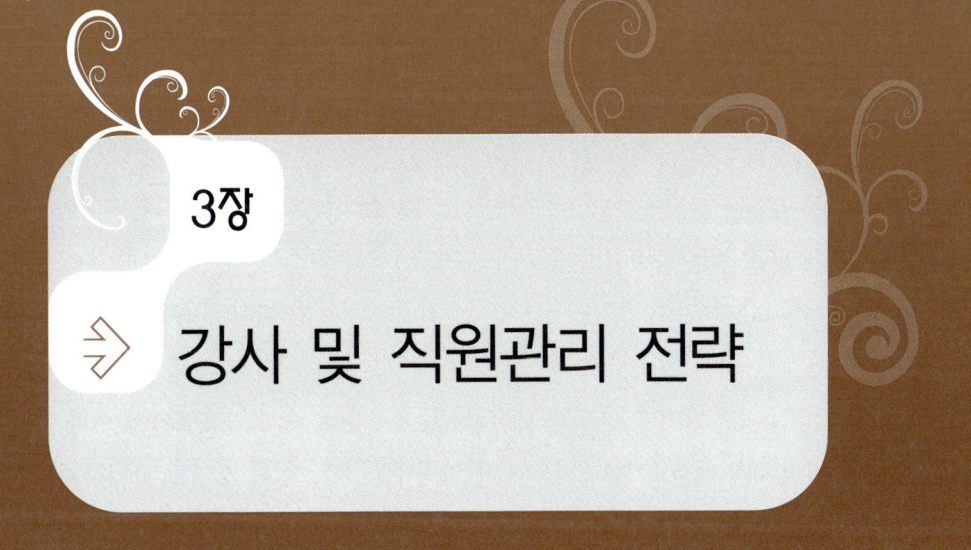

3장
강사 및 직원관리 전략

인사(人事)가 만사

　학원 경영을 하면서 가장 고민되는 부분이 무엇일까? 여러 가지 어려운 점이 있지만 무엇보다 강사 및 직원의 관리일 것이다. 극단적인 말로, "사람 때문에 못 해먹겠다"라는 말이 경영자들로부터 왕왕 나올 정도라고 한다. 그만큼 학원의 인력에 대한 고민은 크고 깊다. 쓸 만한 인재를 찾기도 어렵고 설령 찾았다 하더라도 금방 떠나기 일쑤이기 때문이다. 잦은 인력의 변동 때문에 학원장들은 심지어 강사를 가르치고 키우기가 두렵다고까지 말한다. 이태백도 모자라 30대 태반이 백수라는 삼태백이 유행할 정도로 구직난을 호소하는 마당에, 정작 일터에서는 믿고 일을 맡길 '인재'가 없어서 난황을 겪고 있다니. 참으로 아이러니한 일이 아닐 수 없다. 대체 학원가가 인재의 불모지가 된 이유는 무엇 때문일까?
　분명한 것은 내부 직원의 이직 문제가 단순히 월급의 높고 낮음 때문만은 아니라는 것이다. 이는 인터넷 취업 포털사이트 잡링크가 조사하여 발표한 결과에서도 잘 드러난다. "월 100만 원을 주는 대기업과 150만 원을 주는 중소기업 중 어느 곳을 선택하겠느냐?"라는 질문에 구직자의 66.9%가 대기업을 선택했다. 월급이나 복지수준의 차이 외에 "개인적인 비전과 회사에 대한 비전이 없고, 자기계발의 기회가 부족한 점"이 중소기업에 인재가 모이지 않는 이유로 크게 작용했던 것이다. 결국 학원에서도 보다 체계적인 인력관리, 시스템적 경영을 고민하지 않는 한 이 인력 수급의 문제는 해결되기 어렵다고 볼 수 있다.

강사의 이직 이유도 살펴보면 꼭 급료에 국한된 것만은 아니다. 오히려 고용주인 학원장과 고용인인 강사가 서로 상대편을 이해하려는 노력이 부족하다거나, 학원이 비전을 제시하지 못한다거나, 근무 환경이나 복지가 열악하다는 이유로도 강사는 이직을 선택할 수 있다. 이러한 이직률을 낮추기 위해서는 어떻게 해야 할까? 이번 장에서는 사람을 다루고, 인재로 키우며, 인연을 오래도록 지속할 수 있는 방법에 대해 이야기해 보자.

1 → 내부고객 만족의 중요성

기존 고객을 중심으로 하는 마케팅 연구에서 기업 종사원들의 만족도를 중요시하는 내부마케팅이 점차 중요해지고 있다. 모든 산업에 걸쳐 서비스가 중요해짐에 따라 기업의 경쟁력은 생산 기술이나 제품의 질이 아니라 잘 훈련된 서비스 지향적 종사원으로 바뀌어가고 있다. 한 고객에게 서비스를 제공하는 데에는 많은 종사원들이 직접·간접적으로 참여하고 있는데 이들의 기술, 고객 지향성, 서비스 마인드가 고객이 받는 서비스 품질에 결정적인 역할을 한다. 따라서 내부마케팅이 제대로 되려면 고객 지향적인 서비스 마인드가 잘 갖추어진 직원을 보유하고 있어야만 한다. 그래야 자연스럽게 고객 지향적인 기업으로 탈바꿈할 수 있을 것이다. 그러나 고객을 만족시킬 만한 서비스를 제공할 직원을 만들려면, 가장 먼저 그들이 만족되어야만 한다. 소위 내부고객이라고 불리는 직원. 그들을 중시하지 않는 한, 진정한 고객 지향 기업은 완성될 수 없다.

 직원들이 스스로 정당한 대우를 받고 있다고 느끼며 기업을 자랑스럽게 여긴다면 외부고객에게도 만족을 주기 위해 보다 더 노력할 것이다. 직원의 업무에 대한 배려가 크면 클수록 보다 질 높은 생산 결과가 나온다는 것은 이미 잘 알려진 사실이다. 이것은 학원 사업에서도 마찬가지다. 특히, 서비스 산업인 교육 사업에서 서비스에 대한 고객(학생과 학부모)의 만족은 종사원(강사나 직원)의 인간적 행위나 태도에 의해서 크게 좌우되므로 학원 기업은 고객 만족 이전에 종사원 만족을 먼저 선결하지 않으면 안 된다.

 일반적인 서비스업의 성공이 직원의 고객 지향적 서비스 마인드에 달렸다. 오죽하면 "고객에게 팔기 전에 직원에게 팔아라.", "직원을 만족시키지 못한다면 고객도 만족시키지 못한다"는 말이 나왔을까. 수많은 기업은 내부고객인 직원을 만족시키기 위해 내부마케팅(Internal Marketing)을 하고 있다. 이것을 다른 말로는 내부고객 만족(Employ Satisfaction) 전략이라고 한다.

학원에서의 내부고객은 강사, 행정 직원, 차량 기사 등이다. 이 내부고객의 역량이 학원의 성패를 좌우한다는 사실은 앞서 강조한 바 있다. 그 중 학원 운영에서 가장 주요한 역할을 하는 내부고객이 최일선에서 일하는 강사들이다. 강사들은 학생과 학부모를 원장보다 더 가까이, 오래 접하는 이들이기 때문이다. 그리고 학원의 제반 업무를 담당하고 있는 행정 직원과 학생들을 안전하게 등원·하원을 책임지고 있는 차량 기사의 역할도 중요한 역할 중에 하나다. 바로 이 내부고객이 학원 근무에 만족을 느낄 때 현장에서 주어진 일을 성실히 수행할 것이다.

과거에는 학원 경영자들이 직원들을 대상으로 한 내부마케팅이나 내부고객 만족 전략이란 용어를 거의 사용하지 않았지만, 요즘은 경영자들 사이에서 인간 가치 경영 및 고객 만족 경영과 더불어 내부고객 만족을 필수적 용어로 사용하고 있다.

내부마케팅의 기본개념은 사내의 모든 직원들이 고객을 대상으로 서비스하는 것이다. 고객들에게 서비스를 배달하기 전에 그 서비스를 제1차 고객인 직원에게 제공하는 것이다. 그러면 자신들이 제공해야 할 서비스를 미리 경험하고, 만족한 직원들은 서비스의 목표와 개념에 대해 이해하고, 외부고객을 더욱 만족하게 할 수 있을 것이다.

최근 학원의 형태는 복잡해지고, 전문화되고 있다. 맡은 바 직무에 충성을 다하는 것은 물론, 고객에 대한 봉사심을 갖고 조직 발전에 기여하는 적극적인 강사와 직원이 더욱 필요한 때이다. 양질의 교육 서비스는 곧 매출을 창조하고, 매출의 증대는 기업의 이익과 직결되어 발전을 도모하게 되기 때문이다.

그러므로 학원 경영자의 목표는 고객 만족이며, 이러한 고객 만족을 위해서는 무엇보다 내부고객이 만족되어야 한다는 사실을 명심해야 한다. 서비스 제공자인 강사와 직원이 만족하지 못한다면, 그들이 제공받는 서비스에 만족할 외부고객은 없을 것이다.

강사와 직원의 욕구 충족 → 외부고객인 학생, 학부모 소비자의 만족 → 학원의 기업적 목표 달성

그렇다면 내부고객 만족을 위해서는 어떤 마케팅을 펼쳐야 할까? 내부 마케팅을 강조해 성공한 사례로는 세계적으로 유명한 메리오트(Marriott)호텔을 들 수 있다. 다국적 호텔 체인의 회장인 빌 메리오트는 호텔관리자를 채용할 때 후보자들에게 다음과 같은 질문을 던진다고 한다. "우리 호텔이 만족시켜야 할 세 집단 즉 고객, 종업원, 그리고 주주들이 있는데 만족시켜야 할 우선순위별로 세 집단을 말해 보라."

대부분의 후보자들은 첫 번째로 만족시켜야 할 집단을 '고객'이라고 말한다. 그러나 메리오트 회장의 논리는 전혀 다르다. 그는 첫 번째로 '종업원'을 만족시켜야 한다고 한다. 왜냐하면 종업원들이 자신들의 일을 사랑하고 자신들의 호텔에 자부심을 느끼면, 호텔을 찾는 고객들에게 좋은 서비스를 제공할 것이다. 이렇게 만족한 고객은 다시 메리오트 호텔을 찾게 될 것이고, 행복한 고객을 맞이하는 종업원들은 더욱 일에 대한 만족감을 느껴 더 좋은 서비스를 제공할 것이다. 그 결과 더 많은 고객이 호텔을 다시 찾게 되고 이 모든 일은 결과적으로 메리오트 호텔의 이익을 높여서 호텔주주들을 만족시킬 것이라고 한다. 요즘 많은 기업에서 시도하고 있는 직원 기 살리기, 칭찬문화 전개 등 'Fun경영'은 내부고객 만족을 위한 사례라 할 수 있다.

이 논리는 학원 경영에서도 그대로 적용되어야만 한다. 그런데, 대부분의 학원에서는 내부고객 만족의 중요성을 잘 알고는 있지만 실천을 하지 못하고 있다. 재무 성과를 통한 재무제표상의 이익만 우선으로 여기는 단기적 시야 때문이다. 내부고객을 만족시키는 일은 장기간에 걸쳐 시간과 노력 그리고 비용을 들여야 하는 일이다. 그러므로 소규모로 경영되는 학원의 입장에서는 그것을 실천하기 쉬운 일이 아닐 것이다.

또 다른 문제점은 학원장이 아예 내부고객을 만족시켜야 한다는 논제에 회의적인 입장인 경우가 많기 때문이다. 어차피 다른 곳으로 쉽게 옮겨 갈 강사나 직원들을 위해 굳이 투자를 해야 할 필요가 있겠느냐는 것이 이런 학원장들의 생각이다. 하지만 이런 식의 운영이라면 중소형 규모 이상의 성장을 기대하기는 어렵다는 것을 명심해야 한다.

2 내부고객 만족은 조직 문화에서 시작

많은 학원들이 목표로 표방하는 글귀들을 살펴보면 대한민국 교육에 한 몫을 다하겠다느니, 고객중심 경영을 하겠다느니 거창한 이야기를 내걸고 있지만 실질적 관심사는 오로지 생산성 향상과 매출 증대에만 집중되어 있는 경우가 많다. 이때, 신중하게 생각해 보자. 무엇이 매출을 증대시키고, 이윤을 창출해 줄 것인가?

학원 사업에서 매출의 증대와 직결되는 요소는 바로 효율적인 인적자원의 활용이다. 학원에서 일하는 강사들이나 직원들이 고용 불안과 미래에 대한 불확실성으로 인해 학원 내에서 활력을 잃게 된다면 학원 역시 동시에 침체되는 경향을 보인다. 따라서 학원을 활성화시켜 성공가도로 이끌기 위해서는 먼저 전체 조직원 개개인이 열정을 발산할 수 있는 생기 있는 조직 문화를 구축해야 한다.

외부고객(학생, 학부모)은 王, 天, 神 이라는 말처럼,
내부고객(강사 및 직원)도 王, 天, 神처럼 대우해야 할 때이다.
그러기 위해서는 다음의 네 가지 요건을 충족해야 한다.
① 비전과 목표를 제시하고 학원의 지향점과 장점을 공감할 수 있도록 유도해야 한다.
② 경영자를 포함한 관리자들과 사원들의 원활한 의사소통이 이루어져야 한다.
③ 건설적인 피드백을 통해 사원들의 성과를 향상시킨다.
④ 성과에 대한 보상으로 동기부여를 시켜야 한다.

결국 내부고객(강사 및 직원)을 위해 학원의 비전을 제시하고, 좀 더 세심한 시스템적 사고의 견지에서 감성적인 원활한 의사소통을 이루며, 사원복지 및 성과와 공헌도에 따른 보상체계를 극히 정량적인 Data 시스템을 활용하여 내부고객 모시기에 전력을 추구해야 할 것이다.

그럼 우리 학원은 강사와 직원을 가족처럼 생각하고 존중하는지 다시 한 번 생각해 보고 내부고객 만족 전략을 위한 구체적인 실행 안에 대해

이야기해 보자.

▶ 학원 조직의 목표를 설정하고 조직 구성원들과 공감하자

켄 블랜차드와 스펜서 존슨이 집필한 「1분 경영」에서 경영의 노하우로 가장 먼저 소개하고 있는 것이 '목표 설정'이다.

어떤 작업에 집중해야 하거나 할 일이 있을 때 그것을 어떻게 기억하는가. 대개는 해야 할 일의 목록을 만들어 사용할 것이다. 학원 경영도 이와 마찬가지이다. 경영을 할 때는 먼저 장기 목표와 단기 목표를 설정할 필요가 있다. 그리고 그 내용을 학원 조직 구성원들과 같이 공유하면 학원 경영 전반에 관한 주인의식을 고취시키고 일의 집중도도 높일 수 있다.

목표를 설정하는 과정 속에는 전체적으로 학원의 존재 이유를 규정짓는 일과 조직 운영의 기본 원칙 및 조직 속성을 규정짓는 일이 포함되고, 학원 조직 구성원들이 어떻게 행동하기를 바라는지 기대치가 포함되어 있다. 또한 학원의 가치 명제가 정의되기도 한다. 가치 명제를 정의한다는 것은 학원과 이해관계를 맺고 있는 대상 즉 학부모, 학생 등의 고객에서부터 학원에 교재를 대주는 교재업자 등등의 모든 주변 사람들에게 우리 학원이 어떤 가치를 지니고 있는지 생각해 보게 하는 것이다.

이 모든 것이 어우러진 목표를 설정하고 나면, 학원장은 비전을 제시해야만 한다. 비전이란, 한마디로 학원이 특정 시간 안에 도달해야 하는 구체화된 목표 지점이다. 내부고객들과 이러한 것들을 충분히 공유했다면, 마지막으로 전략을 세우도록 하라.

전략이란, 넓은 관점에서 학원이 앞서 정한 목표 지점에 어떻게 도착할 것인가 하는 방법상의 문제를 고민하는 것이다.

이때 학원의 내부고객을 물이라고 생각해 보라. 물을 한 곳에 담아 일정한 방향으로 일제히 흐르게 하면 커다란 힘을 낼 수 있게 된다. 그 힘은 강바닥을 파내고 산을 옮기는 큰 작업을 이룰 수 있게 한다. 하지만 똑같은 양의 물이, 빗줄기처럼 넓은 지역에 분포하게 된다면 같은 힘을 내지 못한다. 이 원리를 조직 운영에 적용해 보자. 조직 전체가 하나에 집중해서 대업을 이루고자 한다면 강력한 힘을 발휘하여, 강바닥을 파내고 큰 산을 옮기듯 기적 같은 일을 해내게 될 것이다. 학원 경영에서 가장 중요한 것은 내부직원들에게 공동의 목표를 설정해주고, 그것을 모두가 공유하며 노력하는 것이다. 그러면 엄청난 시너지 효과가 되어 돌아올 것이다.

위의 내용들을 토스잉글리시 어학원을 사례로 들어 좀 더 구체적으로 설명해 보겠다. 토스 어학원의 학원 사명은 영어를 우리말처럼 자연스럽게 습득할 수 있도록 하며, 커뮤니케이션 수단으로서의 진정한 영어 능력을 배양하는 주니어 영어전문 학원으로 이 땅의 모든 아이들에게 참된 영어교육 서비스를 제공하고자 설립되었다.

이런 기업 사명하에 선포된 비전은 "국제 경쟁력이 있는 글로벌 리더 양성을 목표로 한다"고 되어 있다. 그리고 그에 따른 전략으로는 어학 학습기를 이용한 모국어 환경 조성, 동기유발과 자신감을 심어주는 학습자 중심의 교육법, 학습자 흥미와 교육적 가치를 고려한 교육 콘텐츠, 연령별 인지 능력에 맞게 설계된 커리큘럼 운영, 담임교사의 책임 있고 전문적인 상담, 자기진단 및 동기 부여를 위한 학생 발달 보고서의 방법을 사용하고 있다.

　그런데 여기서 가장 주목할 부분은 이렇게 목표를 설정하는 과정을 충실히 이행하는 것에 그치지 않고 그 내용을 조직 구성원에게 충분히 전달하여 내재화시켰다는 점이다. 적어도 각 지사나 분원의 경영자들과 중간 관리자들은 철저하게 토스잉글리시의 방식을 이해하고 그에 따른 학원 운영을 하고 있다. 그래서 많은 학부모들이 학교 성적 향상의 일환으로 영어수업을 해줄 것을 요구함에도 불구하고, 자신들의 사명과 비전에 대한 확신을 갖고 커뮤니케이션 중심의 교수법이라는 흔들림 없는 행보를 보이고 있다. 또 토스만의 교수법을 강사들이 내재화하도록 지속적인 교사교육을 시행하고 있다. 즉 조직 구성원들의 강력한 공감을 이끌어내고 있다는 것이다. 이렇듯 학원 구성원들 모두가 우리 학원이 중요하게 생각하는 것이 무엇인지를 이해하고 있으면 각자의 자발성이 발휘되고 모두의 힘이 하나로 합해지는 선순환의 결과를 낳게 된다.

"많은 연구 결과에 따르면 3%의 사람들만이 목표를 설정하고 평균 1% 정도의 사람들만이 목표를 기록해 놓는다고 한다. 이렇게 목표를 기록하는 1%의 사람들이 최고의 업적을 이루고 최고의 수입을 거두는 이들이 된다는 사실은 절대로 우연의 일치가 아니다."

〈폴 시어스톤, 영업과 시간 관리의 전문가〉

▶ 원활한 의사소통

 제아무리 확고한 학원 사명을 정하고, 비전을 제시한다 할지라도, 그 내용이 내부고객들에게 효과적으로 전달되지 않는다면 아무 소용이 없다. 또 내부에서 원활한 의사소통이 이루어지지 않는다면 설령 제갈공명이 짠 전략이라 할지라도 무의미해질 것이다.

 오늘날의 피고용인들은 보다 큰 그림을 그리면서 일하기를 원한다. 자신의 업무가 학원 경영 전체 계획안에서 어떤 위치를 담당하고 있는지를 이해하고자 하는 것도 같은 맥락이다. 강사들이나 직원들은 자신이 맡은 업무를 수행해야 하는 이유를 이해하고 있을 때 더 높은 성과를 낸다. 또 업무와 관련해서 최고 경영자와 많은 이야기를 나누기를 원하고 있다. 따라서 학원 운영 전반에 걸친 사항에 대해 강사나 직원들과 함께 끊임없이 교류하고 소통하는 일이 필요하다.

 그러기 위해서는 내부고객들에게 비전에 관해 끊임없이 이야기하고, 긍정적인 에너지를 발산하도록 조종할 필요가 있다. 하루하루 정신없이 일을 하면서 지내다 보면 가고자 하는 지향점이 어디인지조차 잃기 십상이다. 이럴 때 경영자는 내부고객들이 업무와 일상적인 업무에 균형감을 갖고 보다 큰 역량을 집중시킬 수 있는 환경을 만들어 주어야 한다. 직원 개개인의 머릿속에 비전이 확고하게 다져져 있는지 관찰하고, 전략적 사고를 위한 행동을 구상하며, 일을 이루는 데 반드시 필요한 영감과 기발한 착상을 이끌어낼 수 있도록 만들어야 하는 것이다.

 경영자의 자리가 그렇지 않아도 할 일이 많은 자리인데, 이런 일까지 해야 한다는 게 부담스러울 때도 있을 것이다. 하지만 학원을 운영함에 있어 이보다 더 중요한 일은 없다. 개별 구성원들과 팀이 모두 올바른 지향점을 가지고 움직이면서 역량을 집중하게 되는 순간 그 많은 할 일들이 순식간에 줄어드는 상황을 맞이하게 될 것이다.

그런데 한 가지 주의할 점이 있다. 지시적인 태도로 비전이나 전략에 관해 이야기할 경우, 직원들이 반감을 살 수도 있으므로 언제나 직원의 생각을 고려하고, 배려해가며 그들이 하는 말에도 귀를 기울여 주어야 한다.

특히, 직원들이 우려하는 바가 무엇인지, 어떤 생각을 갖고 있는지에 집중하도록 하자. 대화중에 잠시라도 상대의 말을 듣지 않고 있었다는 생각이 들면 즉시 인정하고 사과하도록 하라.

"미안합니다. 잠시 딴 생각을 했습니다. 다시 이야기를 이어가 주시겠습니까?"

경청하는 태도로, 말하고 있는 사람의 얼굴을 마주봐야 한다. 상대가 말을 하는 동안 다른 생각을 하거나 대꾸할 말을 궁리하지 말고 그저 열심히 그가 하는 말에 귀를 기울이자. 상대의 말에 집중하고 있다는 표시를 내고자 할 때 가장 좋은 방법은 상대가 한 말을 다시 한 번 언급하는 것이다.

잘 알아듣지 못한 점이 있으니 다시 한 번 설명해 달라고 요청하는 것도 좋은 방법이다. 다음과 같은 말로 이야기를 시작하는 것도 좋다.

"제가 이해할 수 있게 설명을 좀 해주시겠습니까?"

이렇게 경청하고 있다는 사실을 상대에게 분명하게 전달하기 위해서 상대의 관점에서 내 생각을 설명하는 것도 한 방법이다. 상대가 말한 핵심내용을 정리해서 조금 더 부연 설명을 하는 것도 상대의 말에 흥미를 갖고 있다는 사실을 알리는 좋은 방법이다.

내가 말하는 입장이 되었을 때는 말을 듣는 이의 보디랭귀지를 잘 살펴야 한다. 몸짓을 잘 살피기만 해도 주의가 산만해졌거나 흥미를 잃고 있는지를 알 수 있다. 상대가 다른 생각을 하고 있다고 생각되면 당장 이야기를 멈추고 정말 그런지 확인해 보도록 하자. 상대에게 동의하는지 물어보거나, 내가 제시한 자료에 덧붙일 만한 정보가 있거나 다른 관점으로 보면 어떨지를 물어보는 것으로 청자의 주의를 환기시킬 수 있다. 상대의 의견을 겸손하게 청하면서 상대가 내 말을 어느 정도 이해하고 있는지 확인해 보자.

 이때 의견을 묻는 척만 해서는 안 되고 진심으로 상대의 의견을 듣고 싶어 해야 한다는 점을 명심하도록 한다. 다시 말해 "그렇게 생각하시죠?"라는 말은 의견을 구하는 척하는 것이고, "어떻게 생각하세요?"는 정말 의견을 구하는 말이라는 것이다. 이렇듯 강사나 직원들에게 학원 경영의 중요한 축으로 목표를 향해 함께 달려가고자 설득하는 과정을 거치고 나면 조직 결속력은 저절로 높아지게 된다.

▶ 효과적인 피드백

 학원 문화를 이루는 각 요소들은 학원 사명에서 찾아볼 수도 있고 노골적으로 드러나 있는 경우도 있다. 학원 문화를 알아볼 수 있는 단서들은 여기저기 많이 있다.

 학원 복도로 걸어 들어갔을 때 활기차고 에너지 넘치는 기운이 느껴지는가? 학원 구석에서 강사나 직원들이 삼삼오오 모여 이야기를 나누고 있는가? 회의는 효율적으로 진행되는가 아니면 무계획적으로 진행되는가? 회의 시작은 정시에 시작되는가, 아니면 항상 늦게 시작되는가? 학원 경영자가 학생과 학부모와 함께 하는 시간이 어느 정도 되는가? 학원 현장에 직접 나가 보는 경우는 얼마나 있는가? 강사나 직원들이 창안해낸 아이디어가 실행에 옮겨지거나 심각하게 검토되는 경우는 얼마나 많이 있는가?

문화란 사람들로 하여금 무엇을 하고, 어떻게 행동해야 할지에 대해 알게 해준다. 행동은 열 마디 말보다 더 많은 것을 웅변한다는 사실을 기억하도록 하라. 조직 전체의 행동에 영향을 미치고 신념의 형성에 관여하는 것은 겉으로 드러나는 행동이라는 말이다. 조직 구성원들이 하나의 지향점을 향해 마음을 모으고 긍정적인 문화를 형성하면 그것은 곧바로 조직의 성공으로 이어질 수 있다. 모든 이들의 행동 하나하나가 종착점에 이르게 하는 동력이 될 수 있다. 하나로 일치되지 않은 학원 문화는 오히려 장애요소가 되어 발전을 저해한다.

그렇다면 우리는 당연히 고성과를 지향하는 기업 문화를 우리 학원에 인식시키고 싶다는 생각을 하게 된다. 소위 말하는 성공하는 학원 문화를 우리 학원에서도 찾아볼 수 있게 해야 할 것이다. 그러기 위한 비결 두 가지는 다음과 같다.

(1) 강사와 직원들의 성공을 위해 최선의 노력을 기울인다.
(2) 강사와 직원들의 신뢰감을 키워나간다.

강사와 직원들이 필요로 하는 도구를 제공하고, 강사와 직원들의 생각을 공유하고 그 생각을 소신껏 논의를 전개할 수 있도록 해줄 뿐만 아니라 훈련시키고 지도하고 피드백을 주는 일 등이 이런 특질을 보여준다 할 수 있다.

피드백은 개인이나 그룹이 최근의 경험을 통해 학습하고 더 발전하는 데 도움을 주기 위해 필요한 상호작용이다. 피드백의 목적은 성과를 향상시키고 능력을 높이기 위함이다. 피드백은 미래의 행동에 영향을 미칠 수 있는 과거의 행동에 관한 정보를 제공하는 일이다. 그 형태는 매우 다양한데 설문조사, 이메일, 대화, 휴게소에서 나누는 잡담, 혼잣말 등이 모두 포함된다.

우리 뇌는 필요한 정보를 모으지 못하면 그 빈 공간을 메우는 일을 한다. 간단하게 말하면 이야기를 꾸며낸다는 것이다. 이야기를 꾸며내는 것을 약어로 MSU(Make Stuff Up)라고 말한다. 우리는 주변에서 주워들은 일부 정보를 기준으로 '진실'을 추정하거나 나름대로 해석해낸다. 만약, 학원 원장님이 어느 날 '안녕하세요?'라는 말로 인사를 건네지 않으면 강사들은 자신에게 뭔가 문제가 있거나 아니면 뭔가 수상쩍다는 추측을 하기 시작한다. 원장이 우울한 얼굴을 하고 나타나면 학원 경영이 위험한 상태가 아닌가 생각할 수도 있다. 그리고 이런 상황에서 이런 추측을 강화할 만한 그 어떤 피드백이라도 받게 되면(급여 지급일이 하루 늦춰진다든지, 수업일지를 제출했는데 원장님 서명이 없었다든지 하는 일들이 발생하게 되면) 자신의 생각이 맞는다는 걸 증명해줄 만한 자료를 끊임없이 찾아낸다. 심지어 나의 추측을 뒤집을 수 있는 정보는 자체적으로 걸러내면서 추측이 새로운 추측을 낳는 악순환의 길을 걸을 수도 있다.

이런 이유 하나만으로도 효과적인 피드백은 지속되어야만 한다. 긍정적인 경험이든, 부정적인 경험이든 상관없이 솔직하고 분명한 커뮤니케이션과 행동으로 서로의 생각을 주고받아야만 강사나 직원이 잘못된 판단으로 일을 그르치지 않게 할 수 있다.

이 외에도 피드백을 주고받아야 할 이유를 살펴보면 목표와 성과에 대한 평가를 기록하게 되면 개별 구성원들의 헌신도와 책임감의 수준이 늘어나고 이해도도 높아진다는 점을 말할 수 있다.

피드백을 잘하는 것은 조직 구성원을 관리하는 데 있어서 매우 중요한 기술이다. 그런데 이 기술은 저절로 잘하게 되거나 잘하고자 하는 열의가 있다고 잘해지는 것이 아니다. 긍정적인 피드백을 주는 일조차도 잘 되지 않는 경우가 많다. 많은 경영자들은 직원들이 일 못한다는 소리를 안 들으면 자기들이 잘하고 있다고 생각할 것이라 짐작하고 있다. 어떤 경영자는 직원이나 팀을 칭찬하는 일이 위선을 떠는 것이라 생각하기까지 한다. 또 어떤 경우에는 긍정적인 피드백을 주겠다는 생각만 할 뿐 정작 해야 할 일 목록의 최우선 순위에 두지 않는다. 이유야 어찌되었든 요즘은 학원에서 효과적인 피드백을 찾아보기 힘든 것은 사실이다.

효과적인 피드백은 균형이 잡혀 있어야 한다. 우수성을 발휘하도록 하기 위해 도움을 주고자 하는 생각에서 피드백을 주는 거라면 모든 상호 작용은 그 목표를 이루는 방향으로 나아가야 할 것이다. 이때 자신의 피드백에 다른 목적이 있지는 않은지, 예를 들어 상대를 모욕하기 위해서라든지, 불쾌함을 노골적으로 드러내고 있는 것은 아닌지 신중히 고려해 보아야 할 것이다.

피드백을 성공적으로 하려면 피드백의 기능에 대한 믿음이 있어야 한다. 피드백은 항상 업무와 관련된 영역에 국한시키도록 하고 학원 운영의 이해를 기반으로 해야 한다. 누군가의 행동이 학원의 성공에 아무런 영향도 미치지 않는다면 그건 문제 삼을 필요가 없다. (물론 불법적인 행동이 아니어야 한다는 전제는 있다.)

또 효과적인 피드백은 의도적으로 매일 진행되는 활동이어야 한다. 학원 경영자는 의도했건, 의도하지 않았든지 간에 매일 강사와 직원들에게 많은 피드백을 주게 된다. 심지어 의도적으로 피드백을 준비할 시간도 없고 기술도 없는 경우라 해도 직원들에게 피드백을 주고 있기는 하다.

하지만 이때 정말 소통하고자 하는 것과는 전혀 다른 메시지가 전달되기 십상이다. 예를 들어 회의를 주재하면서 그 내용을 전혀 기록하지 않는 행동을 한다든지, 강사, 직원들과 함께 하는 회의 자리에서 전화를 받거나 메일을 확인한다든지, 회의에 아예 늦거나 취소한다든지, 급여 인상에 대한 논의나 성과에 대한 평가 자리를 미룬다든지, 직원이 보낸 메일이나 서신에 전혀 반응을 보이지 않는다든지 하는 행동이 모두 피드백으로 작용할 수 있다는 것이다. 무의식적으로 저지른 이런 행동은 무척 분명한 메시지를 전한다.

이 메시지가 존경과 신뢰를 불러일으키는 것이 아니라는 것은 다들 눈치 챘을 것이다. 결국 학원의 강사와 직원들은 이런 행동을 보고 나름대로 해석한 다음 부정적인 선입견을 갖게 되고, 결국 피드백은 안 하느니만 못한 것이 되고 만다.

강사와 직원들은 분명한 커뮤니케이션과 지도편달을 원하고 필요한 정보를 입수할 수 있기를 바란다. 또한 격려를 받으며 적극적으로 업무에 참여하고자 하는 바람도 갖고 있다. 하지만 피드백을 학원 경영자가 일방적으로 강사나 직원에게만 주는 것으로만 생각해서는 안 된다. 하부에서 상부로 진행되는 피드백 역시 고성과를 지향하는 기업 문화를 구축하기 위해서는 필수적인 일이기 때문이다. 즉 언제든지 강사나 직원들이 학원장에 대한 건설적인 비판이나 의견제시를 가능하게 해야 한다는 것이다.

피드백은 내용에 따라 크게 두 가지 범주로 나누어볼 수 있다.

첫 번째는 '긍정적인 내용'으로 잘하는 것을 '강화' 시키는 것이고, 두 번째는 '건설적인 내용'으로 '수정과 교정'을 위한 것이다. 이 가운데 긍정적인 피드백이라 함은 쉬운 말로 '칭찬'이다. 「칭찬은 고래도 춤추게 한다」라는 책에서도 알 수 있듯이, 칭찬이 들어 있는 피드백이야 말로 긍정적인 에너지를 발산하게 만들 것이다. 진심에서 우러나오는 말로 구체적이고 명확한 내용으로 칭찬해 보라. 고래가 춤을 추듯, 직원이 신 나게 춤을 추며 일하는 학원이 만들어질 수도 있다.

▶ 합리적인 성과 평가

피드백을 주면서 경영자는 강사와 직원의 업무 태도를 관찰, 측정하고 측정한 다음에는 반드시 합리적인 평가를 내려야 한다. 강사 평가는 강사료, 직급과 연계되어 시행되므로 학원에 대한 충성도를 높이고 동기 부여가 가능하기에 강사관리에서 대단히 중요한 시스템이라고 할 수 있다.

학원마다 나름대로의 강사 평가 방식을 갖고 있는데 흔히들 공개 여부에 따라 비공개 평가인지, 공개 평가인지를 나눈다. 비공개 평가 방식은 대부분 학원장이 학원 내 강사에 대한 정보를 수집하고 근무 성적을 토대로 임의로 진행되는 경우다. 반면 공개 평가는 수강생을 통한 평가, 실적에 따른 평가, 강사 상호 간의 평가, 시강을 통한 평가 등 다양한 형태로 진행된다.

이때, 비공개 평가 방식은 편하기는 하나 평가에 대한 신뢰성이 낮아 오히려 강사들 사이의 반목을 유발시키는 위험성이 있다는 단점이 있다. 그래서 근래에 들어서는 공개적 평가 방식을 적용하는 학원들이 점차로 늘어나고 있는데 대개의 경우, '실적에 따른 평가'를 하는 경우가 많다. 비교적 객관적인 평가가 가능하고 강사의 신뢰를 유도해 강한 동기 부여를 할 수 있다는 장점이 있기 때문이다. 담임을 맡은 반의 성적 향상의 정도나 수업 들어가는 반의 재등록률 등을 기준으로 삼게 된다.

하지만 이런 식의 성과 평가는 자칫 지나친 결과 지상주의로 흐를 수도 있다. 그래서 학원의 사명과 비전에 얼마나 잘 맞추어 성실히 일해 왔는가, 앞으로 어느 정도 발전 가능성이 있는가? 등의 질적인 영역의 평가도 무시해서는 안 될 것이다.

◈ 보상을 통한 동기부여

직원들이 업무에서 의욕을 갖고 동기부여를 받게 되는 데는 피드백에서 한 걸음 더 나아가 적극적인 보상이 필요하다. 하지만 이 보상이라는 것이 단지 물질적인 것만은 아니다. 다음의 세 가지 요소로 나누어 볼 수 있다.

① 소속감의 문제
② 성장과 발전의 문제
③ 재정의 문제

① 소속감의 문제

조직이나 조직의 명성이 자신과 연계되어 있다고 보는 것은 많은 직원들에게 중요한 문제다. 조직 내부의 개인 간의 인간관계 역시 소속감을 키우는 작용을 한다. 따라서 소속감을 느낄 수 있는 방편을 마련해주는 일이 보상이 될 수 있다. 조금 더 구체적으로 생각해 본다면 좋은 실적을 올린 대가로 승진을 시켜준다거나 파트너십을 인정해준다든가 하여 경영에 더욱 적극적으로 참여할 수 있는 자리를 마련해주는 것이 이에 해당되겠다. 또는 학원장의 개별적인 피드백을 통해 인정받고 있다는 사실을 분명하게 알리고 각별한 인간관계까지 맺는 것으로도 충분한 보상이 될 수 있다.

또 강사의 복지를 배려하는 경우도 있다. 외자유치에 성공해 급성장을 하고 있는 '아발론 학원'의 경우와 같이 강사를 가족처럼 생각해서 강사 복지를 최우선으로 여긴다. 아발론 학원은 강사를 계약이 아닌 고용의 개념으로 접근해 4대 보험은 물론이고 유급 휴가, 생리 휴가, 연차, 월차 등 다양한 복지 혜택을 제공하고 있다. 따라서 강사들은 학원 조직에 강한 소속감을 갖고 평생직장으로 생각한다. 그러니 자연히 좋은 강사가 많아지고 이직률도 낮아지는 결과를 낳을 수 있는 것이다.

② 성장과 발전의 문제

기술을 익히고 새로운 경험을 얻을 수 있는 기회를 제공받는다는 건 많은 직원들에게 자극이 되고 동기부여가 된다. 예를 들어 연수기회를 제공한다든지, 대학원 등의 상급학교 진학을 도와준다든지, 새로운 학원 사업을 전적으로 맡겨 진행할 수 있게 권한을 위임한다든지 하는 것이 있겠다. 또, 학원에 대한 충성도가 높고 관리 능력이 뛰어난 강사에게는 비전을 심어주고 학원이 성장할수록 이에 맞게 직급을 높여 주어 이에 걸맞은 대우를 함께 해주며 관리해 나가는 것도 포함된다.

예를 들어 '하이스트 학원'의 경우를 살펴보자. 하이스트 학원에서는 비전을 제시해주고, 공동 목표를 위해 노력하는 과정에서 큰 성장을 이루었다. 현재 하이스트 학원의 원장단은 대부분이 초기 '목동 지수학원'이라는 보습학원 때 함께 했던 강사들이다. 이들은 하이스트 초창기만 하더라도 별 볼일 없는 초보강사였지만, 학원과 함께 하면 스타강사가 될 수 있다는 비전을 심어주었기 때문에, 헌신적으로 노력할 수 있었고 덕분에 오늘날 목동 학원가에서도 손꼽히는 강사진이 된 것이다.

강사는 근무 시간 특성상 사회와의 접촉이 적은 편이다. 그러므로 학원은 복지와 후생의 개념으로, 강사에게 다양한 기회를 제공해주어야 한다. 예를 들면 인맥을 소개한다든지, 외부강사 교육 프로그램을 청강할 수 있도록 배려해준다든지 하는 것이다. 이를 통해 강사가 성장하면 학원이 얻을 수 있는 부가가치도 커지는 것이다. 또한 학원은 인지도가 향상되고, 다른 강사들은 전체적으로 새로운 동기를 부여받게 되며, 강사들은 조직과 한몸이 되는 듯한 일체감을 얻게 될 것이다.

③ 재정의 문제

봉급, 보너스와 같이 직원들의 업무 기여도와 헌신하는 시간에 따라 개별적으로 보상되는 수당이 직원들에게 동기부여가 된다. 하지만 그 효과는 극단적이라고 볼 정도로 편차가 심하다. 어떤 사람에게는 급료가 그가 학원에서 일하는 목적의 전부일 수도 있지만, 다른 사람에게는 전혀 그렇지 않은 경우가 비일비재하다. 사실 급료는 직원들이 조직을 떠나게 하는 결정적인 요소가 아닌 경우가 많다. 하지만 재정적 인센티브를 제공하는 문제는 보다 높은 수준의 성과를 올리고 바람직한 행동양식을 유도하는 데 도움이 될 수 있다.

그래서 많은 학원에서는 비율제나 인센티브제의 방식으로 강사료를 지급하고 있다. 비율제는 수강료의 일정 부분을 강사의 월급으로 책정하는 것이고 인센티브제는 일정 정도의 고정급을 보장하고 추가로 발생되는 매출 상승, 즉 원생 증가 등의 요인에 대해 따로 급여를 책정하는 방법을 말한다.

3. 인재 경영

탁월한 경영성과를 지속적으로 내어 성공을 거두고 있는 최고의 학원들은 공통적으로 '사람'을 중요하게 생각한다는 것을 발견할 수 있다. 성공하는 학원이 되기 위해서는 사람존중 경영의 가치관과 신념을 실현하고, 지속적으로 성과를 도출하며 가치를 창출하는 인재를 계속해 발굴·육성하는 '인재 경영'이 필수적으로 필요하다.

즉 사람의 역량, 헌신, 참여를 통해 경쟁력 강화를 가져올 수 있다는 것이다. 결국 학원도 임금과 복리후생, 고용보장, 직무와 회사에 대한 자부심, 개방성과 공정성, 공동체 의식과 친밀성 등 기업이 지속적으로 구성원들의 주체성과 즐거운 직장생활을 보장해주는 노력을 기울이게 하는 제도적 힘을 구축해야 한다.

역사적으로 산업혁명 이후 사람은 그저 생산수단에 불과했다. 1990년대 이후에는 산업 내 기업 간 성과 차이를 내부 자원과 역량 차이로 인식하는 자원기반 관점이 등장해 기업이 보유한 자원 중 하나인 인적 자원이 경쟁 우위를 가져다주는 경제적 효용성 측면의 중요한 요인으로 인식되어 왔다. 한편, 지식기반 관점에서는 지식노동자 개념이 등장하고 기업의 지식을 창출·공유하는 핵심 주체가 사람이라는 측면에서 사람의 경제적 효용성이 크게 부각되고 있다.

특히, 학원 사업 즉 교육 사업에 있어서 지식 노동자의 개념은 매우 중요하다. 또한 이들보다 더 직접적으로 사람 그 자체를 강조해 사람은 기본적으로 생산의 수단이나 관리의 객체로만 대해야 하는 것이 아니고, 생각을 하며 자율적으로 창조해갈 수 있는 책임 있는 주체로 인식하는 사람기반 관점이 있다.

학원 경영에서 인재 경영 전략은 학원의 실적을 올리느냐, 마느냐의 여부를 넘어 존폐를 결정지을 만큼 그 중요성이 더욱 강조되고 있다. 따라서 학원에서는 인간존중 경영의 슬로건이나 단편적인 구호 수준에서 그치는 것이 아니라, 인재 경영을 모든 경영활동에 종합적으로 접목해 전략과 연계된 인재의 발굴, 육성, 유지를 통합적으로 펼쳐야 한다.

또한, 학원의 가치실현과 성과가 연결되도록 인재 경영 전략을 구축하고 사람을 강조할 때는 너무 소프트한 측면만 강조해 현실을 무시하는 경향에서 균형된 시각을 가져야 한다. 아울러 사람 관리방식 또는 인재 경영 전략이 기업목표를 이루기 위한 수단이라기보다는 사람존중의 목적에 근거해야 한다. 존경받는 기업의 인재 경영 전략은 톰 피터스의 말대로 사람 자체를 인재로 보고 인재를 경영하는 관점을 새롭게 하고 구축할 필요가 있다.

인재 경영을 그야말로 철저하게 시행하는 사례로는 '메가스터디'를 꼽아볼 수 있다. 메가스터디는 핵심가치인 '최고지향-정직과 배려-도전과 혁신'을 근간으로 하여 ▲전문역량을 바탕으로 최고를 추구하는 전문가 정신(Professional) ▲상호존중을 바탕으로 신뢰하고 더불어 일하는 파트너십(Partner) ▲창의적 사고와 강한 실행력으로 변화를 선도하는 리더를 인재상으로 삼고 있다.

메가스터디는 신입공개 채용과 수시경력 채용의 두 가지 채용 방법을 두고, 각각 다른 절차로 운영하고 있다. 신입 채용은 인사팀에서 주도하는 반면, 경력 채용은 전문역량의 검증을 위해 현업부서에서 1차 평가를 거치고, 2차 기업적합성 평가를 인사팀에서 맡고 있다.

지난 3년 동안 메가스터디는 매출액이 3배에 이를 정도로 고속성장을 해왔다. 과연 이런 고속성장의 동력은 무엇일까?

"우리 회사가 고속 성장한 비결은 상호협력과 배려, 최고를 지향하는 역량과 도전의식을 바탕으로 '직원도 하나, 기업도 하나'라는 기업 기본정신을 강조하고 충실히 따라온 것이라고 생각합니다. 이러한 정신은 인재상을 통해 드러나지요. 우리는 이것을 계속 유지, 발전시키려고 합니다. 우리는 전 직원을 핵심인재라고 정의하고 있습니다."

메가스터디에서는 '직원들에게 불필요한 무형의 스트레스를 주지 않는다'라는 원칙을 갖고 있다. 직급에 따른 기본 소양교육과 직무역량교육 등은 성실하게 수행하되, 개인 역량 향상부분은 자율에 맡기고 매달 자기계발 비용을 일정액 지급하고 있다. 또 온라인교육 업체인 만큼, 교육에 초점을 맞춘 복지제도 또한 매우 잘 구성되어 있다. 메가스터디에서는 직원의 자녀가 유치원에서 고등학교를 졸업할 때까지, 매월 십만 원의 교육비를 별도로 지원하고 있으며, 3, 6, 9년의 근속연수에 따라 7일, 9일, 10일의 리프레쉬(Refresh) 휴가를 준다. 해마다 휴가비도 따로 지급되고, 직원들의 견문을 넓힐 수 있는 해외여행도 장려하고 있다.

▶ '인재 경영'시 주의해야 할 세 가지

 이처럼 미래 경쟁력을 확보하기 위해 많은 학원들은 전방위로 인재 경영을 펼치고 있다. 그러나 인재 유치 전쟁이라고 할 만큼 치열해진 인재 경영에 대해 전문가들은 몇 가지 주의해야 할 점을 제시하고 있다.

 첫째, 핵심인재를 유치하는 것 못지않게 유지, 관리가 중요하다.
 힘수학의 김민환 원장은 핵심인재 여러 명에 대해 자신이 직접 멘토를 맡고 있다. 이뿐만 아니라 각 분원장과 실장들을 통해 등급별로 나뉜 핵심인재들이 회사에 안착할 수 있도록 도와주는 멘토제를 실시하고 있다. 핵심인재가 퇴직할 기미를 보이면 곧바로 조기경보가 울려 이에 대응할 수 있도록 경보체제도 갖추고 있다. 무턱대고 연봉과 직급만 올려준다고 인재를 잡을 수 있는 것은 아니다. 그들이 자기 과업과 조직 내 업무에 얼마나 자부심을 느낄 수 있는지를 파악하는 것이 더욱 중요하다.

둘째, 인재 육성을 위한 풍토가 우선돼야 한다.

국내 기업에 핵심인재가 드물었던 대표적인 이유로 기업 문화를 거론하는 시각이 많다. 지연, 학연 등으로 얽힌 인맥을 중심으로 기업이 운영되기 일쑤다. '공채 몇 기' 하는 식으로 순혈주의 전통이 뿌리깊이 박혀 있다는 것이다. 그러다 보니 외부영입 인사가 임원이 되는 것은 극히 드물고, 인사관리 자체도 능력이나 성과보다는 연공서열에 따라 이뤄지기 일쑤다. 이런 분위기에서는 거액을 주고 인재를 데려와도 1년을 버티지 못하고 떠난다는 게 인사담당자들의 지적이다. 최근 들어 연봉제, 스톡옵션 등으로 성과주의적 인사관리가 확산되고 있지만 아직 글로벌 스탠더드에는 미흡하다는 평가가 지배적이다.

셋째, 지나치게 소수 핵심인재를 중심으로 학원이 운영되는 것은 바람직하지 않다.

학습 시스템, 커리큘럼 구축 등의 핵심경쟁력을 좌우하는 정책결정일수록 핵심인재의 소수 의견만을 반영했다가는 존폐 위기로 내몰릴 수 있다. 핵심인재에 대해 자율적 활동은 보장해야 하지만 이중, 삼중으로 안전장치를 구축해 예기치 못한 돌발 상황을 막아야 한다. 소수 핵심인재에게 과도하게 의존하는 것을 피하기 위해서는 조직 전체 역량을 키우는 게 필수적이다. 핵심인재가 가진 역량과 노하우를 체계적으로 조직에 체계화시키는 지식경영 시스템을 구축하는 것이 필요하다는 것이 전문가들의 지적이다.

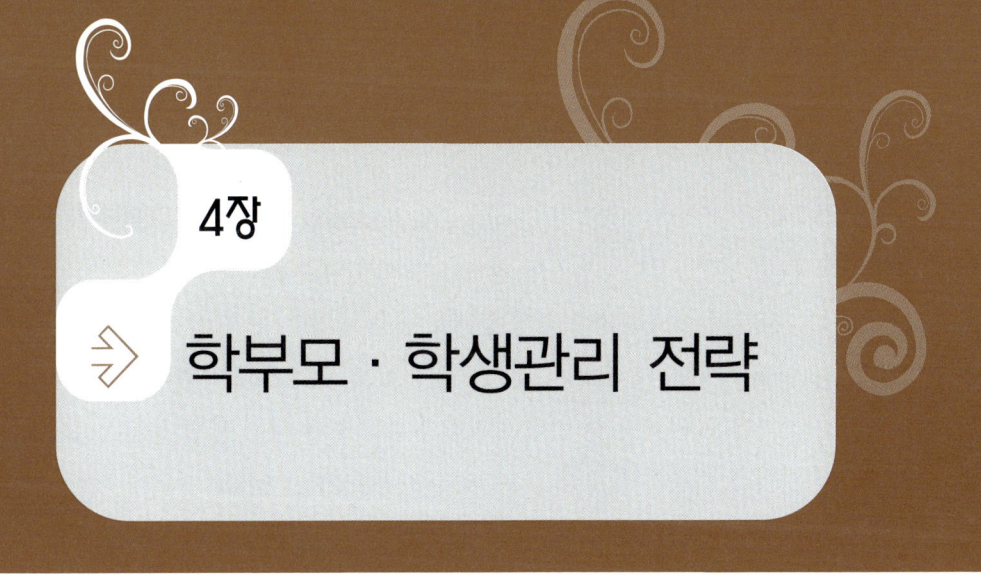

4장
학부모 · 학생관리 전략

  여성 마케팅과 리더십 연구 회사인 더블유인사이츠(W.insights)의 김미경 대표가 집에서 '김미경 피아노 교실'을 시작했던 것은 고객 감동의 실제 사례를 볼 수 있는 좋은 예이다.
  김미경 대표가 처음 차린 피아노 교실은 집에서 시작한 조그만 규모의 학원에 불과했지만, 단순히 피아노만 레슨해주는 곳이 아니었다. 김 대표는 본격적인 사업을 시작하기 전, 어떻게 해야 고객을 만족시킬 수 있는가를 신중하게 고민했다. 그런 다음 내가 고객이라면 어떤 것을 바랄까 하고 생각하며 작은 부분 하나까지도 경영을 위해 고치고자 애썼다. 그러한 노력 가운데 하나가 아침 식사였다. 김 대표는 피아노 교실을 시작한 이후 아침 식사를 늘 토스트로 먹었다. 학원을 찾는 사람들이 국이나 찌개 등의 반찬 냄새를 맡게 하지 않기 위해서였다. 원룸이었던 김 대표의 집을 찾는 사람들이 주방을 보지 않도록, 예쁜 커튼으로 칸막이를 쳐 놓고, 늘 회사에 출근하는 사람처럼 정장을 차려 입었다. 또 주변 이웃들과의 문제를 해결하려고, 사전에 양해를 구해 놓는 치밀함도 보였다. 이러한 김 대표의 수완 덕분에 처음에 피아노 1대로 시작했던 학원은 4대로 늘어나게 되었고, 1년도 안 되는 짧은 시간에 동네 상가 건물 2층에 번듯한 학원을 차리게 되었다고 한다.

그 후 그녀는 고객 만족 경영에 더욱 공을 들였다. 내부고객인 강사들의 인적 사항을 다 외우는 것은 기본이었고, 수강생들의 인적 사항도 모두 기억했다. 매달 한 번씩 학원비 봉투를 보낼 때는 한 달 동안 있었던 일들을 하나하나 모두 글로 써서 보내주었다. 피아노 진도에 대한 안내뿐만 아니라 아이의 성향에 대한 의견까지 꼼꼼히 기록한 통신문, 거기에다 틈틈이 찍어 놓은 아이의 사진까지 보내니 학부모들로부터 좋은 반응을 이끌어내는 건 당연한 일이었다. 그렇게 꾸준히 고객 감동 경영을 실천한 김 대표는 1년 만에 원생 200명을 확보하고 강사만 해도 10명이 넘는 대규모의 음악 학원을 운영하는 경영자가 되었다.

김 대표의 사례를 통해 알 수 있듯이, 교육 서비스 산업의 고객은 학생과 학부모다. 이들의 만족이야말로 학원의 존재 이유가 된다.

그러므로 그들에게 최고의 서비스를 제공하는 것이야말로 학원의 목표가 되어야 할 것이다. 여기서 서비스란 단순히 양질의 학습 시스템을 통한 학력 강화뿐만이 아니라(사실 이것은 기본이므로 맨 처음 확인하고 품질을 높여야 하는 부분이다.) 학원을 이용하는 데 있어서 그 외 모든 일들에 학생과 학부모가 불편함이 없도록 돕는 일을 말한다. 즉 고객 만족 경영이 필요하다는 말이다. 일반적인 기업 경영에서도 요즘 대세는 '고객 만족 경영'이다.

그렇다면 '고객 만족 경영이 무엇인가' 살펴보는 것으로 학부모와 학생에 대한 관리 전략을 생각해 보자.

1. 고객 만족 경영의 의미

현 시기에서 고객들의 욕구를 파악하여 제품에 반영하지 못한다면 그 기업은 고객들에게 외면당하고 곧 도태된다. 다시 말해 "고객은 왕이다"라는 말이 단순한 말이 아닌 기업 경영에서는 가장 중요한 원칙인 것이다. 이러한 원칙에서 나온 것이 요즘에 부각되고 있는 고객 만족 경영의 이념이다. 고객이 중심이 되어서 고객의 욕구를 만족시키려는 노력인 것이다. 고객 만족은 경영의 최고 목표이다. 고객을 최고로 만족시키면 경영의 중요한 것이 성취되므로 고객 만족을 경영의 최고 목표로 삼고 이를 정량적으로 측정해서 경영자 주도로 만족도가 낮은 부분의 개선과 개혁을 통해서 모든 활동을 집결해가는 기업풍토라고 할 수 있으며, 또한 이는 만족한 고객을 반복적으로 창출해가는 경영기법이나 경쟁우위와 새로운 경영 구심력을 창조하는 경영기법이라고도 할 수 있다.

고객 만족 경영(CSM)은 고객 중심적 사고를 바탕으로 모든 경영 활동을 전개해 나가는 신(新)경영 조류의 하나이다. 고객 만족이란, 고객이 제품 또는 서비스에 대해 원하는 것을 기대 이상으로 충족, 감동시킴으로써 고객의 재구매율을 높이고 고객의 선호가 지속되도록 하는 것이다. 고객 만족을 높이기 위해서는 고객의 기대를 충족시킬 수 있는 품질을 제공해야 하고 고객의 불만을 효과적으로 처리해야 한다. 따라서 CSM은 시장 점유율 확대나 원가 절감이라는 단기적인 목표보다 고객 만족을 궁극적 경영 목표로 추구한다. 구체적으로는 고객의 만족도를 고객의 입장에서 평가하고 그것을 계량화해 경영 지표로 삼아 개선 활동을 전개해 나가도록 한다.

　1세대 고객 만족 경영은 고객 불만을 단순 처리하는 수준이었고, 2세대는 콜센터, 지점 등에서 친절한 서비스를 제공하는 수준이었다. 그리고 3세대가 고객이 표현하는 '니즈'를 파악해 고객 만족을 향상시키는 수준이었다면, 4세대는 고객이 미처 깨닫지 못한 잠재적 니즈까지 미리 파악해 충족시키는 단계가 되어야만 한다.
　고객 만족 경영은 학원 경영에서도 절실히 요구되는 경영 기법이다. 특히, 교육 서비스 사업이라 일컬어지는 학원 사업에서 고객의 요구 충족은 절대 절명의 사명이라 할 수 있다.

　그렇다면, 보다 효과적으로 학생과 학부모의 요구를 충족시키려면 어떻게 해야 할까?
　고객 만족 경영에서 중시하는 것은 고객은 제품 구입과 서비스 이용에 대한 객관적인 요구사항과 주관적인 요구사항을 구체적으로 요청하고 싶어 하고, 또 요청할 권리를 지니고 있는 존재라는 점이다. 이것을

패턴	핵심내용	대응방법
고객의 객관적 요청사항 (요구)	고객입장에서 당연히 요구할 수 있는 사항	신속, 정확하게 대응한다 친절을 기초로 한 서비스 응대
고객의 주관적 요청사항 (욕구)	고객 입장에서 보다 차별적인 혜택이나 권리를 요청하는 경우의 사항	합리적인 의사결정에 의한 응대(규정, 원칙 고려)

표로 정리하면 다음과 같다.

마케팅이라는 개념에서도 궁극적으로 지향하는 것은 고객을 충분히 알고 이해함으로써 제품과 서비스를 적절하게 제공하여 그것들이 스스로 팔리도록 만드는 것이다. 마케팅은 제공자인 공급자와 수요자 간의 쌍방향 커뮤니케이션 측면이 강하다. 피터 드러커 박사는 "고객 없이는 사업도 없다(No business without a Customer)"라는 짧은 말을 통해 비즈니스의 본질을 고객에서 찾자는 경영의식 혁신을 주장했다. 기업의 존재가치는 궁극적으로 고객이다. 따라서 기업이 창조한 제품과 서비스에 대한 대가를 치를 의향이 있는 고객이 존재할 때 기업도 존재할 수 있다. 하지만 그렇다고 일방적으로 고객이 모두 옳다고 말할 수는 없다. 고객은 제품과 서비스를 구매하거나 이용하는 사람이기 때문에 제품을 제공하는 모든 구성원에게 합법적인 권리를 가짐과 동시에 사용하고 이용하는 과정에서 훼손, 파손, 오해와 편견, 고의적인 문제 등으로 인한 책임도 지게 된다.

학원에서도 이런 식의 고객 만족 경영을 하기 위해서는 다음의 기본 원칙을 설정해야 한다.

첫째, 학원의 모든 구성원이 고객 만족 경영에 참여해야 한다.

즉, 전사적 고객 만족 경영은 고객과 끊임없이 접촉하는 상담 직원이나 강사를 비롯한 모든 조직 구성원이 참여하는 것이다. 그들이 모두 참여하여, 어떻게 하면 학생과 학부모에게 만족을 줄 수 있는가 자율적으로 아이디어를 도출하는 등의 행동이 수반되어야만 한다. 따라서 조직 구성원 모두가 분명하게 인식할 수 있도록 고객 만족 경영의 행동

기준이나 원칙을 마련하는 작업이 필요하다.

둘째, 외부고객에게는 학원 학습 시스템이나 강사 역량 등의 교육 서비스 품질과 학원 이미지를 총체적으로 고려하여 그 가치를 확실히 인식시키고 학원의 비전을 뚜렷하게 제시해야 한다.

셋째, 고객 만족 경영을 중심으로 하는 혁신을 일으키기 위해서는 교육 서비스의 혁신 등을 다각적으로 고려해 보아야 한다. 날로 새로워지는 교육 환경을 주시하고 그에 맞추어 변화되는 고객의 니즈를 분석하여 발맞춰 나가는 지혜를 발휘하여야만 한다.

넷째, 고객 만족은 결과보다 과정이 더욱 중시된다는 점을 기억해야 한다. 고객 만족은 서비스라는 무형적 가치를 제공하기 때문에 서비스 제공 시점의 전후 과정도 매우 중요하다. 따라서 고객 만족은 완성형이 아니라 현재 진행형이라는 더욱 높은 의미를 지닌다. 우리가 중시하는 고객 만족도라는 지표 역시 사후관리적인 측면이 매우 강하다. 이미 고객에게 제공된 현재까지의 과거 경험적 질을 데이터로 측정하는 작업이기 때문이다.

하버드 비즈니스 리뷰의 조사에 따르면 기존 고객을 유지하는 데 들어가는 비용은 신규 고객을 유치하는 비용의 20% 수준인 것으로 나타났다. 따라서 한 번 찾은 고객이 계속 찾도록 만들어 고객 충성도를 지속시키는 고객 만족 경영의 중요성은 앞으로 더욱 커질 것이다. 한 번 우리 학원을 찾은 학생은 다른 곳으로 가지 않고 계속 머물 수 있도록 고객 지향적 맞춤서비스를 지속적으로 발굴, 제공하고 있는 것도 이와 같은 이유다. 특히, 오늘날의 무한경쟁 환경에서는 경쟁적인 제품 및 서비스 혁신이 끊임없이 이루어져 고객의 기대치가 날로 높아지고 있다. 따라서 고객의 요구를 관리하고 브랜드 이미지를 유지하는 경영 시스템이 비즈니스 성공의 중요한 요건이 되고 있다.

2. 고객 만족 경영의 성공 노하우

그렇다면 이제 이런 고객 만족 경영이 성공하려면 어떻게 해야 하는지에 대해 알아보자.

경영자들은 장난 섞인 말로 고객을 高客(높을 고, 손님 객), 또는 苦客(쓴맛 고, 손님 객)이라고 부른다. 서비스를 제공받는 입장에서 보면 전자의 고객이 맞을 것이고, 베푸는 입장에서 보면 후자의 고객이 한자어에 적합할 것이다. 하지만 우리는 고객을 늘 顧客(돌아볼 고, 손님 객)이라고 여기며 대해야 한다. 즉, 한 번 쓰고 마는 소비자(Consumer)가 아니라 우리에게 뭔가 좋은 인상을 받고 나면, 다시 한 번 뒤돌아봐 줄 그런 사람이라고 생각해야 한다는 것이다.

그렇다면 이들이 다시 한 번 뒤돌아 볼 수 있게 만들려면 어떻게 해야 할까? 많은 경영자들은 고객을 만족시키는 단계를 넘어서, 고객을 감동시키는 서비스를 제공하려고 애쓰고 있다. 경영자의 노력이 커질수록 고객들의 기대감 역시 커지고 있는 상황이다. 그래서 한 번 높아진 고객의 기대는 절대로 떨어지지 않는다는 말이 나올 정도이다. 이런 고객의 기대에 미치지 못하는 경영을 한다면, 그들은 냉정하게 등을 돌리고 말 것이다. 참 야속하지만 이것이 현실인 걸 어찌하겠는가. 그래서 서비스업은 고객의 기대와의 끝없는 경주 산업이 아닌가 싶다.

그동안의 고객 만족 경영 성공사례를 통해 볼 때에 성공하는 기업에게 공통점이 있다면 다음의 도표와 같은 TOP, 접점 직원, 시스템이 하나로 연결되는 성공의 트라이앵글이 형성되어 있다는 것이다.

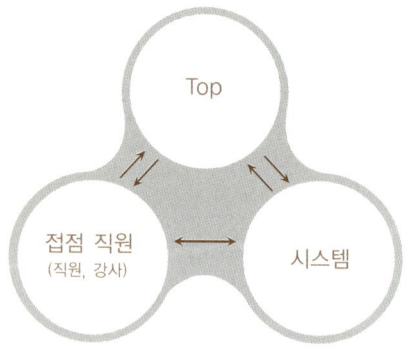

첫째, TOP의 강력한 실천의지이다.

여기서 TOP이라 함은 꼭 학원의 경영자나 최고 경영진만을 의미하는 것이 아니다. 단 한 명이라도 내 밑에서 함께 근무하는 직원이나, 파트너를 두고 있다면 이들이 모두 TOP에 해당되는 것이다. 집이라면 바로 가장이 TOP에 해당할 것이고, 조직이라면 각 조직의 장이 이에 해당할 것이다.

TOP은 먼저 앞장서서 고객 만족을 위한 조직 문화를 만들어 나가는 데 솔선수범해야 한다. 그러기 위해서는 먼저 자신의 직원이나 파트너를 동반자요, 소중한 고객으로 인지하고 내부고객을 먼저 만족시키려는 자세가 필요하다.

성공한 학원의 경영자들이 흔히 하는 말이 있다. 바로 '솔선수범'이다. 사실 학원 경영자가 먼저 나서서 실천하고 변화된 모습을 보여도 구성원은 잘 변하지 않는 법이다. 하물며 TOP이 변하지 않는다면 어찌하랴! TOP이 아무리 변하려 해도 사실 구성원들이 잘 따라와주지 않는 것이 오늘의 현실이다. 그런데 이런 TOP마저 변화에 앞장서려 하지 않는다면 어찌 성공적 결과를 기대할 수 있겠는가 말이다. 그래서 경영자나 팀장급 강사들은 강의 현장 순회를 생활화하고 접점 직원과의 간담회 등을 통해 격의 없는 대화의 시간을 늘려 나가는 것이 필요하다.

"고객들에게 친절한 표정을 보이자"라는 목표를 정하였다면 경영자가 먼저 강사나 직원들에게 다가가 인사를 하고 또 복도에 떨어진 휴지는 본인이 직접 줍는 등의 말이 아닌 행동으로 보여주는 리더십을 실천하는 일이 절실하게 필요하다. 학생들에게 최고의 서비스를 제공하겠다는 마음을 강사들과 직원들에게 전하고 싶다면 이런 학원의 지침을 이해한 TOP들이 솔선수범해 변화되어야 한다는 말이다.

둘째는, 시스템 서비스의 정착이다.

서비스는 그 특징상 보이지 않으며, 만질 수 없으며, 생산과 소비가 동시에 발생하여 쌓아둘 수 없고, 한 번 잘못하면 되돌리기가 어려운 불가역성과 어떤 서비스가 최고의 서비스인지 분간하기 힘든 인식(認識)곤란성 등의 특징을 가지고 있다.

이런 특징에서 볼 때 지속해서 서비스를 잘해 나가도록 하기 위해서는 어느 한 사람의 역량에만 의지하고 매달리는 인적 서비스가 아니라 시스템적인 서비스의 정착이 필수적이다. 이를 위해서는 모든 구성원들이 앞장서서 경쟁적인 서비스에 임할 수 있도록 동기를 부여하는 각종 연수나 교육, 경진대회 등과 같은 다양한 제도가 필요하다. 이런 다양한 제도의 시행 등을 통해 우선적으로 내부고객 만족(Employ Satisfaction)을 이끌어낸다면 이것이 자연스레 외부고객 만족으로 이어져 나갈 수 있는 것이다. 직원이 만족 없는 고객 만족은 있을 수 없는 것이다.

그래서 적어도 내부고객 만족도가 외부고객 만족도보다 크거나 같아야 한다.(ES≥CS) 그래서 이제는 소수 몇 명의 서비스 마인드가 우수한 사람에 의해 좌지우지되는 고객 만족 경영이 아닌 구성원 상호 간에 서로 유기적으로 얽힌 서비스의 사슬을 든든하게 형성해 나감으로 인해 고객과의 사이에서 영원히 잊히지 않는 멋진 서비스의 다리를 건설해 나가야 한다.

셋째는, 접점 직원의 확고한 서비스 마인드다.
앞서 언급했던 고객 만족 경영의 성공요소들 중에서 아무리 TOP의 확고한 의지가 있고, 시스템적 지원이 강력하다 할지라도 직접 고객을 접하여 서비스를 실천하고 있는 직원들의 마인드가 바로 서 있지 않으면 아무 소용이 없다. 직원들은 일을 할 때 투명한 윤리의식과 확고한 서비스 마인드를 확립하고, 그것을 실천하기 위해 노력해야 한다. 그렇지 않으면 학원 경영의 성공 여부를 장담하기가 불투명할 것이다. 역으로 비록 TOP의 의지가 조금 부족하고 시스템적인 지원이 미흡하더라도 접점 서비스맨들의 확고한 서비스 마인드가 형성되어 실천되고 있다면 장기적으로 고객 만족 경영이 성공할 확률은 높다고 볼 수 있다.

고객 접점

고객 접점이란 고객이 기업의 한 부분(직원)과 접촉하여 서비스(품질)에 대한 인식에 영향을 미치는 15초 내의 결정적인 순간을 의미하는 용어로 원래는 투우용어에서 유래가 되었다. 여러 개의 창을 투우에 꽂아 잔뜩 약을 올린 후 혼신의 힘을 다해 덤벼드는 소에게 최후의 일격을 가하는 절대 절명의 순간을 의미하는 말이었는데 지금은 경영 용어로 사용되고 있다.

고객이 서비스 상품을 구매하기 위해서는 입구에 들어서는 순간부터 나갈 때까지의 여러 서비스 요원과 몇 번의 짧은 순간을 경험하게 되는데 그때마다 서비스 요원은 모든 역량을 동원해 고객을 만족시켜 주어야 한다.

고객 접점은 소위 곱셈법칙이 작용한다. 예를 들어 고객이 여러 번의 서비스를 받고, 이에 만족했다 하더라도 단 한 명의 직원에게서 불만스러운 서비스를 제공받게 되면 지금까지 쌓은 신뢰는 모조리 바닥에 떨어져 버린다. 단 한 명에게 0점의 서비스를 받고 나면, 나머지 모든 서비스 또한 0이라고 인식해 버리는 것이다.

예를 들어 백화점에서 만족한 쇼핑을하고 셔틀버스를 타고 집으로 돌아갈 때 셔틀버스의 출발이 약속된 시간보다 지연되거나 버스기사가 불친절하고 용모나 유니폼도 불량하며 난폭운전까지 한다면 전체서비스는 0이 되고 마는 것이다.

따라서 서비스 기업 관리자는 고객 접점에서 가시적인 서비스를 담당하는 요원은 물론 경비, 주차, 운전사, 전화 교환, 청소, 정원관리, 시설 요원 등 비가시적인 서비스 요원들도 고객 접점에 있다는 것을 강조하여 그들의 용모나 유니폼, 서비스 정신 등을 교육하고 요구해야 한다.

학원에서의 접점

먼저 집에서 학원까지 등하원을 시키는 차량이 있을 것이다. 등하원 시 학생이 사용하게 되는 차량의 분위기를 쾌적하게 만들고 안전운행을 하는 것으로 학생을 맞을 준비를 해야 한다. 특히 많은 학원들이 직접 차량을 운행하지 않고 외주를 주는 경우에 운전자들의 서비스 교육이 소홀해 불만사항을 발생시키는 경우가 비일비재하다. 기본적으로 깨끗하고 쾌적한 차량을 마련하고 학생이 안전하게 차량에 탑승하고 하차할 수 있도록 도와줄 수 있도록 최선의 노력을 기울여야 한다.

다음으로 안내 데스크의 친절한 응대와 성실한 상담을 생각해 볼 수 있다. 흔히들 안내 데스크를 학원의 얼굴이라고 한다. 단정한 용모와 친절한 태도로 학원을 찾은 고객들을 맞이하는 교육이 필수적인 곳이다.

그리고 이어지는 접점은 강의실이다. 강의실에서는 충실한 강의가 시종일관 흥미롭게 진행되어야 한다. 사실상 이 강의 내용이 학원 성공의 승패를 좌우하므로 그 중요성은 아무리 강조해도 지나침이 없다 하겠다. 강의는 일정한 틀을 유지하면서 알기 쉽고 재미있게 진행되어야 한다.

또 생각해 볼 수 있는 영역은 자습실과 상담실이다. 자습실은 그야말로 학생들의 자율학습을 도울 수 있는 조용한 면학 분위기가 조성되어야 한다. 또 상담실에서는 원활한 커뮤니케이션이 이루어질 수 있는 환경과 전문가적 식견을 갖춘 상담가가 배치되어 있어야 할 것이다. 결국 학원 경영진, 강사, 행정 직원 모두가 하나가 되어 학원을 찾는 고객을 섬긴다는 마음가짐으로 밝은 표정과 정중한 자세를 유지해야 한다.

학원 사업을 하다 보면 '가르친다'는 직업의 특성상 서비스라는 표현을 사용하기 꺼려하는 사람들을 만나기도 한다. 사실 어원에서 보면 '서비스'라는 영어 표현에는 부정적인 느낌이 있다. 원래 서비스는 라틴어 '세르부스(SERVUS)'에서 유래된 것으로 그 뜻은 '노예'였으며 여기서 나온 영어 단어들이 Servant, Servile, Servitude 등이 있는데 이들 역시 타인에게 '시중들다'라는 좀 수직적인 개념이 많다. 이렇다 보니 내가 서비스업에 종사한다고 하면 왠지 당당하기보다는 위축되는 심정을 느끼고 되도록 서비스를 받는 위치에 있길 희망하는 경향이 있는 것도 사실이다.

하지만 이제는 현대적 의미에서 서비스는 "내가 가지고 있는 나의 정성과 노력을 기꺼이 타인을 위해 사용한다"라는 의미로 받아들여지고 있다. 또 다른 정의로는 "우리들의 재화, 친절, 봉사, 노력 등을 통해 손님을 만족시켜 드리고, 그것을 통해 우리들 또한 기쁨과 보람, 성취감을 느끼는 것"이다.

먼저 우리가 고객에게 따뜻한 관심과 배려, 정성 즉 친절을 베풀면 고객은 만족할 것이요, 만족한 고객은 우리에게 칭찬과 격려, 성원 등으로 우리의 수고를 인정해줄 것이다. 인정받은 서비스 맨은 기쁨과 보람을 느껴 더 큰 친절로 고객을 섬기게 된다. 곧 친절-만족-인정-보람으로 이어지는 선순환이 이루어지고 서로 서로 Win-Win하는 공생의 가치관이 형성된다.

결국, 고객은 우리와 함께 서로 친절과 인정을 주고받으며 더불어 기쁘고 행복하게 함께 잘 살아가야 할 우리의 파트너이자 동반자이자 협력자라고 말할 수 있다. 고객과 기업은 더 이상 '왕'과 '종'이라는 수직적 관계라기보다는 파트너이며 영원한 협력자이다.

학원을 찾는 고객에게 진심어린 친절과 서비스를 제공해 고객만족을 실현하면 우리 학원의 수익이 올라갈 뿐만 아니라, 결국 대한민국 학생들의 학업성취도가 올라가고 학부모가 행복해지는 데 큰 일조를 하게 된다. 이렇게 큰 그림으로 보면 학원에서의 고객 만족 경영은 결국 국가적 학력 신장으로 이어진다 하겠다.

3. 고객 만족 경영 성공 포인트

날이 갈수록 치열해지는 학원가는 이미 고객 만족 경영시대로 접어들어가고 있다. 고객 즉 학생과 학부모가 무엇을 원하는지 정확히 파악하고 이에 대응해 관리하는 학원만이 경쟁력을 갖추고 살아남는 현실이다.

고객 만족 경영을 이룬 학원에서는 고객의 요구와 기대치를 정확히 예측할 수 있기에 불필요한 지출을 하지 않게 된다. 한 번 만족한 고객은 가격에 그리 민감하지 않기에 불필요한 가격 경쟁을 하지 않아도 된다. 또한 고객 만족 자체가 그대로 홍보로 이어지는 학원 사업의 특성상 고객 만족 경영은 홍보비 절감의 효과를 낳는다.

이와 같이 높은 효용성을 가진 고객만족 경영기법을 어떻게 학원 경영의 성공 포인트로 변화시킬 수 있을지 하나씩 짚어보자.

1 고객의 니즈를 분석하라

'고객의 니즈를 분석한다'고 함은 통상적으로 시장 환경 분석의 필요성을 이해하고, 고객의 정보를 분석해 그 결과를 바탕으로 고객의 니즈를 분석하는 과정을 말한다. 이런 과정을 통해 우리는 고객의 미래가치와 잠재고객까지 도출해낼 수 있다. 즉 새로운 사업 영역을 개척하는 경우에 반드시 필요한 일이라 하겠다.

블루오션 전략에서는 좋은 전략의 특징을 포커스(Focus), 차별화(Divergence) 및 슬로건(Tagline)을 명확히 정의하는 것이라고 말하고 있다. 이러한 블루오션 전략을 구현하기 위한 기본 조건이 바로 '고객 니즈 분석'이라고 할 수 있다.

그렇다면 학원 사업에 있어서 '고객이 누가 되느냐'부터 생각해 보자. 학원 사업의 고객은 당연히 교육 서비스를 받는 대상 즉 학생과 학부모가 될 것이다. 그렇다면 이러한 학생과 학부모에 대한 정확한 분석이야말로 학원 사업의 포커스, 차별화의 시발점이라 할 수 있겠다.

이런 분석을 하기에 앞서 우리는 '고객 세분화(Segmentation)'라는 작업을 거쳐야 한다. 학생들을 학년에 따라 구분하기도 하고, 학생 성적의 높고 낮음, 학원 이용의 목적 등을 기준으로 분류할 수 있고, 거주지

역이나 소득 정도 또는, 학부모의 학력 수준이나 직업 등을 기준으로 나누어볼 수도 있다. 이렇게 나누어 구분해야 하는 것은, 주 타겟 고객으로 누굴 삼을 것인가를 결정하는 데 도움이 되기 때문이다. 타겟 고객을 누구로 삼느냐 하는 것은 이후 학원 경영 전략의 초석이 된다. 또 이런 세분화를 통해 니즈를 분석할 수도 있다.

다양한 고객들은 각자의 환경과 배경에 따라 다양한 니즈를 가지고 있다. 학원을 경영하고자 하는 사람이라면 자신의 주요 타겟 고객층을 선정하여 초점을 맞추어 그들의 니즈를 분석해내는 노력을 기울여야 한다. 그리고 이에 발맞추어 그들이 처한 환경도 같이 분석해야 한다. 전체적인 입시 방향이 어떻게 움직이고 있는가, 학교 시험제도가 어떻게 변화하는가 등의 고객들의 환경에 대한 자료 조사가 선행되어야 한다.

그리고 주력할 고객과 그 고객의 니즈가 분석이 되었다면 다음으로 할 일은 그 고객의 니즈를 충족시키기 위해 어떤 교육 서비스를 제공할 수 있는가 하는 점을 설계하는 일이다. 즉, 다른 여타 교육 서비스와 어떻게 차별화할 것인가를 계획하는 것이다. 먼저 학습 프로그램이나 학습 지도방법 또는 평가방법에서 차별화를 꾀하는 것을 생각해 볼 수 있다. 시매쓰 학원의 경우는 학습 프로그램과 지도방법에서 차별화를 꾀한 것이라 할 수 있겠다. 하지만 이외에도 파생적인 서비스로 인식되는 교육 정보의 제공이나 학생관리, 상담 등의 내용을 차별화할 수도 있다.

이러한 차별화를 함에 있어서 중요하게 고려해야 할 점은 한정된 우리의 자원이다. 우리 학원에서 할 수 있는 서비스의 범위는 어디까지인가? 우리 학원의 장점은 무엇인가? 등을 고려하여 차별화 지점을 선택해야 한다. 거기에서 더 나아가 경쟁사에 대한 분석 또한 치밀하게 수행하는 것이 필요하다. 즉, 경쟁사가 고객의 니즈를 어떤 면에서 어느 정도 충족시켜주고 있는가를 분석해서 우리의 전략을 수립해야 한다는 점이다. 경쟁사가 중점적으로 제공하고 있는 부분과 그렇지 않은 부분을 살펴보다 보면 틈새시장을 찾을 수 있다.

물론, 학원의 규모와 경쟁력에 따라 시장 분석은 달라질 수 있겠지만, 개략적인 규모는 읽고 있어야 경영자로서의 감각을 가질 수 있을 것이다. 자신의 학원이 어떤 세분화된 시장에 주력해 타 경쟁사와 차별화할 것인가가 학원 경영의 성패를 좌우하는 요건이 될 수 있는 것이다.

2 고객과의 커뮤니케이션을 중시하라
↳ 학생 및 학부모 상담

사교육 서비스가 공교육 서비스보다 우월한 이유 가운데 하나로 학생과 학부모와의 긴밀한 상호관계를 유지하면서 진행된다는 점을 꼽을 수 있다.

학원의 경우는 육안으로 확인할 수 없는 정보인 '성적'을 파는 곳이므로, 학부모나 학생과 긴밀한 커뮤니케이션이 더욱더 필수적이다. 학원생의 상태를 서로 진단하고 불만사항을 접수하고 학원 운영에 반영하는 일은 그대로 재수강 여부와 직결되는 문제이다. 그러므로 학원은 정기적인 상담을 시행하고 또 정기적으로 고객의 목소리에 귀를 기울여야 한다. 커뮤니케이션에서 가장 중요한 과정은 청취다. 상대의 이야기를 정확히 듣기만 해도 커뮤니케이션 목적의 절반 이상을 이룬 것이라 할 수 있다.

흔히 일반적인 서비스 업종에서도 '더 나은 서비스를 위한 설문카드' 같은 것을 구비하고 있는 것을 볼 수 있다. 학원 사업에서도 이와 같은 과정이 필요하다. 학생이나 학부모를 대상으로 설문지나 전화 상담 등의 방법으로 고객 만족도 조사를 실시할 필요가 있다. 하지만 설문 조사 시 최대한 겸허한 자세로 객관적으로 조사 결과를 분석해야 하고 건설적인 방향으로 받아들여야 한다는 유의사항을 지켜야 한다.

학원 고객과의 커뮤니케이션의 주요 수단은 상담이다. 상담은 그 목적에 따라 학원 입학 상담, 입시 상담, 성적 상담 등이 있을 수 있다. 입학 상담하면 떠오르는 말에 무엇이 있는가? 입학 상담을 하러 온 학생의 성적을 보고 학원의 프로그램이나 수강료 등을 설명하는 것은 이미 구시대적 발상이다. 학생 및 학부모가 어떠한 고민으로 인해 학원을 찾게 되었는지 파악하고 그들이 필요로 하는 것이 무엇인지 진단하고 문제점 해결방법까지 찾아주어야 한다. 단순 상담이 아닌 학습 컨설팅을 해야 한다는 뜻이다.

즉, 학생의 약점이나 문제점을 해결하기 위한 학습 포트폴리오를 제시해야 하고, 학생의 상태를 해결할 수 있는 학원의 프로그램을 안내하는 것이다. 그리고 상담을 할 때는 장기적으로 학습로드맵을 보여주어, 학부모에게 신뢰감을 주는 것이 좋다. 이때 가장 중요한 것은 상담자의 '진정성'이다.

즉 어떻게 해서든 학생을 우리 학원에 다니게 해야겠다는 것만 생각하는 것이 아니라 '진정'으로 학생의 학습에 도움을 주고자 하는 마음이 필요하다는 것이다. '제품을 팔기 위한 고객응대가 아니라 진정한 마음으로 고객을 위하는 태도, 그것이 결국 내 고객을 만드는 서비스 정신'이라는 것이다.

「나는 삼성보다 내 인생이 더 좋다」라는 책에 소개된 우재오 팀장의 경험을 통해 이 이야기의 핵심이 무엇인지 파악해 보자.

캐나다에서 어학 학원을 차린 뒤, 고전을 면치 못하고 있던 우재오 팀장은 어느 날, 같은 건물에서 학원을 운영하는 다구치 씨가 자신의 학원이 성공하는 이유 중 하나가 상담원에게 있다고 했던 말을 떠올렸다. 예전에는 학원을 알아보고자 들른 방문객 10명 중 2,3명이 등록을 했는데, 그 상담원이 온 이후로는 10명 중 7,8명이 등록을 한다는 것이었다. 불현듯 그 상담원만의 핵심경쟁력이 궁금해진 오 팀장은 무작정 그 상담원을 찾아가 다음과 같은 말을 듣게 되었다.

"제가 하는 상담이 사장님이나 선생님들이 하던 상담과 크게 다른 점이 있다면, 아마 고객에 대한 관심일 거예요. 그들에게 진실한 마음으로 조언하려는 자세쯤 될까요? 아마도 상담만을 전문으로 하는 저 같은 사람이 없던 시절, 사장님과 선생님들은 고객에게 상품을 팔려고만 애썼을 거예요. 학생등록이 목표였던 거지요. 하지만 전 학생들에게 올바른 조언을 하는 것을 목표로 해요. 그게 아마 큰 차이일 거예요."

그렇게 말하며 그 상담원은 그동안 작성해온 고객일지를 보여주었다. 정말 대단한 고객일지였다. 고객이 질문한 내용과 그에 대한 응답, 고객 특성까지 빼곡하게 적어 놓았던 것이다.

"이곳을 찾는 이들은 영어에 대한 고민이 많은 친구들이에요. 그리고 누구나 영어의 중요성은 잘 알고 있고 필요성을 느끼고 있죠. 다만 어떻게 공부하면 되는지 방법을 잘 모르고 있고, 개인의 특성에 맞는 공부법을 알고 싶어 해요. 그래서 우선 이들이 자신들의 이야기를 할 수 있게 질문하고 저는 들어요. 충분히 이들의 이야기를 들었다 싶었을 때 그제야 제가 이야기를 하지요. 그때도 학원 이야기는 될 수 있는 대로 하지 않고 공부방법으로 이런 방법이 좋겠다는 이야기를 해줘요. 그게 전부예요.

가장 큰 차이는 이들의 이야기를 '듣는다' 는 거예요. 그리고 성심성의껏 고민을 해결해주기 위해 노력하는 자세를 보인다는 것, 아마 그것이 이들의 마음을 사로잡는 방법이 아니었나 싶네요. 사실 저도 잘 모르겠어요."

대화가 끝난 후, 오 팀장은 크게 한방 먹은 느낌이었다. 그리고 그동안 놓치고 있었던 중요한 점 하나를 깨달았다. 그 상담원의 핵심 경쟁력은 다름 아닌 '진정성' 이었던 것이다.

누구나 아는 것 같지만 그 무엇보다 실행하기 힘든 그것! 그리고 바로 오 팀장에게도 상담원의 이야기를 체험할 수 있었던 사건이 그날 저녁에 있었다. 한국인 학생 한 명이 상담을 위해 찾아오자 그동안 대했던 것과는 완전히 다른 태도로 손님을 맞이했던 것이다. 처음 학원을 개원했을 때의 마음, 그 진정한 마음으로 돌아가 학생을 대하고 상담해주었던 것이다.

"어학연수요? 학원은 되도록 짧게 다니세요. 그 외에는 외부에서 활동할 수 있는 일들을 찾으세요. 대학교 청강도 좋고, 인턴십도 좋아요. 봉사활동도 좋고요. 밖으로 나가서 젊고 깨어 있는 캐나다 지성인들 많이 만나시고 많은 것을 보세요. 밴쿠버에 오신 지 일주일 정도 되셨으니 조급한 마음 갖지 마시고, 한 보름 동안은 도시 구경한다고 생각하면서 이곳저곳 다니며 학원도 돌아보세요. 직접 눈으로 확인하고 공짜 수업도 들어가면서 본인에게 가장 잘 맞는 수업을 찾으세요. 학원에서 그 수업 듣는 한국인들에게 정보도 얻으시고요. 그리고 학원은 절대 3개월 이상 등록하지 마세요. 한두 달 등록은 괜찮아요. 등록도 학원에서 직접 하지 마시고, 유학원에 가서서 하세요. 유학원도 한 곳만 가지 마시고, 최소 세 곳 이상은 둘러보세요. 기존 가격에서 50% 정도 할인 받으실 수 있을 거예요."

학원 경영자로서는 멍청한 카운슬링이었다. 자신의 학원을 선전해도 모자랄 판에 3개월 이상 학원에 다니지도 말고, 등록도 유학원에서 하라고 했으니 말이다. 하지만 그 학생의 반응은 뜻밖이었다. 당장 이 학원에 등록을 하겠다는 것이었다.

"사실은 저도 비록 일주일이지만 학원도 둘러보고 유학원도 가보고 했는데 많이 실망스럽더라고요. 근데 사장님처럼 말씀하시는 분은 처음 봐요. 사장님 같은 분이라면 학원을 믿을 수 있겠네요. 등록할게요."

그 순간 오 팀장은 번개가 머리를 스치는 기분이었다고 한다. 이제껏 가장 중요한 것을 놓치고 있었다는 생각이 그제야 들었던 것이다. 학원을 위한 조언이 아닌 그 학생을 위한 조언, 물건을 위한 상담이 아닌 사람을 위한 상담이 무엇인지 그날 저녁 알 수 있었다고 한다. 제품을 팔기 위한 고객 응대가 아니라 진정한 마음으로 고객을 위하는 태도, 그것이 결국 내 고객을 만드는 서비스 정신이란 것을 말이 아닌 몸으로 직접 느낀 것이다.

3 고객의 불만사항을 기쁘게 경청하라
퇴원생관리 및 불만사항관리

　미국 펜실베니아 대학의 경영대학원 와튼 스쿨에서는 2005년, 크리스마스 쇼핑 시즌을 전후로 하여 소비자 1,186명을 대상으로 불만 고객 연구를 실시했다. 이에 따르면 고객 100명이 불만을 느끼면 그 중 32명~36명의 고객이 같은 매장에 방문하지 않는 것으로 나타났다. 그런데 그 불만을 느낀 고객 가운데 직접 기업에 항의하는 고객은 불과 6%에 그쳤다고 한다. 반면 불만을 참지 못하고 친구, 가족, 동료에게 적극적으로 알린 고객은 31%에 달했다.

　이처럼 고객들의 불만이 잠재 고객의 상실로 이어지는 것은 불만 사례가 '입소문'에 의해 눈덩이처럼 불어나기 때문이다. 대개 나쁜 입소문은 실제보다 과장되어 전해지기 마련이다. 학원의 경우에도 불만사항이 있는 학생이나 학부모는 본인이 학원을 떠날 뿐 아니라, 주변에 있는 다른 학생과 학부모에게 학원에 대한 나쁜 이야기를 전하는 부작용을 낳는다. 불만족을 경험한 고객이 우리 학원에 대한 테러리스트가 되어 나쁜 구전을 양상시키는 것이다. 결국 고객 불만관리의 실패는 궁극적으로 학원의 매출과 수익 감소로 이어지고 결국 시장에서 퇴출되는 위기를 맞게 된다. 하지만 반면 고객의 불만을 잘 해결하는 경우에는 오히려 고객과의 관계를 더욱 강화하고 고객의 충성도를 높이는 기회를 얻게 될 수도 있다. 결국 고객 불만에 어떻게 대응하느냐에 따라 고객을 붙잡을 수도 있고 고객을 잃을 수도 있는 것이다. 그러므로 학원에 불만족하여 퇴원한 학생들의 관리를 소홀히 해서는 안 된다.

'파고다 학원'의 박경실 대표는 언제나 열린 마음으로 고객의 소리에 귀를 기울이고 솔직하게 대책을 세우는 것으로 생존전략을 삼고 있다. '고객의 소리'를 러브레터라고 부르고 있다는 박경실 대표. 그녀는 사랑의 반대는 미움이 아니라 무관심이듯이 불평불만을 늘어놓는 고객은 그만큼 학원에 애정이 있다는 것으로 받아들인다고 한다. 따라서 고객의 컴플레인 즉 학생이나 학부모의 불만사항이 접수되면 어떤 경우라도 고객이 옳다는 전제 아래 문제를 해결하려 최선을 다한다고 한다.

그리고 무엇보다 고객 서비스에 대한 '오만'을 갖지 않으려고 노력해야 한다. 그러기 위해서는 고객이 호소하는 불만들을 시스템적으로 식별해 원인을 분석하고 대응 방안을 수립할 수 있도록 해야 한다. 또 개선 사항을 정기적으로 모니터링 하는 체계적인 구축도 필요하다.

'힘수학 학원'의 경우 재학생 학부모들이 글을 올릴 수 있는 고객 불만 사이트를 따로 마련하고 부원장이 직접 관리하면서 불만사항에 대해 정리하여 그 내용을 전 직원이 공유할 수 있도록 구내 인트라넷 게시판에 올려놓고 있다. 최초의 불만사항의 내용을 정리하고 그에 따른 대응책과 관리에 관한 기록까지 세세하게 정리한 다음 그 내용을 학원장과 강사 그리고 행정 직원에 이르기까지 모든 구성원이 공유하는 시스템을 갖춘 것이다. 그렇게 함으로써 추후 비슷한 불만사항이 생기지 않게 하고 각자의 맡은 영역에서 비슷한 불만사항을 갖고 있는 고객을 만나게 되면 선례를 참고하여 즉각적으로 책임 있게 대응할 수 있게 되었다.

와튼 스쿨에서 실시한 소비자 연구 조사에 따르면, 일반적으로 평소에 아무런 문제를 느끼지 못하는 고객의 재구매율은 10% 정도밖에 되지 않는다고 한다. 하지만 불만을 말하러 온 고객에게 진지하게 대응해 그 불만사항을 처리하여 만족을 안겨 주면 65% 이상의 고객이 해당 기업의 제품과 서비스를 다시 이용한다는 것이다. 이 통계에서 알 수 있 듯이, 적극적인 고객 불만관리야 말로 학원의 이미지를 갱신하고, 일반 고객을 충성 고객으로 바꿀 수 있는 비법이라는 것을 명심해야 할 것이다.

4 학원 경영에도 리필, 리콜 제도가 도입되어야 한다
▷ 무한책임 서비스

학생과 학부모가 학원에 바라는 것은 최우선이 성적 향상이다. 일단 학원에 등록하게 되면 학생에게 걸맞은 적절한 교육 프로그램의 시행과 관리로 학교 성적이 향상되는 것을 도와야 한다. 그러기에 학원의 가장 큰 사명 역시, 학생들의 성적 향상이 될 수밖에 없다.

결국, 학원에서 판매하는 제품 즉 교육 서비스의 품질에 대해 책임을 지는 서비스야말로 고객 만족 경영의 처음이자 끝이라 해도 과언이 아닐 것이다. 이런 의미에서 무한책임 서비스의 일환으로 리콜 제도를 생각해 볼 수 있다.

리필, 리콜 제도를 실시한다는 것은 학생의 학업 성취 결과에 대한 책임을 지겠다는 뜻으로, 목표했던 성적 향상이 이루어지지 않으면 무료 수강 또는 수강료 환불 등의 조취를 취하는 방식이다. 학원 입장에서는 약속을 지키지 못하면 손해가 이만저만이 아니기에 최선을 다하게 되고 입학 상담 시에 정확한 진단과 그에 따른 맞춤형 프로그램의 시행으로 목표 설정을 구체적으로 할 수밖에 없게 된다. 학생 역시 성적 향상에 대한 구체적인 목표를 갖게 되기에 학습 동기가 살아나고 적극적으로 참여할 수 있다. 또한, 학원 경영진이나 실무진 모두 성과를 중심으로 생각하게 되어 열심을 다하게 되고 책임지는 근무태도를 갖게 된다. 그리고 고객 역시 학원을 더욱 믿고 신뢰하게 될 것이다.

자격증을 따기 위해 마련되어 있는 학원에서는 리콜제의 개념으로 자격증을 취득할 때까지 계속해서 무료 반복수강이 가능하게 하는 경우도 있다. 또한 '탑클래스 기숙학원'은 학원에서 10여개 월을 공부해 학생이 희망하는 대학에 진학하지 못하거나 성적이 크게 향상됨에도 더 큰 목표로 다시 한 번 공부를 하고자 하는 학생에겐 수업료 전액을 지원하는 리콜제를 시행, 무한책임 교육을 실현하고 있다. 이는 보다 책임감 있는 교육 실현을 위해 시행하고 있는 제도라 볼 수 있는 것이다.

- 하이스트_ 참고자료
  연합보도자료 2008-07/28
  answer 30호 2008-08
  해오름 14호 2006-07
  한경비즈니스 2006-10/10
  주간한국 2006-03/16
  DIP 통신 2009-04/09

- 강태우어학원_ 참고자료
  해오름 9호 2005-09/10
  시사뉴스피플 2006-04/03
  해오름 29호 2008-07
  해오름 30호 2008-07
  해오름 34호 2008-12
  answer 35호 2009-01
  answer 37호 2009-03